GWAITH IEUAN AP LLYWELYN FYCHAN, IEUAN LLWYD BRYDYDD A LEWYS ALED

golygwyd gan

M. PAUL BRYANT-QUINN

ABERYSTWYTH
CANOLFAN UWCHEFRYDIAU CYMREIG A CHELTAIDD
PRIFYSGOL CYMRU
2003

Y mae cofnod catalogio'r llyfr hwn ar gael gan y Llyfrgell Brydeinig.

ISBN 0 947531 81 5
Cysodwyd gan staff Canolfan Uwchefrydiau Cymreig a Cheltaidd Prifysgol Cymru.
Argraffwyd gan Bookcraft, Midsomer Norton.

CYFRES BEIRDD YR UCHELWYR

Gwaith Ieuan ap Llywelyn Fychan, Ieuan Llwyd Brydydd a Lewys Aled

Dull y golygu

Gan na ellid yn aml ganfod 'prif destun' o blith y gwahanol gopïau, lluniwyd testunau cyfansawdd o'r cerddi gan ddangos y darlleniadau amrywiol (ac eithrio'r rhai orgraffyddol pur) yn yr 'Amrywiadau' ar waelod y testun. Os ceir yr un amrywiad mewn grŵp o lawysgrifau, fe'i cofnodir yn orgraff y llawysgrif hynaf yn y grŵp hwnnw, hyd y gellir. Os oes gair neu ran o linell yn eisiau mewn llawysgrif, nodir hynny drwy roi'r gair neu'r geiriau (yn orgraff y testun golygedig) mewn bachau petryal. Pan fo llinell neu linellau yn eisiau mewn llawysgrif, nodir y rheini mewn bachau petryal wrth drafod trefn y llinellau. Fodd bynnag, os yw gair neu eiriau'n annarllenadwy neu wedi cael eu dileu oherwydd staen, twll, &c., dynodir hynny â bachau petryal gwag.

Cyflwynir y testun mewn orgraff Cymraeg Diweddar ac wedi ei brifylythrennu a'i atalnodi. Diweddarwyd orgraff a sain geiriau, oni bai fod y gynghanedd yn gofyn am sain Gymraeg Canol (gw. GDG[3] xlvi); er enghraifft, diweddarwyd *-aw-*, *-aw* yn *o* pan oedd angen (oni bai fod yr odl yn hawlio cadw'r *aw*) ac *-ei-*, *-ei* yn *ai*. Ond ni ddiweddarwyd ffurfiau Cymraeg Canol dilys megis *fal*, *no*(*g*), *ymy*, *yty* (sef 'imi', 'iti'), *wyd* (sef 'wyt'), &c.

Yn yr Eirfa ar ddiwedd gwaith y beirdd rhestrir y geiriau a drafodir yn y nodiadau (nodir hynny ag 'n'). Rhestrir hefyd eiriau dieithr neu eiriau sy'n digwydd mewn ystyr wahanol i'r arfer, gan gynnig aralleiriad ar eu cyfer. Rhoddir llythyren fechan i bob enw cyffredin, er bod rhai enwau â phriflythyren yn y testun pan fônt yn cyfeirio at Dduw, Crist neu'r Drindod. Yn y mynegeion i enwau priod rhestrir pob enw person a phob enw lle sy'n digwydd yn y cerddi.

Diolchiadau

Cydnabyddir yn ddiolchgar gymorth y canlynol: Golygyddion a staff Geiriadur Prifysgol Cymru; staff Llyfrgell Genedlaethol Cymru, Aberystwyth; a Bwrdd Golygyddol a Golygyddion Ymgynghorol y gyfres hon. Carwn ddiolch yn arbennig i Dr Ann Parry Owen a'r Athro Gruffydd Aled Williams, Mr Cledwyn Fychan a Mr E. Michael W. Griffith, yr Athro Emeritws R. Geraint Gruffydd a'r Parchedig David Williams am eu cymorth a'u hawgrymiadau gwerthfawr.

Cynnwys

DULL Y GOLYGU v

DIOLCHIADAU vi

BYRFODDAU

    Llyfryddol ix

    Termau a geiriau xx

GWAITH IEUAN AP LLYWELYN FYCHAN

    RHAGYMADRODD.. 3

    TESTUN

      1. Gofyn bytheiaid gan Fadog ap Deio o Dremeirchion 13

      2. Caru merch o radd uchel 16

      3. Cariad yn siom 20

      4. Cyffelybu ei gariad i Wenddydd 23

      5. Hwsmonaeth caru 25

      6. Gweddïo ar y saint oherwydd y cryd 27

    Atodiad

      Darn o gywydd serch 29

    NODIADAU 31

    GEIRFA 61

    Enwau personau 66

    Enwau lleoedd 67

GWAITH IEUAN LLWYD BRYDYDD

    RHAGYMADRODD.. 71

    TESTUN

      7. Dathlu dianc Hywel ab Einion ap Hywel Coetmor

        o frwydr Banbri.. 81

      8. Moliant Dafydd ab Owain, abad Maenan (Aberconwy)........... 87

      9. Marwnad Ieuan ap Tudur ap Gruffudd Llwyd......................... 90

     10. Dathlu priodas Morgan ap Siôn ap Hywel Holand

        ac Elsbeth ferch Huw Conwy Hen 93

11. Marwnad Rhys ap Gwilym 95
12. Gofyn tarw gan Hywel ab Ieuan ap Rhys Gethin
     dros Ddafydd ap Hywel.. 98
13. Darogan 102
14. Oferedd cynnig cyngor..105
15. Gweddi ar i Ddoged Sant adfer golwg y bardd........................107
16. Y bardd yn ddall 111
NODIADAU..115
GEIRFA 157
Enwau personau...165
Enwau lleoedd..167

GWAITH LEWYS ALED
     RHAGYMADRODD...171
     TESTUN
17. Gyrru llwynog yn llatai..179
18. Y ci a'r bioden...181
NODIADAU..185
GEIRFA 195
Enwau personau...197

LLAWYSGRIFAU..199
MYNEGAI I'R LLINELLAU CYNTAF..205
MYNEGAI I'R NODDWYR A'R GWRTHRYCHAU..........................207

Byrfoddau

AAST	*Anglesey Antiquarian Society and Field Club Transactions*, 1913–
Act	'Actau yr Apostolion' yn y Testament Newydd
AP	*Yr Areithiau Pros*, gol. D. Gwenallt Jones (Caerdydd, 1923)
Arch Camb	*Archaeologia Cambrensis*, 1846–
B	*Bwletin y Bwrdd Gwybodau Celtaidd*, 1921–93
Bangor	Llawysgrif yng nghasgliad Prifysgol Cymru, Bangor
P.C. Bartrum: WG1	P.C. Bartrum, *Welsh Genealogies AD 300–1400* (Cardiff, 1974)
P.C. Bartrum: WG2	P.C. Bartrum, *Welsh Genealogies AD 1400–1500* (Aberystwyth, 1983)
BaTh	*Beirdd a Thywysogion: Barddoniaeth Llys yng Nghymru, Iwerddon a'r Alban*, gol. Morfydd E. Owen a Brynley F. Roberts (Caerdydd ac Aberystwyth, 1996)
BD	*Brut Dingestow*, gol. Henry Lewis (Caerdydd, 1942)
Bedo Aerddrem, &c.: Gw	Robert Stephen, 'The poetical works of Bedo Aerddrem, Bedo Brwynllys and Bedo Phylip Bach' (M.A., Cymru, 1907)
BL Add	Llawysgrif Ychwanegol yng nghasgliad y Llyfrgell Brydeinig, Llundain
Bodley	Llawysgrif yng nghasgliad Llyfrgell Bodley, Rhydychen
Brog	Llawysgrif yng nghasgliad Brogyntyn, yn Llyfrgell Genedlaethol Cymru, Aberystwyth

BY

Y Bibyl Ynghymraec, gol. Thomas Jones (Caerdydd, 1940)

ByCy

Y Bywgraffiadur Cymreig hyd 1940 (Llundain, 1953)

CAMBM

Catalogue of Additions to the Manuscripts in the British Museum

Card

Llawysgrif yn Llyfrgell Ganolog Caerdydd

J. Cartwright: ForF

Jane Cartwright, *Y Forwyn Fair, Santesau a Lleianod: Agweddau ar Wyryfdod a Diweirdeb yng Nghymru'r Oesoedd Canol* (Caerdydd, 1999)

CBPM

G. Hartwell Jones, 'Celtic Britain and the Pilgrim Movement', Cy xxiii (1912)

CGD

Bleddyn Owen Huws, *Y Canu Gofyn a Diolch c. 1350–c. 1630* (Caerdydd, 1998)

CGRG

K.A. Evans, 'Cerddi'r Gogynfeirdd i Rianedd a Gwragedd: Astudiaeth Destunol a Beirniadol o Ddetholiad ohonynt' (M.A. Cymru [Aberystwyth], 1972)

CLC²

Cydymaith i Lenyddiaeth Cymru, gol. Meic Stephens (ail arg., Caerdydd, 1997)

CM

Llawysgrif yng nghasgliad Cwrtmawr, yn Llyfrgell Genedlaethol Cymru, Aberystwyth

CMCS

Cambridge Medieval Celtic Studies, 1981–93; *Cambrian Medieval Celtic Studies*, 1993–

CMOC²

Canu Maswedd yr Oesoedd Canol, gol. Dafydd Johnston (argraffiad diwygiedig, Pen-y-bont ar Ogwr, 1998)

CO³

Culhwch ac Olwen, gol. Rachel Bromwich a D. Simon Evans gyda chymorth D.H. Evans (Caerdydd, 1997)

CTC

C.T. Beynon Davies, 'Cerddi'r Tai Crefydd' (M.A., Cymru [Bangor], 1973)

Cy

Y Cymmrodor, The Magazine of the Honourable Society of Cymmrodorion, 1877–1951

Cylchg CHSFeir	*Cylchgrawn Cymdeithas Hanes a Chofnodion Sir Feirionnydd*, 1949–
Cylchg LlGC	*Cylchgrawn Llyfrgell Genedlaethol Cymru*, 1939–
Th.M. Chotzen: Rech	Th.M. Chotzen, *Recherches sur la poésie de Dafydd ab Gwilym* (Amsterdam, 1927)
D	*Dictionarium Duplex*, ed. John Davies (Londinium, 1632)
R.R. Davies: ROG	R.R. Davies, *The Revolt of Owain Glyn Dŵr* (Oxford, 1995)
D (Diar)	'Y Diarhebion Cymraeg' yn D
DGA	*Selections from the Dafydd ap Gwilym Apocrypha*, ed. Helen Fulton (Llandysul, 1996)
DGG	*Cywyddau Dafydd ap Gwilym a'i Gyfoeswyr*, gol. Ifor Williams a T. Roberts (Bangor, 1914)
DGGD	Bleddyn Owen Huws, *Detholiad o Gywyddau Gofyn a Diolch* (Llandybïe, 1998)
DGIA	Huw M. Edwards, *Dafydd ap Gwilym: Influences and Analogues* (Oxford, 1996)
DLlM	A. Cynfael Lake, 'Gwaith Dafydd ap Llywelyn ap Madog, Huw ap Dafydd ap Llywelyn ap Madog, a Siôn ap Hywel ap Llywelyn Fychan' (M.A. Cymru [Abertawe], 1979)
DN	*The Poetical Works of Dafydd Nanmor*, ed. Thomas Roberts and Ifor Williams (Cardiff and London, 1923)
DNB	*The Dictionary of National Biography*, ed. L. Stephen and S. Lee (Oxford, 1917)
DrOC	*Drych yr Oesoedd Canol*, gol. Nesta Lloyd a Morfydd E. Owen (Caerdydd, 1986)
DWB	*The Dictionary of Welsh Biography down to 1940* (London, 1959)
DWH	Michael Powell Siddons, *The Development of Welsh Heraldry* (3 vols., Aberystwyth, 1991–3)
L. Dwnn: HV	*Heraldic Visitations of Wales*, gol. S.R. Meyrick (Llandovery, 1846)

EANC	R.J. Thomas, *Enwau Afonydd a Nentydd Cymru* (Caerdydd, 1938)
Études	*Études celtiques*, 1936–
EVW	M.E. Griffiths, *Early Vaticination in Welsh with English Parallels* (Cardiff, 1937)
EWGT	*Early Welsh Genealogical Tracts*, ed. P.C. Bartrum (Cardiff, 1966)
EWSP	*Early Welsh Saga Poetry*, ed. Jenny Rowland (Cambridge, 1990)
G	*Geirfa Barddoniaeth Gynnar Gymraeg*, gol. J. Lloyd-Jones (Caerdydd, 1931–63)
GBF	*Gwaith Bleddyn Fardd ac Eraill o Feirdd Ail Hanner y Drydedd Ganrif ar Ddeg*, gol. Rhian Andrews *et al.* (Caerdydd, 1996)
GC	*Gwaith Casnodyn*, gol. R. Iestyn Daniel (Aberystwyth, 1999)
GCBM i	*Gwaith Cynddelw Brydydd Mawr*, i, gol. Nerys Ann Jones ac Ann Parry Owen (Caerdydd, 1991)
GCBM ii	*Gwaith Cynddelw Brydydd Mawr*, ii, gol. Nerys Ann Jones ac Ann Parry Owen (Caerdydd, 1995)
GDB	*Gwaith Dafydd Benfras ac Eraill o Feirdd Hanner Cyntaf y Drydedd Ganrif ar Ddeg*, gol. N.G. Costigan (Bosco) *et al.* (Caerdydd, 1995)
GDC	*Gwaith Dafydd y Coed a beirdd eraill o Lyfr Coch Hergest*, gol. R. Iestyn Daniel (Aberystwyth, 2002)
GDEp	*Gwaith Dafydd Epynt*, gol. Owen Thomas (Aberystwyth, 2002)
GDG	*Gwaith Dafydd ap Gwilym*, gol. Thomas Parry (Caerdydd, 1952)
GDG[3]	*Gwaith Dafydd ap Gwilym*, gol. Thomas Parry (trydydd arg., Caerdydd, 1979)
GDGor	*Gwaith Dafydd Gorlech*, gol. Erwain H. Rheinallt (Aberystwyth, 1997)

GDID	*Gwaith Deio ab Ieuan Du a Gwilym ab Ieuan Hen*, gol. A. Eleri Davies (Caerdydd, 1992)
GDLl	*Gwaith Dafydd Llwyd o Fathafarn*, gol. W. Leslie Richards (Caerdydd, 1964)
GEO	*Gwaith Einion Offeiriad a Dafydd Ddu o Hiraddug*, gol. R. Geraint Gruffydd a Rhiannon Ifans (Aberystwyth, 1997)
GGl²	*Gwaith Guto'r Glyn*, gol. J. Llywelyn Williams ac Ifor Williams (ail arg., Caerdydd, 1961)
GGLl	*Gwaith Gruffudd Llwyd a'r Llygliwiaid Eraill*, gol. Rhiannon Ifans (Aberystwyth, 2000)
GHC	*Gwaith Hywel Cilan*, gol. Islwyn Jones (Caerdydd, 1963)
GHD	*Gwaith Huw ap Dafydd ap Llywelyn ap Madog*, gol. A. Cynfael Lake (Aberystwyth, 1995)
GHS	*Gwaith Hywel Swrdwal a'i deulu*, gol. Dylan Foster Evans (Aberystwyth, 2000)
GIBH	*Gwaith Ieuan Brydydd Hir*, gol. M. Paul Bryant-Quinn (Aberystwyth, 2000)
GIF	*Gwaith Iorwerth Fynglwyd*, gol. Howell Ll. Jones ac E.I. Rowlands (Caerdydd, 1975)
GIG	*Gwaith Iolo Goch*, gol. D.R. Johnston (Caerdydd, 1988)
GILlV	*Detholiad o waith Gruffudd ab Ieuan ab Llywelyn Vychan*, gol J.C. Morrice (Bangor, 1910)
Glam Bards	J.M. Williams, 'The Works of some fifteenth century Glamorgan Bards' (M.A. Cymru [Aberystwyth], 1923)
GLD	*Gwaith Lewys Daron*, gol. A. Cynfael Lake (Caerdydd, 1994)
GLGC	*Gwaith Lewys Glyn Cothi*, gol. Dafydd Johnston (Caerdydd, 1995)
GLM	*Gwaith Lewys Môn*, gol. Eurys I. Rowlands (Caerdydd, 1975)

GLlF   *Gwaith Llywelyn Fardd I ac Eraill o Feirdd y Ddeuddegfed Ganrif*, gol. Kathleen Anne Bramley *et al.* (Caerdydd, 1994)

GLlG   *Gwaith Llywelyn Goch ap Meurig Hen*, gol. Dafydd Johnston (Aberystwyth, 1998)

GLlLl   *Gwaith Llywarch ap Llywelyn 'Prydydd y Moch'*, gol. Elin M. Jones (Caerdydd, 1989)

GMB   *Gwaith Meilyr Brydydd a'i Ddisgynyddion*, gol. J.E. Caerwyn Williams *et al.* (Caerdydd, 1994)

GMW   D. Simon Evans, *A Grammar of Middle Welsh* (Dublin, 1964)

GO   *L'œuvre poétique de Gutun Owain*, gol. E. Bachellery (Paris, 1950–1)

GOLlM   *Gwaith Owain ap Llywelyn ab y Moel*, gol. Eurys Rolant (Caerdydd, 1984)

GP   *Gramadegau'r Penceirddiaid*, gol. G.J. Williams ac E.J. Jones (Caerdydd, 1934)

GPC   *Geiriadur Prifysgol Cymru* (Caerdydd, 1950–)

GPhE   *Gwaith Syr Phylib Emlyn, Syr Lewys Meudwy a Mastr Harri*, gol. M. Paul Bryant-Quinn (Aberystwyth, 2001)

GRB   *Gwaith Rhys Brydydd a Rhisiart ap Rhys*, gol. John Morgan Williams ac Eurys I. Rowlands (Caerdydd, 1976)

R.A. Griffiths: PW i   R.A. Griffiths, *The Principality of Wales in the Later Middle Ages: i. South Wales 1277–1536* (Cardiff, 1972)

GSC   *Gwaith Siôn Ceri*, gol. A. Cynfael Lake (Aberystwyth, 1996)

GSCMB   'Guide to the Special Collections of Manuscripts in the Library of the University College of North Wales Bangor' (cyfrol anghyhoeddedig, Bangor, 1962)

GSCyf   *Gwaith Dafydd Bach ap Madog Wladaidd 'Sypyn Cyfeiliog' a Llywelyn ab y Moel*, gol. R. Iestyn Daniel (Aberystwyth, 1998)

GSH	*Gwaith Siôn ap Hywel*, gol. A. Cynfael Lake (Aberystwyth, 1999)
GSRh	*Gwaith Sefnyn, Rhisierdyn, Gruffudd Fychan ap Gruffudd ab Ednyfed a Llywarch Bentwrch*, gol. Nerys Ann Jones ac Erwain Haf Rheinallt (Aberystwyth, 1995)
GTP	*Gwaith Tudur Penllyn ac Ieuan ap Tudur Penllyn*, gol. Thomas Roberts (Caerdydd, 1958)
GWL ii²	*A Guide to Welsh Literature 1282–c. 1550 Volume II*, ed. A.O.H. Jarman and Gwilym Rees Hughes, revised by Dafydd Johnston (Cardiff, 1997)
Gwyn	Llawysgrif yng nghasgliad J. Gwyneddon Davies, yn Llyfrgell Prifysgol Cymru, Bangor
HAA	Rhŷs W. Hays, *The History of the Abbey of Aberconway 1186–1537* (Cardiff, 1963)
HCLl	*Gwaith Huw Cae Llwyd ac Eraill*, gol. Leslie Harries (Caerdydd, 1953)
E.R. Henken: WS	*The Welsh Saints: A Study in Patterned Lives* (Cambridge, 1991)
HGF	*The History of the Gwydir Family and Memoirs: Sir John Wynn*, gol. J. Gwynfor Jones (Llandysul, 1990)
HMNLW	*Handlist of Manuscripts in the National Library of Wales* (Aberystwyth, 1943–)
HPF	J.Y.W. Lloyd, *The History of Powys Fadog* (6 vols., London, 1881–7)
HSt	*Harlech Studies*, ed. B.B. Thomas (Cardiff, 1938)
J.R. Hughes	Llawysgrif yng nghasgliad Llyfrgell Genedlaethol Cymru, Aberystwyth
ID	*Casgliad o Waith Ieuan Deulwyn*, gol. Ifor Williams (Bangor, 1909)
IGE²	*Cywyddau Iolo Goch ac Eraill*, gol. Henry Lewis, Thomas Roberts ac Ifor Williams (ail arg., Caerdydd, 1937)

Io	'Yr Efengyl yn ôl Sant Ioan' yn y Testament Newydd
J	Llawysgrif yng nghasgliad Coleg Iesu, Rhydychen
KAA²	*Kedymdeithyas Amlyn ac Amic*, gol. Patricia Williams (Caerdydd, 1982)
LBS	S. Baring-Gould and J. Fisher, *The Lives of the British Saints* (4 vols., London, 1907–13)
Luc	'Yr Efengyl yn ôl Sant Luc' yn y Testament Newydd
Llawdden, &c.: Gw	M.G. Headley, 'Barddoniaeth Llawdden a Rhys Nanmor' (M.A. Cymru [Bangor], 1937)
LlCy	*Llên Cymru*, 1950–
LlGC	Llawysgrif yng nghasgliad Llyfrgell Genedlaethol Cymru, Aberystwyth
J.E. Lloyd: HW³	J.E. Lloyd, *A History of Wales* (third ed., London, 1939)
Llst	Llawysgrif yng nghasgliad Llansteffan, yn Llyfrgell Genedlaethol Cymru, Aberystwyth
Llywelyn Siôn, &c.: Gw	T. Oswald Phillips, 'Bywyd a Gwaith Meurig Dafydd (Llanisien) a Llywelyn Siôn (Langewydd)' (M.A. Cymru [Caerdydd], 1937)
Marc	'Yr Efengyl yn ôl Sant Marc' yn y Testament Newydd
MCF	Mynegai Cyfrifiadurol i Farddoniaeth, Llyfrgell Genedlaethol Cymru, Aberystwyth (rhoddir y dyddiad y codwyd yr wybodaeth mewn cromfachau)
J. Morris-Jones: CD	John Morris-Jones, *Cerdd Dafod* (Rhydychen, 1925)
Mont Coll	*Collections Historical and Archaeological ... by the Powysland Club*, 1868–
Mos	Llawysgrif yng nghasgliad Mostyn, yn Llyfrgell Genedlaethol Cymru, Aberystwyth

MWM	Daniel Huws, *Medieval Welsh Manuscripts* (Cardiff, 2000)
MWRL	Catherine A. McKenna, *The Medieval Welsh Religious Lyric* (Belmont, Massachusetts, 1991)
NLWCM	J.H. Davies, *The National Library of Wales*: *Catalogue of Manuscripts*, i (Aberystwyth, 1921)
OBWV	*The Oxford Book of Welsh Verse*, ed. Thomas Parry (Oxford, 1962)
ODCC³	*The Oxford Dictionary of the Christian Church*, ed. F.L. Cross and E.A. Livingstone (third ed., London, 1997)
Pen	Llawysgrif yng nghasgliad Peniarth, yn Llyfrgell Genedlaethol Cymru, Aberystwyth
Peniarth 57	*Peniarth MS. 57*, transcribed by E. Stanton Roberts (Cardiff, 1921)
PKM	*Pedeir Keinc y Mabinogi*, gol. Ifor Williams (Caerdydd, 1930)
PRO	Yr Archif Gwladol yn Llundain
R	*The Poetry in the Red Book of Hergest*, ed. J. Gwenogvryn Evans (Llanbedrog, 1911)
RCAHM (Denbigh)	*An Inventory of the Ancient Monuments in Wales and Monmouthshire*: *Denbigh* (London, 1914)
RWM	*Report on Manuscripts in the Welsh Language*, ed. J. Gwenogvryn Evans (London, 1898–1910); fe'i defnyddir hefyd i ddynodi rhif llawysgrif yng nghatalog J.G.E.
SCWMBLO vi	F. Madan and H.H.E. Craster, *Summary Catalogue of Western Manuscripts in the Bodleian Library at Oxford*, vi (Oxford, 1924)
Stowe	Llawysgrif yng nghasgliad Stowe yn y Llyfrgell Brydeinig, Llundain
TA	*Gwaith Tudur Aled*, gol. T. Gwynn Jones (Caerdydd, 1926)
TCHSDd	*Trafodion Cymdeithas Hanes Sir Ddinbych*, 1952–

TCHSG

Trafodion Cymdeithas Hanes Sir Gaernarfon, 1939–

D.R. Thomas: HDStA

D.R. Thomas, *The History of the Diocese of Saint Asaph* (Oswestry, 1908–13)

THSC

The Transactions of the Honourable Society of Cymmrodorion, 1892/3–

Treigladau

T.J. Morgan, *Y Treigladau a'u Cystrawen* (Caerdydd, 1952)

TW

Geiriadur Syr Thomas Wiliems, 'Thesaurus Linguæ Latinæ et Cambrobritannicæ' yn Pen 228

TWS

Elissa R. Henken, *Traditions of the Welsh Saints* (Cambridge, 1987)

TYP²

Trioedd Ynys Prydein, ed. Rachel Bromwich (second ed., Cardiff, 1978)

VSB

Vitae Sanctorum Britanniae et Genealogiae, ed. A.W. Wade-Evans (Cardiff, 1944)

WATU

Melville Richards, *Welsh Administrative and Territorial Units* (Cardiff, 1969)

WCCR²

Glanmor Williams, *The Welsh Church from Conquest to Reformation* (second ed., Cardiff, 1976)

WCD

P.C. Bartrum, *A Welsh Classical Dictionary: People in History and Legend up to about A.D. 1000* (Aberystwyth, 1993)

WS

A Dictionary in Englyshe and Welshe, ed. William Salesbury (London, 1547; adargraffiad 1877, 1969)

WWR²

H.T. Evans, *Wales and the Wars of the Roses* (second ed., Stroud, 1998)

Wy

Llawysgrif yng nghasgliad Wynnstay, yn Llyfrgell Genedlaethol Cymru, Aberystwyth

YB

Ysgrifau Beirniadol, 1965–

YCM²

Ystorya de Carolo Magno, gol. Stephen J. Williams (ail arg., Caerdydd, 1968)

YEPWC   *Ymryson Edmwnd Prys a Wiliam Cynwal*, gol.
                         Gruffydd Aled Williams (Caerdydd, 1986)

YMTh   *Ymddiddan Myrddin a Thaliesin*, gol. A.O.H.
                         Jarman (Caerdydd, 1951)

Termau a geiriau

a.	ansoddair, -eiriol	f.	ffolio
adf.	adferf	*fl.*	*floruit*
amhff.	amherffaith	ff.	ffolios
amhrs.	amhersonol	Ffr.	Ffrangeg
anh.	anhysbys	g.	(c.) canrif
ardd.	arddodiad, -iaid	g.	gwrywaidd
arg.	argraffiad	gn.	geiryn
art.cit.	*articulo citato*	gol.	golygwyd gan
At.	Atodiad	grch.	gorchmynnol
b.	benywaidd	grff.	gorffennol
ba.	berf anghyflawn	gthg.	gwrthgyferbynier, -iol
be.	berfenw	gw.	gweler
bf. (f.)	berf, -au	H.	Hen
bg.	berf gyflawn	*ib.*	*ibidem*
bg.a.	berf gyflawn ac	*id.*	*idem*
	anghyflawn	*l.c.*	*loco citato*
c.	*circa*	ll.	lluosog; llinell
c. (g.)	canrif	Llad.	Lladin
C.	Canol	llau.	llinellau
C.C.	cyn Crist	llsgr.	llawysgrif
cf.	cymharer	llsgrau.	llawysgrifau
cfrt.	gradd gyfartal	m.	mewnol
Clt.	Celteg, Celtaidd	myn.	mynegol
cmhr.	gradd gymharol	n.	nodyn
cpl.	cyplad	neg.	negydd, -ol
Cym.	Cymraeg	*ob.*	*obiit*
cys.	cysylltair, cysylltiad	O.C.	o oed Crist
d.g.	dan y gair	*op.cit.*	*opere citato*
dib.	dibynnol	pres.	presennol
Diw.	Diweddar	prff.	perffaith
dyf.	dyfodol	prs.	person, -ol
e.	enw	pth.	perthynol
eb.	enw benywaidd	r	*recto*
ebd.	ebychiad	rh.	rhagenw, -ol
ed.	*edited by, edition*	S.	Saesneg
e.e.	er enghraifft	*s.n.*	*sub nomine*
eg.	enw gwrywaidd	td.	tudalen
eith.	eithaf	tt.	tudalennau
e.p.	enw priod	un.	unigol
et al.	*et alii*	v	*verso*
ex inf.	*ex informatione*	vols.	volumes

GWAITH IEUAN AP LLYWELYN FYCHAN

Rhagymadrodd

Ni all fod unrhyw amheuaeth ynghylch cyfraniad Dyffryn Conwy a Dyffryn Clwyd a'r cyffiniau i lenyddiaeth Cymru o ddiwedd y bedwaredd ganrif ar ddeg hyd yr unfed ganrif ar bymtheg. Yn ogystal â'r tri bardd yr ymdrinir â'u gwaith yn y gyfrol hon, ceir enwau nifer o feirdd o'r un cyfnod y mae'n bur sicr eu bod yn hanu o'r ardaloedd hyn neu'n gysylltiedig â hwy.[1] Perthyn diddordeb arbennig i Ieuan ap Llywelyn Fychan ab Ieuan ap Dafydd, i'w hynafiaid a'i ddisgynyddion. Hanai ei deulu o linach Eadwine o Atiscross (yr 'Edwin o Degeingl' yr olrheiniai nifer o uchelwyr eu llinach iddo).[2] Yn ôl tystiolaeth a gasglwyd gan T. Allen Glenn,[3] ymddengys mai yng Nghae-rhys, y Bryngwyn, y trigai Llywelyn Fychan, tad Ieuan;[4] ac yr oedd gan Lywelyn hefyd diroedd a etifeddasai gan ei dad yn Nhremeirchion a Bodeugan. Trigai Ieuan ap Llywelyn Fychan yn ei dro yng Nghae-rhys, ac yna yn Llannerch, yn nhrefgordd Lleweni gerllaw Llanelwy, sir Ddinbych; ei wraig oedd Annes ferch Rhys,[5] a disgynnai ei theulu hithau trwy Iorwerth Fychan o Uchdryd ab Edwin.

[1] Trafodir agweddau ar gefndir dysg a diwylliant yn yr ardaloedd hyn yn G.J. Williams, 'Traddodiad llenyddol Dyffryn Clwyd a'r Cyffiniau', TCHSDd i (1952), 20–32; Cledwyn Fychan, 'Tudur Aled: Ailystyried ei Gynefin', Cylchg LlGC xxiii (1983), 45–74; G.A. Williams, *Dyffryn Conwy a'r Dadeni*, Darlith Lenyddol Eisteddfod Genedlaethol Cymru Dyffryn Conwy a'r Cyffiniau, 1989. Cysylltir y beirdd canlynol â'r broydd hyn: Cynfrig ap Dafydd Goch (*fl.* canol y 15g., CLC² 146); Dafydd ap Hywel ab Ieuan Fychan, a gladdwyd yn Llandrillo (*fl.* 1480–1510); Dafydd ap Maredudd ab Ednyfed (*c.* 1460); Dafydd ap Siancyn, yr herwr o Nanconwy (*fl.* ail hanner y 15g., CLC² 158); Edward ap Hywel ap Gruffudd, a ganodd i'r Esgob Redman o Lanelwy (*c.* 1470); Gruffudd Llwyd ap Gronw Gethin, o Lanfair Talhaearn (*fl.* 1380–1420—yr oedd gan Ruffudd frawd a oedd yn fardd: ai Madog ydoedd hwnnw?); Gruffudd Dafydd Ddu, na wyddys mwy amdano na'i enw; Gruffudd Leiaf a'i feibion: Ieuan ap Gruffudd Leiaf, Syr Siôn Leiaf, Rhobert Leiaf (*fl.* 1450–1500—fe ddichon hefyd fod bardd o'r enw Rhys ab Owain (neu Owain ap Rhys), a ganodd i Holandiaid Ereithlyn, yntau'n perthyn i'r wehelyth hon); Ieuan Fychan ab Ieuan ab Adda, bardd ac uchelwr o Bengwern (Llangollen), a briododd ag aeres Mostyn (*fl.* 1450–1500); Inco Brydydd o Nanconwy (*c.* 1480); Llywelyn ab Owain ap Cynfrig Moel (*c.* 1480); Maredudd ap Rhys (*fl.* 1440–83); Rhys Degannwy (*c.* 1480); Rhys Pennardd (*c.* 1480) o Gonwy neu Glynnog ac a gladdwyd yn Llandrillo Edeyrnion. Dylid nodi hefyd y canai nifer o feirdd o wahanol rannau o Gymru i noddwyr yng nghyffiniau Dyffryn Clwyd a Dyffryn Conwy, megis Lewys Glyn Cothi, gw. GLGC 463–76.

[2] Ceir ach Ieuan ap Llywelyn Fychan a'i deulu yn P.C. Bartrum: WG1 'Edwin' 6 ac yn P.C. Bartrum: WG2 'Edwin' 6 (D₃). Am fanylion pellach, gw. DWB 289 d.g. 'Griffith, family of Garn and Plasnewydd' (a'r cyfeiriadau); *The Family of Griffith of Garn and Plasnewydd in the County of Denbigh, as registered in the College of Arms from the beginning of the XIth century*, ed. T. Allen Glenn (London, 1934), 81–8.

[3] *Ib.* 78.

[4] Un o drefgorddau plwyf Tremeirchion oedd y Bryngwyn.

[5] Gw. P.C. Bartrum: WG2 'Ednywain Bendew' 4 (A₁).

Perthynai Ieuan ac Annes, felly, i ddwy gangen o'r un teulu. Yn ôl yr wybodaeth a gofnodir yn yr achresi, yr oedd i Ieuan a'i wraig o leiaf wyth o blant, gan gynnwys Syr Rhys o Dremeirchion a'r bardd-uchelwr nodedig Gruffudd ab Ieuan ap Llywelyn Fychan, gŵr y daeth Llannerch yn etifeddiaeth iddo yntau[6] ac a fu, ynghyd â Thudur Aled, yn un a gynorthwyai'r tri chomisiynwr yn eu gwaith o arolygu eisteddfod gyntaf Caerwys (1523).[7] Ond ymddengys hefyd fod cyswllt teuluol rhwng Ieuan ap Llywelyn Fychan, Lewys Aled yr ymrinnir â'i waith isod, a Thudur Aled:

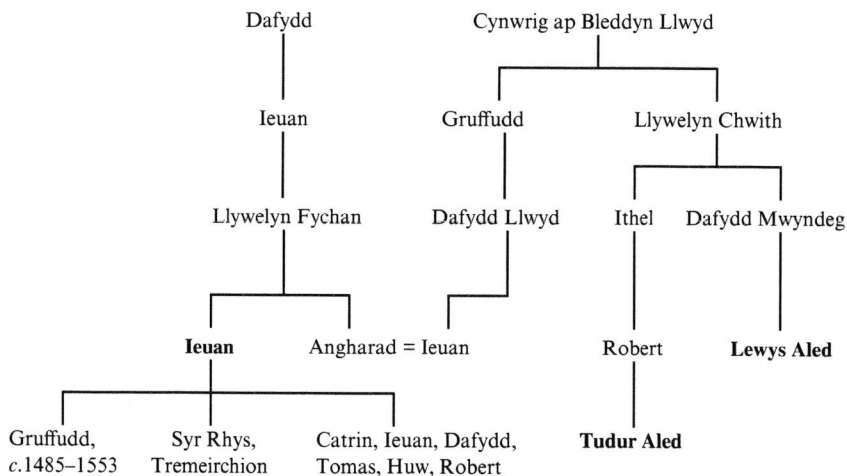

Ceir gan Dudur gywydd moliant i Ieuan, lle yr olrheinia ei ach a rhoi disgrifiad byw iawn ohono:[8]

---

[6] Ar waith a gyrfa Gruffudd ab Ieuan ap Llywelyn Fychan, ac am hanes ei deulu a'i ddisgynyddion yntau, gw. GILlV *passim* (ond gthg. T. Allen Glenn, *op.cit.* 81–8, ynghylch manylion bywgraffiadol y bardd); gw. hefyd ByCy 297–8 a DWB 317 a'r cyfeiriadau a geir yno. Trafodir y gred mai beirdd oedd merched Gruffudd ab Ieuan gan Nia Powell, 'Women and Strict-Metre Poetry in Wales', *Women and Gender in Early Modern Wales*, ed. Michael Roberts and Simone Clarke (Cardiff, 2000), 135–8; gthg. Cathryn A. Charnell-White, 'Alis, Catrin a Gwen: tair prydyddes o'r unfed ganrif ar bymtheg. Tair Chwaer?', *Dwned*, v (1999), 89–104; *id.*, 'Barddoniaeth ddefosiynol Catrin ferch Gruffudd ap Hywel', *Dwned*, vii (2001), 93–120. Cysylltid Llannerch yn ddiweddarach â theulu Davies, Llannerch a Gwysanau, a'u disgynyddion hwythau (gw. ByCy 270 a DWB 288 a'r cyfeiriadau a geir yno).

[7] Gw. Hywel Teifi Edwards, *The Eisteddfod* ([Cardiff], 1990), 6–8; Gwyn Thomas, *Eisteddfodau Caerwys / The Caerwys Eisteddfodau* (Caerdydd, 1968), 43–83.

[8] Oherwydd y dystiolaeth a geir mewn llsgrau. na wyddai T. Gwynn Jones amdanynt, yn arbennig Pen 77, 330 (sef y llsgr. hynaf ac ynddi gopi o'r gerdd hon), rhoddir yma olygiad newydd o'r cywydd, cf. TA 276–8 (LXVIII ('Y dewr a'i wallt wedi r' wau')). Er bod y cywydd hwn yn fyrrach o lawer na chywyddau moliant eraill Tudur Aled, a bod ei ddiweddglo'n ymddangos braidd yn swta, y mae cysondeb yr achresi ag eiddo Ieuan ap Llywelyn a'i wraig, a'r cyfeiriad ato fel *Siôn Lewys* (= Ieuan [ap] Llywelyn), yn cryfhau'r dyb mai ef yw gwrthrych y cywydd moliant hwn.

Y dewr a'i wallt wedy r'wau,
Ced unyd, fal cadwynau;
Ieuan, angel Llywelyn,
A fyn â dur ofni dyn:
Ewch yn well no iachau Nudd
O du Ifan ap Dafydd;
Ewch yn ddewr pan foch yn ddig,
Ewch o unwraidd â Chynwrig.
Eurodd â'i ryw Iarddur waed,
Ac o Edwin ei gydwaed;
Gŵr o nod Gronwy ydwyd,
Paun un nerth â'r Penwyn wyd.
Cryf ydyw'r dewr, cryfder dâr,
O lwyth Rotbert lathreitbar;
Wyth ganmil o'r hil yrhawg
Yt o lwythau taleithiawg.
Yng Ngwynedd y rhyfeddwyd
Uwchlaw dim ucheled wyd.
Dwy goler a gymeri,
Dwy wlad oll dan dy law di;
Dur sy gennyd dros gannyn:
Ef a wnâi ddur ofn i ddyn! ...

Helaetha Tudur ar natur a champau gwrthrych ei foliant yn y dull traddodiadol:

Mawrson dynion amdanad,
Ifan, o Elystan wlad;
Trwy'r Mars yr wyt, eryr main,
Siôn Lewys, yn ail Owain.
Os mwy na chant yr antur,
Ai llai ofn dyn rhag llafn dur?
Ni chaf, na hŷn na chyfoed,
Marchog mor enwog erioed.
Digiliad yw dy galon,
Draig wyllt i droi dur ac onn;
Llu o bob gwlad dan d'adain,
Llew hy ar farch, llaw hir fain
(Nid crafanc mab ifanc bach:
Ni bu grafanc neb gryfach!).
Bwrw naw ddoe, o bai rai'n ddig,
Bwrw main a bair y menig;
Bwriad, hwyr y gwnâi burawr,
Bar yn eu mysg o bren mawr ...

Er y gall mai gwrthgyferbyniad confensiynol a geir yma, y cyfeiriad at *burawr* yng nghywydd Tudur Aled a barodd i T. Gwynn Jones dybio y gall mai cerddor oedd Ieuan ap Llywelyn Fychan yn ogystal â bardd.[9] Os yw'r dyb honno yn gywir, nid diddordeb Ieuan mewn cerddoriaeth fyddai'r unig eithriad i'r rhestr arferol o gampau gwrol y noddwr:

> Rhai a ddysg addysg Adda—[10]
> Pa well yw dysg heb bwyll da?
> Rhyfedd, dachwedd Rhydychen,
> Enni dy bwyll yn dy ben,
> Mab a ŵyr ym mhob eurallt
> Medru gweu modrwyog wallt ...

Clodforir hefyd gerdd dafod Ieuan, a rhoddir pwyslais ar ei ganu serch, gan ei gymharu'n ffafriol â cherddi Dafydd ap Gwilym:

> Mae ar lawer, mawr luoedd,
> Blys, mal un blas y mêl oedd,
> Clywed y gair, nid clod gwan,
> Clod i'th gerdd dafod, Ifan.
> Gwŷr, er mwyn merch, a erchynt
> Galw am gerdd ap Gwilym gynt:
> Ni wnâi hwn yn ei hannerch
> Yn well fyth bennill i ferch!
> Canu'n well no'r llu o'r llaill
> A rhoi aur i'r rhai eraill ...

Ac y mae'n cloi'r gerdd ar nodyn mwy personol:

> Llidiog wrth y llu ydwyd,
> Eithr i mi athro ym wyd.

Gall mai confensiwn a geir yma eto, ond efallai nad yw'r cyfeiriad at Ieuan ap Llywelyn fel 'athro' i Dudur Aled yn gwbl ddi-sail. Ieuan, ond odid, a ddysgai elfennau cerdd gerdd dafod i'w fab, Gruffudd; ac er y gall ei alw'n 'athro' i Dudur fod yn ddefod farddol, neu'n ffordd barchus o gyfeirio at berthynas hŷn, erys y posibilrwydd fod Ieuan wedi chwarae rhan yn

---

[9] 'Efallai mai meddwl am Ieuan fel cerddor ... yr oedd y bardd [Tudur Aled], ac ychydig o'r dosbarth hwnnw a fwriai farr mor aruthr ag ef', TA 608.

[10] Cynigiwyd y diwygiad testunol *addysg odda* yn TA 277 (LXVIII.41), ond *adda* a geir ym mhob un testun o'r cywydd. Ai cyfeiriad at un o hynafiaid dysgedig Ieuan ap Llywelyn Fychan ydyw? Nid yw hyn yn sail bendant dros gredu i Ieuan dderbyn addysg brifysgol yn Rhydychen, ond awgrymir bod y ddysg gynhenid a oedd ganddo yn *dachwedd* ('dinistr') i Rydychen. Er hynny, yn bennaf oherwydd y swyddi cyfrifol a ddaliai, y mae yn sicr le i ddadlau iddo gael addysg yn rhywle.

hyfforddiant y gŵr iau, er mai Dafydd ab Edmwnd, yn ôl addefiad Tudur ei hun, oedd ei athro mwyaf dylanwadol.[11]

A barnu wrth y nawdd a gafodd wedi i Harri Tudur esgyn i'r orsedd, y tebygrwydd yw i Ieuan ap Llywelyn Fychan gymryd ochr y Lancastriaid yn Rhyfeloedd y Rhosynnod, ac nid yw'n annichon iddo fod yng ngosgordd Harri ar faes Bosworth.[12] Er nad yw'r ddogfen wreiddiol wedi goroesi, ymddengys fod patent wedi ei ddyfarnu i Ieuan ap Llywelyn gan Harri, efallai'n fuan ar ôl ei goroni, ar gyfer tiroedd yn arglwyddiaeth Dinbych; y rhain a ddaeth yn gnewyllyn ystad Llannerch. Yn ôl y manylion a geir mewn dogfen yn cadarnhau'r sied i'w fab, Gruffudd ab Ieuan ap Llywelyn Fychan yn 1522, rhestrwyd y tiroedd hyn fel a ganlyn:

4 acres and 7 perches in le Banke, late of David ap Iorweth.

38 acres and 3 roods late of Thomas [de] Llannerghe (= Llannerch).

12 acres and 3 roods.

8 acres.

9 acres, all late of Rees ap Iorwerth.

16 acres and ½ rood, late of Matilda, daughter of Henry Cay.

16 acres and ½ rood, late of the said Matilda.

20 acres, late of Ade[?nitus] Hynde.

5 acres, late of Thomas [de] Llannerght (*sic*, = Llannerch).

5 acres, late of Henry Semeston.

½ of a messuage and 1 acre of land, late of Nicholas Hynde.

4 acres.

5 acres, both late of John Motlowe.[13]

Dichon fod *½ of a messuage and 1 acre of land* yn cyfeirio at y tir y safai neuadd Llannerch arno. Trigai Gruffudd ab Ieuan ap Llywelyn yn y neuadd honno yn 1523 (ac felly'n fuan ar ôl marwolaeth ei dad); mewn llythyr ganddo at Gruffudd ap Rhobin ap Rhys, a elwir ganddo yn 'Saer o Lan Sant Sior', ceir disgrifiad o gyflwr y lle:

hen addurn uchelgrib hirglwyd fargodlaes logeilfyr, wasgarfwg, hudduglfag, or hen waith gynt, [e]r yn oes oesoedd: eithr ei bod ar osodiad barwndy gynt …[14]

---

[11] Gw. ymhellach Cledwyn Fychan, 'Tudur Aled: Ailystyried ei Gynefin', Cylchg LlGC xxiii (1983), 45–74.

[12] Trafodir y dystiolaeth gan T. Allen Glenn, *op.cit.* 81.

[13] Daw'r manylion hyn o adysgrifiad T. Allen Glenn o'r ddogfen wreiddiol, gw. *op.cit.* 83. Nododd T. Allen Glenn ymhellach fod maint erw yn sir Ddinbych ar y pryd yn ddwywaith maint yr erw statudol. Golyga hyn fod y tiroedd a ddaeth i Ieuan ap Llywelyn Fychan yn cynnwys dros 310 o erwau yn wreiddiol, yn ogystal â'r hawl i bori a aeth iddo yn rhinwedd y grant hwnnw.

[14] Gw. GILlV xi, cf. AP 43. Cyfieithwyd y darn hwn yn T. Allen Glenn, *l.c.* lle yr ychwanegir, '… we may safely conclude that the edifice was a late thirteenth-century structure, erected by the de Lacys, Barons of Denbigh, or their immediate successors, and had once been, probably, the residence of the steward of the lordship, or of the earls of Lincoln themselves. Gruffydd's description fits in with a type of manor house built during the above period … as, for instance,

Mewn dogfen wedi ei dyddio y dydd Sadwrn ar ôl Gŵyl Mathïas (24 Chwefror), 1494/5, ceir enw Ieuan ap Llywelyn yn dyst i ryddhau deunaw erw o eiddo *Deio ap eden vighan* yn nhrefgorddau'r Faenol a Bodelwyddan yng nghwmwd Rhuddlan; ac eto ar 7 Rhagfyr, 1498, bu'n dyst i grant o holl diroedd un *llewelin ap gruff ap conus* yn nhrefgordd *Wykweir* [= y Wigfair].[15] Yn 1503 bu'n feichiad ar ran perthynas iddo o'r enw Ieuan ap Llywelyn ap Gruffudd.[16] Penodwyd Ieuan ap Llywelyn Fychan yn siedwr y Goron dros sir y Fflint ar 20 Mehefin 1504, ac awgrymir iddo ddal yr un swydd dros sir Ddinbych hefyd. Os felly, dichon iddo dderbyn addysg yn y Gyfraith ar ryw adeg, a cheir cyfeiriadau eraill ato sy'n awgrymu ei fod yn ŵr dylanwadol yn ei ardal. Rhydd T. Allen Glenn ddyfyniad pwysig yn ateg i hyn:

> Henry VII having pricked as High Sheriff for the County of Flint an Englishman and non-resident, attached to his Court, Ieuan ap Llywelyn Vychan farmed the office of Sheriff from 1506 to 1509.[17]

Ar gyfer 20 Ionawr 1507/8, ceir enw Ieuan yn dyst i *grant of messuages* a fu ym meddiant rhyw *Ieuan ap res lloid ap res ap iorwerth* yn nhrefgordd y Wigfair. Ar ôl Ionawr 1508/9 grantiwyd iddo hawliau'r Goron ar gyfer *Rhylofnoyd* (Newmarket bellach), ynghyd â thiroedd y Goron yn Picton ac Axton, plwyf Llanasa,[18] ac y mae'r achresi yn dangos bod ei ddisgynyddion wedi byw yno ar ei ôl.

Y mae peth ansicrwydd ynghylch cyfnod blodeuo Ieuan ap Llywelyn Fychan. Yn ôl y cofnod a geir yn ByCy 386 cynigir iddo fod yn ei flodau rhwng 1460 a 1490, ond yn DWB 409 cynigir 1532 ar gyfer dyddiad ei farwolaeth. Rhydd T. Allen Glenn, ar y llaw arall, tua mis Hydref 1522 yn *terminus ad quem* ar ei gyfer,[19] a dichon nad yw hynny ymhell o'i le. Ac

---

Cochwillan, near Llandegai ... These houses were frequently half-timbered, and defensive against a casual attack. They were usually about 70 feet long by 20 feet wide, and consisted of a kitchen, from which stairs led to sleeping apartments above, a great hall, open to the short rafters, and a *solar*, over which there were also rooms. The fire-place, in the earlier life of these houses, was a hearth in the middle of the hall, the smoke finding its way out through the roof. Later, modern fire-places were built in the rooms. There were sometimes outbuildings attached. The roof, as Gruffydd observes, was "high-crested," and of its "soot-accumulating" tendencies there can be no question. The house, therefore, may have been considerably over two centuries old when Gruffydd wrote. Ieuan ap Llywelyn Vychan is stated to have lived here, probably towards the end of his life, or at least occasionally, and he also resided at Cae Rhys, and for a time at Rhylofnoyd (Newmarket).' Ymhellach ar y tŷ heddiw, gw. E. Hubbard, *The Buildings of Wales: Clwyd* (Harmondsworth, 1986), 290.

[15] Gw. *Schedule of Plas-yn-Cefn Papers and Documents, vol. i,* compiled by G.M. Griffiths (Aberystwyth, 1958), 8.

[16] Gw. 'Chester Enrolments' [= Recognizance Rolls], 24 Henry VII a I Henry VIII, *memb. 6 d* (i), PRO (Chester, 2–177).

[17] Gw. T. Allen Glenn, *op.cit.* 358.

[18] Gw. *A Schedule of the Wigfair Deeds and Documents Purchased in 1926–7, vol. i,* compiled by G.M. Griffiths (Aberystwyth, 1973), 26.

[19] T. Allen Glenn, *op.cit.* 82.

yntau'n ŵr o bwys yn ei ardal, yn dirfeddiannwr ac yn swyddog dan y brenin, ymddiddorai Ieuan ap Llywelyn hefyd yn nysg a diwylliant brodorol ei wlad, ac y mae'n amlwg iddo ofalu trosglwyddo hynny o wybodaeth am y traddodiad hwnnw a oedd ganddo i'w blant ei hun ac i eraill, a Thudur Aled yr amlycaf yn eu plith. Hawdd y gellir cymhwyso at Ieuan yr hyn a ddywedodd Thomas Parry am wŷr a gwragedd llythrennog yn ail hanner y bymthegfed ganrif:

> Er cymaint o sôn a fu, gan y beirdd eu hunain a chan eraill, am gyfrin-achau ynglŷn â'u gwaith, y mae'n amlwg fod y grefft brydyddu yn ddigon adnabyddus i'r uchelwyr trwy'r canrifoedd, a'u bod hwy'n cyfranogi'n helaeth iawn, mewn ffordd hollol ymarferol, o fywiogrwydd llenyddol eu hoes. Mewn gair, nid diddordeb cylch bach dethol o arbenigwyr oedd prydyddu, ond peth yn cyniwair trwy gyfran fawr o'r dosbarth llythrennog, a chofier bod y mân uchelwyr hyn yn niferus iawn. Y diddordeb cyffredinol hwn mewn llên, ynghyd â chywreinrwydd a glendid y gelfyddyd, sy'n gwneuthur cyfnod yr uchelwyr yn gyfnod mor wych, os nad y gwychaf oll, yn hanes llenyddiaeth Cymru.[20]

Ei waith

Diau mai cyfran fechan o waith dilys Ieuan ap Llywelyn Fychan sydd wedi goroesi. Ni ddiogelwyd yn y llawysgrifau namyn chwe cherdd gyflawn ar ei enw, yn ogystal â dryll o chwe llinell o gywydd. Y mae testunau'r cerddi cyflawn yn rhai gweddol unffurf ar y cyfan—tyst naill ai i gadwraeth law-ysgrifol ddiogel neu i gynsail gyffredin i'w waith—ac nid oes yr un gerdd amheus neu ansicr ei hawduraeth y mae'n rhaid rhoi cyfrif amdani. Un gerdd yn unig o'r eiddo a briodolir i feirdd eraill heblaw Ieuan, sef 'Caru merch o radd uchel' (cerdd 2), cywydd a geir hefyd ar enwau Hywel Swrdwal, Guto'r Glyn a Llawdden.[21] Mewn un llawysgrif yn unig y priodolwyd y gerdd i Hywel Swrdwal (sef LlGC 3048D [= Mos 145]), ond fe'i gwrthodwyd gan Mr Dylan Foster Evans, sy'n nodi bod y priodoliad yn amwys gan fod Ieuan ap Llywelyn yntau'n yn cael ei enwi yno fel awdur posibl.[22] Ni dderbyniwyd y gerdd ychwaith i ganon Llawdden gan Dr R. Iestyn Daniel.[23] Copïau Llywelyn Siôn o Langewydd sydd i gyfrif am y priodoliad i Guto'r Glyn ond, fel y gwelir, gwahanol iawn yw'r cywydd o ran ei arddull i gerddi dilys y bardd o'r Glyn, a chan na cheir nemor un gerdd serch ymhlith y cerddi hynny y mae lle cryf i amau'r priodoliad hwnnw.

---

[20] Thomas Parry, *Hanes Llenyddiaeth Gymraeg hyd 1900* (Caerdydd, 1944), 106.

[21] Ceir golygiad arall o'r cywydd hwn yn Llawdden, &c.: Gw 126–8 (cerdd 42).

[22] Dywedir mewn olnod *Hywel Swrdwal, medd arall Ifan ap Llywelyn Fychan*; gw. GHS 11.

[23] Bydd golygiad Dr R. Iestyn Daniel o waith Llawdden yn ymddangos yng Nghyfres Beirdd yr Uchelwyr.

Ceir gan Ieuan ap Llywelyn Fychan un gerdd ofyn (cerdd 1), a honno i gyd-uchelwr o'r enw Madog ap Deio ab Iorwerth, sef uchelwr a ddaliai diroedd ym Maenefa, ger Tremeirchion, Tegeingl. Awgrymir yn sylwadau rhagarweiniol y gerdd honno fod pwrpas arbennig mewn canu i'w gyfuwch gan fardd-uchelwr; ond y mae'n bosibl fod cysylltiad mwy ffurfiol rhwng Madog ac Ieuan o gofio am berthynas Madog â theulu Hywel Coetmor trwy ei fam, Angharad ferch Ieuan o Lanrwst,[24] a'r ffaith ei fod yn trigo yn Nhremeirchion lle yr ymgartrefai mab i Ieuan ap Llywelyn, sef Syr Rhys. Y mae'n anodd llwyr osgoi'r teimlad fod yr unig gerdd grefyddol a geir ar enw Ieuan ap Llywelyn Fychan (cerdd 6) wedi ei chanu'n eithaf coeglyd, a bod ynddi fwy o hwyl nag o wir ymdeimlad, er na ellir bod yn sicr ynglŷn â hyn.

Gwelir mai serch yw prif thema'r cerddi gan Ieuan ap Llywelyn Fychan a gadwyd i ni, ac y mae hynny'n gyson â sylw Tudur Aled. Y mae'n werth nodi mai pwnc oedd hwnnw y canodd Gruffudd ab Ieuan yn helaeth arno hefyd. Ymranna'r cerddi hyn yn ddau ddosbarth: y cerddi i ferch y dywedir ei bod o uchel dras ac, oherwydd hynny, y tu hwnt i gyrraedd y bardd (cerddi 2 a 5); a'r cerddi confensiynol lle y cwynir oherwydd troeon serch,[25] a'r helyntion a brofir wrth geisio'r ferch (cerddi 3 a 4).[26] Cwestiwn na ellir ei ateb yn foddhaol, efallai, yw i ba raddau y mae'r cerddi hyn yn ymarferion llenyddol pur, neu a fu iddynt bwrpas cymdeithasol nad yw'n eglur i ni bellach? A dyfynnu'r Athro Dafydd Johnston, 'rhaid cofio fod serch yn gallu bod yn "fasnachol", ac nid oedd yn fater o fynegi teimlad er ei fwyn ei hun'.[27] Ai canu i wraig neu ferch cyd-uchelwr, cyfaill neu noddwr a gynrychiolir gan y math hwn o ganu? Neu, a ydyw'n bosibl hyd yn oed fod y bardd weithiau yn canu drwy'r confensiynau hyn i'w wraig ei hun?[28] Er na ellir dweud i sicrwydd beth a olygai ei ganu i Ieuan ap Llywelyn ei hun ac i'w gylch o berthnasau a chyfeillion, y mae'n amlwg fod ei gerddi yn weddol boblogaidd yn eu dydd, efallai yn rhinwedd statws cymdeithasol y bardd. Diau na fyddem yn cytuno â gosodiad confensiynol gwrtais Tudur Aled na chanai Dafydd ap Gwilym ei hun *Yn well fyth bennill i ferch*,[29] ond yng

[24]   Ar Hywel Coetmor, gw. cerdd 1.7–8n. Y mae'n ymddangos bod dolen gyswllt briodasol rhwng teuluoedd Ieuan ap Llywelyn Fychan, Madog ap Deio, yr Holandiaid, a disgynyddion Hywel Coetmor a Rhys Gethin, gw. yr achresi a roddir yn P.C. Bartrum: WG1 'Gruffudd ap Cynan' 6; P.C. Bartrum: WG2 'Edwin' 6 D$_{1-3}$, 'Gruffudd ap Cynan' 6$_{1-3}$, 'Holland' 1, 3.

[25]   Cf. yr un thema yng ngwaith Dafydd ap Gwilym, gw. GDG³ 201–3 (cerdd 74) 'Y serch lledrad'.

[26]   Trafodir y confensiynau ynghylch effeithiau serch a'i helyntion yn Th.M. Chotzen: Rech 315–24 ('Les Symptômes de l'Amour').

[27]   Dafydd Johnston, 'Canu ar ei fwyd ei hun': Golwg ar y Bardd Amatur yng Nghymru'r Oesoedd Canol (Abertawe, 1997), 5.

[28]   Tybed a yw'r nodyn a rydd John Jones, Gellilyfdy, i gerdd 2 yn Pen 112, 388, kowydd moliant i ferch a thraethiad oi gwr amdani, yn ateg i hyn? (Ond gw. sylwadau rhagarweiniol cerdd 2 isod.)

[29]   Gw. uchod td. 6.

nghanu Ieuan ap Llywelyn Fychan cawn ymglywed yn sicr â mwynhad gŵr dysgedig ac uchelwrol yng nghelfyddyd farddol a diwylliant ei wlad ei hun.

Crefft y cerddi

Er mai fel 'athro' y cyfeiriodd Tudur Aled at Ieuan ap Llywelyn Fychan, ac er ei bod yn debygol fod Ieuan wedi dysgu elfennau cerdd dafod i'w fab, Gruffudd, nid yw ei statws barddol yn eglur. Yn sicr, yr oedd ganddo, fel uchelwr o bwys, ddiddordeb a digon o hamdden i ymddiddori yn y grefft farddol. Cywyddau deuair hirion yn unig a ddiogelwyd o'i waith, ac y mae'r rhain yn dyst i reddf farddol ddiamheuol ond hefyd i'r posibilrwydd na chafodd ei hyfforddi'n drylwyr. Er hynny, ni ellir dweud i sicrwydd yn achos Ieuan ap Llywelyn na'r ddau fardd arall yr ymdrinnir â'u gwaith yn y gyfrol hon mai beirdd 'amatur' neu 'answyddogol' oeddynt. Yr oedd Ieuan ap Llywelyn yn amlwg yn gyfarwydd ag o leiaf rai o'r chwedlau brodorol a'r apocryffa grefyddol, ac y mae sawl awgrym yma a thraw yn ei gerddi ei fod yn gyfarwydd hefyd â chanu beirdd eraill, ac â rhai cerddi yn benodol. Nid yw'r cyfran a gadwyd o gerddi Ieuan yn fawr; a chyfyng, i raddau, yw'r casgliadau y gellir eu ffurfio ynghylch nodweddion ei ganu. O'r 319 llinell gyflawn, ceir y gynghanedd groes mewn 63.32% ohonynt;[30] y gynghanedd sain mewn 14.73%; y gynghanedd draws mewn 13.47%, a'r gynghanedd lusg mewn 4.38% yn unig.[31]

Ceir y goddefiadau arferol gan y bardd o ran y cytseiniaid gwreiddgoll, canolgoll a pherfeddgoll nad ydynt yn cael eu hateb (f, m, n, r). Yn 2.1 atebir c gan g; ni chaledir -d d- yn 3.45. Y mae rhai llinellau afreolaidd eu hyd (e.e. 1.16, 27, 59, 3.11, 33, 47) a cheir hefyd linellau digynghanedd neu linellau nad yw'r gynghanedd ynddynt yn gwbl foddhaol (gw. 2.34, 4.21, 6.12, 38—gall, wrth reswm, mai cyflwr y copïau a gadwyd o waith Ieuan ap Llywelyn sy'n gyfrifol am hyn). Ceir crych a llyfn yn 1.53 a 6.21; twyll gynghaned d yn 6.38; y bai gormod odlau yn 2.46; y mae n.s. yn ateb s.n.s. yn 6.31 ac yn At.1 camosodir cytseiniaid. Mewn un gerdd manteisia'r bardd ar ffurfiau llafar i gynnal y gynghanedd, sef cwyredd (4.4), pruddhais (4.5), gweddedd (4.33), ond cf. dygn > dygyn yn 3.47. Y mae hyn oll, yn ogystal â phrinder y mesurau a arferir ganddo, yn ateg bosibl i natur answyddogol addysg farddol Ieuan ap Llywelyn; ond y maent hefyd yn unol ag arwyddion craill o ddirywiad y grefft farddol a welir yn eglur yng ngwaith beirdd y cyfnod.

---

[30] Dadansoddwyd y cynganeddion hyn hyd at y ddau bwynt degol agosaf. Er mai'r groes yw hoff gynghanedd Ieuan ap Llywelyn Fychan, amrywia nifer y llau. a ganwyd arni o 46 yng ngherdd 1 i 23 yng ngherdd 2.

[31] Ceir yn ogystal 13 ll. (4.07%) ansicr ac un ll. anghyflawn.

1
Gofyn bytheiaid gan Fadog ap Deio o Dremeirchion

P'redur wedd, priod ar ŵr,
Paun â moliant pen milwr,
Madog, un o rym ydwyd,
4 Mawr o sêl yn y Mars wyd,
Mab Deio hael, mab du hir,
Ŵyr Ierwerth a oreurir.
Cai, ŵyr Hywel, cawr haeach,
8 Caut mwy o rym, Coetmor ach;
Cariad gŵr, corf wyd ag onn,
Caud, ysgwîr, coed ysgyrion,
Breuach, o doud mewn broch dig,
12 Nog irwayw Gei o Warwig.
Aeth dy glod o waith dy gledd
Draw i Wanas drwy Wynedd;
Ewch â moliant uwch Maelawr
16 O fwrw maen neu far mawr.
Braisg oedd gael, cawr afael cyd,
Braich a nerth Brychan wrthyd;
Llaw a rydd aur, llariaidd iôr,
20 Llew ifanc, fal llaw Ifor.
Nudd galon, nawdd Dduw Geli
Draw is y Tern drosot ti!
Dewrfab, pa dyrfa eb hyn,
24 Difalch, na *bo* yn d'ofyn?

Ieuan, Nudd awenyddiaith,
Hwyliwr march a heliwr maith,
Mae yma uwch coed, mi a'ch câr,
28 Ym filgwn ymafaelgar?
Diserth riw, nid oes, wrth raid,
Ym eleni ymlyniaid.

Mae cŵn (O Dduw, nas cawn ddau!)
32 Â rhinwedd ar eu henwau:
Mae ar berwyl mor burwyn,
Mae od o wedd Meudwy wyn;

Pan âi gymar un garol,
36   Palmer a ŵyr p'le mae'r ôl.
Dau froder, nifer un iaith,
Dau o grefydd digrifwaith;
Dau un gydwedd dan gadwyn,
40   Dau un llais dan nen y llwyn;
Dau un organ dan irgoed,
Dau flaidd yn eu dwyflwydd oed;
Dwy fantell am efelliaid,
44   Dwy bais garth deubwys a gaid;
Gwisgen' ffris fal gwas gwyn Ffrainc,
Gwaedd loywfawr Gwyddyl ifainc.
Cwyn a rydd, acen ar riw,
48   Cedenllaes cyfoed unlliw;
Cywydd rhwng mynydd a môr,
Cenafon fal cŵn Ifor.
Galw yng nghanol y ddolen,
52   Gwyddan' ffordd, gweiddi 'n ei phen;
Gwnïo ar naid y geinach,
A gwylio byth ei gwâl bach.
Mwyn fydd i'm cynydd eu cainc,
56   Mwyn o chaf, mynaich ieuainc;
Mae fy iawngamp, mwy f'angerdd,
Medru cael â mydr eu cerdd;
Masw un gân, moesan' gig,
60   Mesur un dôn a musig.

Eiriol y ferch â'r ael fain,
Marged, loywged oleugain,
A bair, o'ch rhyw unair chwi,
64   Wychr Degau, ywch roi deugi;
A rhoed y Mab Rhad, Amen,
Olud fal Siob neu Elen:
Byth ywch y rhof beth i'ch rhaid,
68   Bwyth ddwywaith y bytheiaid!

Ffynonellau
A—Bangor 5946, 231, 232 B—J 140 [= RWM 15], 450 C—Pen 77, 382

Y mae cryn wahaniaeth yn safon y tri chopi hyn, ac y mae darlleniadau'r gerdd yn amrywio'n fawr ynddynt fel nad yw'n eglur a oes un testun y gellir llwyr ddibynnu arno. Fodd bynnag, copi C yw'r hynaf a dibynnwyd arno hyd y gallwyd, er y bu'n rhaid gwrthod rhai darlleniadau; y mae chwe llinell hefyd yn eisiau ynddo. Collwyd y 32 llinell gyntaf o A, llawysgrif a gopïwyd tua dechrau'r bedwaredd ganrif ar bymtheg, ond y mae'n amlwg bod ei chynsail yn hŷn o dipyn. Ymhellach ar y llawysgrifau, gw. tt. 199–204.

Amrywiadau

1–32 [*A*]. 1 *B* Prydr. 3 *B* gwr o rym. 4 *C* mawr i sel. 6 *B* Erwerth. 7–12 [*C*]. 10 *B* ysgwier. 13 *B* am waith. 14 *B* ionas. 15 *C* chwe' maelawr. 18 *C* werth; *B* brychwyn (*wedi ei gywiro i ddarllen* brychan). 20 *C* llaw ieuangc; *B* a llaw Ifor. 21 *B* nawn. 22 *B* draw y sai teyrn. 23 *B* heb hynn. 24 *B* na boer, *C* na bon. 26 *B* merch. 27 *C* mae uwch a mi ach car. 29 *C* dy serch yw (*neu* ym) nid achos raid. 30 *B* ym i leni, *C* imi leni; *B* ymliniaid. 31 *C* ai cawn ddau. 33 *BC* beryl; *A* Mor barod. 34 *B* mae oed o wedd, *C* mae od wedd; *A* madyn nôd, *C* a meudwy wyn. 35 *B* i gym arwr un gwrol, *C* ewch uwch irwydd a charol. 37 *C* infer; *A* un iath, *B* un waith. 38 *AB* digrifiaith. 39 *A* yn gydwedd, *C* un gydwaith. 40 *B* dau n, *C* dau i (*aneglur*); *A* [y] llŵyn. 41 *AB* dau n un organ. 42 *A* Dau flaidd ynn dwy-flwydd oed, *B* dau flaidd ynt dwyflwydd o oed. 43 *A* am efeilliaid, *B* am gefelliaid. 45 *A* gwiscan, *B* gwisgwan; *AB* [fal]; *AB* o ffrainc. 46 *A* lwydd-fawr; *B* gwyddel; *C* ieûainc. 47 *AB* kawn. 48 *B* kyden llaes kywod un lliw. 50 *AB* ail cwn. 51 *B* i ddolen. 52 *A* Gwyddon. 53 *B* ginach. 55 *B* mwyn füdd, *C* gwyn vydd; *AC* im cywydd. 56 *AB* menych, *C* ieûainc. 57 *AB* mae iawngamp mwy o angerdd. 58 *A* medru cael mudr yw eu cerdd, *B* medru cael mydr yw cerdd. 59 *A* Masw iawn a gawn mewn gwîg, *B* massw iawn a gawn moesen gig. 60 *A* miwsig. 61 *A* Yn ail ir ferch, *B* eirial i ferch. 62 *AB* lawged. 63 *A* o dy'ch, *B* o dych. 64 *A* wych ryw Degau, *C* wych degaû; *A* i'ch roi. 66 *C* i Elen. 67 *A* byth ich. 68 *B* i betheiaid.

Teitl

[*C*]. A Cywydd I ofyn dau fytheiad, *B* kowüdd i ofyn bytheüaid.

Nodiadau

A (*ar frig y ddalen*) nid oes genyf i ddechrau (*ar waelod y ddalen*) am hynnu trow ddalen.

Olnod

A Icrcmi ap Llywelyn Fychan, *B* Jfan ap llywelyn fychan ai kant, *C* Ienn ap lln vychan.

Trefn y llinellau

A [1–32], 33–68.
B 1–68.
C 1–6, [7–12], 7–68.

2
Caru merch o radd uchel

Cerais dan hug o urael
Ferch wen nid wyf ŵr i'w chael.
Dringo, myn Tysilio Sant,
4   Yn rhy uchel fu 'nhrachwant;
Cymynu'n rhwth, cam yw 'nhro,
Uwch 'y mhen, och am honno!
Mi yw'r dyn, i mi y dêl,
8   A ddring i radd yr angel
Mal Simon, ym mrig onnen,
Magws gynt am geisio gwen.
Bûm syml 'n achub maes amlwg
12   Mawr uwch y dref â march drwg.
Merddin wyf am ardd Nyfien:
Odid byth y daw i ben.
Ni ad serch newidio swydd,
16   Ni fyn f'oedran f'ynfydrwydd;
Ni bu oerach un bwriad
No cheisio dyn uwch o stad.
Gwnaf fy llwybr uwchlaw'r wybrwynt
20   Gyda'r gŵr o'r gadair gynt.
Mae cywilydd i'm calon
Anwadaled tynged hon:
Weithiau i'm llawenhau hi,
24   Weithiau eraill i'w thorri;
Llefain am fantell Ofydd
I dynnu gwen dan y gwŷdd.
Mae anras nad ŷm unradd
28   Neu allu o 'ngrym welláu 'ngradd!
Profaf (pwy a warafun?)
Bob modd rhag byw heb 'y mun.
Mae bwyall ym fal mab Llŷr
32   I ryfela ar filwyr,
Fal y ceisiodd, o'i fodd fu,
Syr Gei Ffelis heb ffaelu.
Os 'y mun a gytuna
36   Nid rhaid meddyliaid am dda:
Digon o dai (pedfai'n fau)
Ym oedd ddail a meddyliau;

Digon o fwyd gennyf i

40   Goetio fy ngolwg ati.

O daw'n syched nos uchel

Mae gwin ar ei min a mêl;

Cusan gwen ar obennydd,

44   Cymorth am f'ymborth ym fydd.

O chawn, wedy'r baich anun,

Fy nyn, nid oedd ofn ond un:

Na chaid i'r enaid ronyn

48   O'r ail nef ar ôl 'y nyn.

Ffynonellau

A—BL Add 31090, 243 B—Bodley Welsh e 3, 16^r C—Brog 2, 486 D—Card 1.2 [= RWM 12], 279 E—Card 2.40 [= RWM 26], 451 F—Card 2.114 [= RWM 7], 324 G—Card 2.1069, 189 H—Card 4.9, 161 I—Card 5.44, 276 J—J 101 [= RWM 17], 649 K—J 139 [= RWM 14], 244 L—LlGC 970E [= Merthyr Tudful], 525 M— LlGC 3048D [= Mos 145], 752 N—LlGC 21290E [= Iolo Aneirin Williams 4], 485 O—Llst 47, 424 P—Llst 118, 232 Q—Llst 134, 485 R—Pen 104, 209^v S—Pen 112, 388 T—Pen 244, 99 U—Stowe 959 [= RWM 48], 35^v V—Wy 2, 265 W—Wy 7, 248

Copi o C yw J; y mae EILNOQ yn gopïau a wnaed gan Lywelyn Siôn, neu'n deillio'n uniongyrchol o'i destun, ond ceir yn ogystal nifer o nodweddion y testun hwnnw yn ADGMUW. Dichon fod CHJPV yn deillio o gynsail gyffredin. Ymhellach ar y llawysgrifau, gw. tt. 199–204.

Amrywiadau

1–27 [*B*]. 1 *AG* bark, *D* hwk (bark); *U* [o]; *ADEGIL–OQUW* aürael, *FKS* orevrael. 2 *A* nid wyn, *H* [wyf]. 3 *IUN* tringo, *L* tring; *AGM* Dysilio, *U* tyssailio. 4 *CEG–JLN–QTVW* yw, *KMU* fyn. 5 *A*(*M*) cymynwr trwch, *CHIJPUV* cymynu / r / haf, *W* cymyn rhaf; *A*(*M*) cam ywr tro, *U* kam vyn ro. 9 *N* [Mal]; *CHJPTVW* mab; *AFGHKS* Seimon; *ACDGHJPTVW* dan frig *IN* am vrig. 10 *N* [Magws]; *EHILOQ* magus. 11 *ACG–JPT–W* [yn]; *M* a chul, *U* achybl; *R* [yn achub]. 12 *GFIN* [y]; *FKS* draw, *G* [dref], *T* lawr. 13 *ADG*(*M*) ymarn, *FM*(*S*) yngardd (*M* am radd), *IU* bardd, *KS* am radd; *ADG* iddien, *IU* aniben, *K* neifen, *M* nuddien. 14 *AG* un oed byth, *CEIJL–RU* onid byth; *ACGHJMPQRT–W* nid a i ben, *K* o daw i ben. 15 *R* nad serch; *I* ym newid swydd, *V* newyddio swydd. 16 *AFKMSTW* ni fyn oedran, *DR* fo fyn foedran; *ACDFGHJKMPR–W* [f']ynfydrwydd. 17–18 [*AD–GK–OQ–T*]. 17 *I* ym bwriad, *U* ym wyriad. 18 *CHIJPU* na; *U* [ ]aisso; *W* o'i; *H* ystad. 19–20 [*W*]. 19 *EILNOQU* tynnaf, *M* gwn fy; *AG* uwch yr, *DFMR* gar llawr. 20 [*T*]; *FKST* a gadwair gwynt, *U* ar gadair. 21 *DEGILNOQU* y mae, *FKMR* mwya, *TW* Mau Cywylydd. 23 *A* weithio dim; *DEFK–OQS* llawenhae, *I* llawenhaeaü; *CJPVW* i llawenhau, *G* ym llawenha, *H* ei llawenhau, *T* y llawenhau, *U* llywnhay. 24 [*R*]; *FMS* arall; *ACEIJL–QV* i thorri, *HTW* ei thorri, *U* y thorri. 25–6 [*ADG*]. 25–48 [*W*]. 26 *U* y dyn [ ] gwenn; *K* i gwüdd, *U* ū gwydd. 27 *AG* mae ym anras, *DFKRS* anras na buom, *EILNOQ* anras nad oeddym, *M* mae anras na baem, *V* mae anras nad am; *U* [   ]nadoyddem ynradd. 28 *BCHJPTV* a allai ngrym, *EFINS* ag na allai ngrym, *KM* na allai yngrym, *R* ne allu yng rum; *U* [   ]allyngrym wellayngradd. 29–48 [*U*]. 29 *K* pwy ym; *ADGM* oravyn. 30 *F* bob modd rhag hyn. 31 *R* bwyall llym. 32 *CEIJ–OQRSV* ryvelu. 33–4 [*BCHJPTV*]. 34 *AR* ffeilws, *DG* ffeilus, *F* ffilip, *KS* ffylib; *AD* rhag ffaelu. 37 *BCHJTV* tra fai / n / fau, *D* ben fai yn fau. *EILNOQ* pan vai vau, *M* betfai fau. 38 *V* ym o dail; *FRS* ai meddyliau, *K* i meddyliau; *EILNOQ* oedd ym ddal i meddyliau. 40 *BHIPT* goetian, *CJV* goettan. 41–2 [*ADG*]. 41 *BCHJPV* od an syched, *FKMNST* o daw syched. 44 *FK* [ym]; *H* a vŷz. 45 *A* pechawn, *B* bei chawn, *CHJPV* be chawn, *D* bechawn, *FRS* bychawn, *K* by chawn, *M* pe cawn, *T* pei chawn; *AG* gyda'r baich, *E* wedi balch. 46 *AG* y dyn, *I* y vun; *H* nid oes, *K* [oedd]. 47 *M* ni chaid, *T* naid; *I* yr enaid. 48 *DG* Jr ail nef.

Teitl
[*BCDIJLNOPU*]. *A* Merch, *E* Llyma gywydd merch gan Gytto r glyn, *FGKRTW* kowüdd merch, *Q* llyma gywydd merch, *H* Cywyz i verch, *M* Cow. i ferch, *S* kowydd moliant i ferch a thraethiad oi gwr amdani, *V* k. merch.

Olnod
[*ERUW*]. *AD* Llawdden, *G* Llowdden ai cant, *ILNOQ* Gytto r glynn ai kant, *B* Jfan ap llywelyn va[ ], *CJ* Jeññ ap Ħen ai kant, *FHKPS* Jeññ ap ll•n fychan ai kant, *M* Howel Swrdwal. medd arall Ifan ap ll•n fychan, *T* Evan ap llywelyn vychan ai [ ], *V* (i) Jeññ ap Llywelyn Vychan ai kant flor: 1480 (ii) medd arall Howel Swrdwal (iii) Ieuan ap Llewelyn Vychan 1480 / Howel swrdwal 1460.

Trefn y llinellau
AD 1–2, 5–6, 3–4, 7–16, [17–18], 19–24, [25–6], 27–8, 29–36, 38–40, 37–8, [41–2], 43–8.
B [1–27], 28–32, [33–4], 35–48.
CHJPV 1–14, 19–20, 25–6, 21–4, 15–18, 27–32, [33–4], 35–48.
EFIK–OQRS 1–16, [17–18], 19–48.
G 1–2, 5–6, 3–4, 7–14, [17–18], 19–24, [25–6], 15–16, 27–8, 29–36, 38–40, 37–8, [41–2], 43–8.
R 1–16, [17–18], 19–23, [24] (*oherwydd traul*), 25–48.

T 1–14, [17–18], 19, [20], 25–6, 21–4, 15–16, 27–32, [33–4], 35–48.
U 1–14, 19–20, 25–6, 21–4, 15–18, 27–8, [29–48] (*oherwydd colli dalen*).
W 1–14, 25–6, 21–24, 15–18, [19–20], [25–48] (*oherwydd colli dalen*).

3
Cariad yn siom

Cerais ferch, curio sy' fau,
Cwrs digus, cares Degau.
Cywir yw caru a wn;
Cur oedd caru a wyddwn.
Câr wyf i; curio a fu
Cariad fegis cryd fagu.
Cared un; er curio dau,
Caru'r fun y cair finnau.
Cwyn yw, er hyn, cyn yr hwyr:
Cur a wnaeth caru neithwyr.

Och fi! Nid *y*dwy' iach fyw;
Ochan, hawdd achwyn heddyw!
O doeth ym adwyth amwynt,
Och Fair, oni'm pair i'm pwynt?
Oes swyn i fab? Os hyn fu
Echrysaint, och wir Iesu!
Och nawaith uwch ei neuadd
Os cariad lladrad a'm lladd!
Os mewn serch, was main ei sir,
Y'm daliwyd, ni'm dielir;
Am un ferch, oni myn fi,
Amau oedd 'y myw iddi.

Na chaid un uchod a wn,
Ni chawn nad ocheneidiwn;
Ni chaf hun, och fi heno,
Nis cêl grudd nes cael y gro.
Sai' yn ddyfal i'm calon
Saeth a'm briw, 'sywaeth, i'm bron
A gwayw eglur a goglais
O waith dyn fwyn aeth dan f'ais.
Un brad oedd yn briwo dyn:
Ei golwg mal arf gelyn;
Ac yna e' frath gwen o'r fron
Â'i mynych eiriau mwynion.

4

8

12

16

20

24

28

32

	Rhyw fodd oedd rhyfedd iddi
36	O fewn un awr, fy nyn i:
	Minnau gaf, mwyn ei gofeg,
	Mynud a doedud yn deg;
	Gwen a rydd, liw gwawn ar rug,
40	Gwrs arall, geiriau sarrug
	Ac yna rhoi nâg uniawn
	A dal ei gwg, deuliw gwawn.
	Gwell oedd ddwyn, mawrgwyn yw'r mau,
44	Gwth o'i orfod gwaith arfau
	Na dwyn—a gaid dyn o'i gwedd?—
	Ei soriant, beunes eurwedd.
	Dugum boen, dygn y bu,
48	Do, o'm gŵyr Duw, am garu.
	Doeth ym som od aeth â'm serch:
	Dêl i'w bardd dâl eb ordderch.

Ffynonellau

A—LlGC 6681B, 115 B—Pen 57, 144 C—Pen 84, 99ᵛ D—Pen 221, 6 (*y ddwy l. gyntaf*)

Gellir mentro bod dwy gynsail i'r tri chopi cyflawn a ddiogelwyd o'r cywydd hwn. John Jones, Gellilyfdy, a gopïodd A, ac o'i restr o *incipita* y daw'r ddwy linell a geir yn D. Dengys yr amrywiadau fod rhywfaint o debygrwydd rhwng y testun a oedd yn hysbys i John Jones, a'r fersiwn a gofnodir yn C. Fersiwn B yw'r hynaf o dipyn, ac ef yw sail y testun a olygir yma. Fodd bynnag, cedwir yn y copïau eraill amrywiadau sy'n rhagori ar eiddo B ar brydiau, ac ymgynghorwyd â hwy lle oedd rhaid. Ymhellach ar y llawysgrifau, gw. tt. 199–204.

Amrywiadau

2 B kwrsdicvs. 3–50 [D]. 3 B kav (C karu) a wn. 4 B kav (C karu) awyddwn. 5 C karwy fi. 11 ABC wy. 12 B och an hawdd. 17 A uch y neuadd. 22 ABC ame. 24 A ni chaid. 25 B och vi heo. 28 A seithwaith; AC in. 30 B ay dan vais. 33 C ac ynn; A efath, BC efrath; AC gwyn; B efron, C erfron. 38 B dewedvd. 39 AC gwawn arug, B gwawnarvc. 42 B gwawc. 43 C oeddwyn; A mawr gwenyr [   ] mau, C ma(w)r gwewyr mau; B gwell oydd wynmowr gwynywr mau. 44 B gwaith oi orfod. 46 AC hirwedd. 47 ABC digyn. 48 ABC dom gwyr. 49 AC son.

Teitl

A–D Kowydd moliant i ferch.

Olnod
A Jeññ (ap) Llewelyn Vychan, ai kant, *BC* Ieññ ap Ħ vychan.

Trefn y llinellau
ABC 1–50.
D 1–2, [3–50].

Cyffelybu ei gariad i Wenddydd

Y fun glaer fwnwgl iraidd
A barai grug, bur ei gwraidd,
Lloer oleulwys, lliw'r lili,
4   Cwyredd ael a'm curiodd i.
Pruddhais fal y'm parodd hon,
Gwenddydd, â'i deurudd dirion
Cariad ar ferch, cryd oer fodd,
8   Em deg lân, a'm dig'lonnodd.
Rhoes Duw yn 'y myw i mi
Am Wenddydd beunydd boeni;
O'i serch, aur wenferch, yr wyf,
12   Trem eurglaer, mewn trwm oerglwyf.
Grisial ôd, grasol ydoedd,
Sein a phryd ail Sain Ffraid oedd;
Ffriw dyner a phryd Anna
16   A gloywder haul Gwlad yr Ha';
Glân ei dull, goleuni dydd,
Hoen geinddoeth, hon yw Gwenddydd.
Dan sidan, dawnus ydoedd,
20   Barrug aur ar *ei* brig oedd;
Dan yr aur, maen angwaneg,
Grisial yw'r tâl grasol, teg.
Dwyael ar dâl, deuliw'r don,
24   A roed, fwyn euraid feinion,
Golwg o lus weddusliw,
O fuchudd i Wenddydd wiw.
Mae lliw'r gwin i'm lloer gynnydd
28   Mal grod yn ymylau'i grudd;
Mynud gwin, mwyned genau,
Gwenddydd a'm lludd i welláu.
Dyfáis bêr dwy wefus bun,
32   Curiai wlad, cwrel ydyn';
Dannedd gwir weddedd gwawr wen
A gwin anadl, gwenynen.
Llariaidd gorff, llaw iraidd gain,
36   A gwisgi fodd a gwasgfain,

Tradeg wais*g*, troed ac esgair
I'r lana' merch ar lun Mair.

Rhodd a gafodd yn gyfion,
40 Pryd a chorff, pr'odwych yw hon,
A rhodd gan y Gŵr a'i rhoes,
Ddyn feinael, i ddwyn f'einioes.
Gwn na all un mo'm gwelláu
44 O'm claf fyd na'm clefydau
Ond un gangen o wenferch,
Meddyges, un a ddwg serch.
Ystyried hon, os da'r tâl,
48 Faint digofaint ei gofal:
Y feddyges fodd wiwgorff
A allai 'nghudd welláu 'nghorff.
Ar hon y mae rhannu un oes,
52 Eurffein fun, orffen f'einioes!

Ffynhonnell
Pen 97, 155

Ymhellach ar y llawysgrif, gw. td. 204.

Darlleniadau'r llawysgrif
2 bare; grwaidd. 5 prüddheis; parodd fi hon. 11 irwy. 12 drem. 13 grassul.
20 ar brig. 21 ynghwaneg. 26 fychudd. 27 mau. 32 kirie. 34 gweunynen. 35
llawireadd gain. 37 wais. 41 a rodd. 50 alle ynghudd. 51 un [   ] oes. 52 aür
ffein; feinoes.

Teitl
Cowydd merch.

Olnod
Jeññ ℍnn.

5
Hwsmonaeth caru

Astudio yn wastadawl
I'w roi i ferch yr wyf fawl.
Af orig i fyfyriaw
4   Awen a drig i wen draw.
O naddaf awenyddiaeth,
I'r fun y trof ar fin traeth.
Llyna fy ngwaith, f'anrhaith fydd,
8   Llafur Ieuan, llyfr Ofydd,
A charu hon (ni chair hi)
Yw f'ysmonaeth fis Menni.
Hoen Gwenddydd, tewynddydd taer,
12   Hael wingost, haul y wengaer:
Goleued frig y wlad fry,
Gwawr Ebrill, o'r gaer obry!
Mewn lawnt hardd mae'n alaw*nt hi*;
16   M*ae*'n weddus bob man iddi.
Pwy un gost pinnau i gau
Plesant ar ei themp*l*esau?
Perffaith, pe gobaith a gaid,
20   Ydyw'r sir dan deirs euraid
Ac o afar gwae I*f*an
O'i gweled mewn melfed mân!
Edrych ar y feinwych fun
24   A wnâi alawnt yn eilun.

    Geiriau y ferch a gerais,
Gwawr oedd fwyn, a guriodd f'ais;
Gwên 'y nyn, wrth ganu'n iach
28   A wnâi Ifan yn afiach.
Gwae a ŵyr dwyn gwewyr dig
Dan asau duon ysig!
Oer yw man ar 'y mynwes
32   O bu erioed iâ heb wres;
Ba waeth, mae f'alaeth yn fwy,
Be bai yno bibonwy?
Myn y Pab, hawdd dynabod
36   Mal yr wy' am eiliw'r ôd;

A! Mae f'wyneb, am feinir,
Yn waeth, ysywaeth, ei sir;
Dŵr llif fal y rhed o'r llyn
40 A wylais—pawb a welyn'.
Gloywon, fal ffynnon y ffydd,
Ar f'wyneb yw'r afonydd,
A gwan wyf er gwen ifanc
44 A'm peris drimis ar dranc.
Am em goeth y mae ym gur,
Am un ŵyl y mae 'nolur;
Amau ydyw, o 'modir,
48 Am y fun hon ym fyw'n hir.

Ffynhonnell
Pen 57, 141

Ymhellach ar y llawysgrif, gw. td. 203.

Darlleniadau'r llawysgrif
5 nadda. 6 tro. 7 van raith. 11 tewynddyd. 15 maynalaw[?*nth*]. 16 men;
idd[ ]. 17 pine. 18 ithempesav. 21 Ieuan. 28 Ieuan. 30 asef. 32 irioed; iaf. 35
hawdd yw dynabod. 43 a gwanwy yr gwan iyvank. 45 ymgvr. 47 ame.

Olnod
Ieññ ap Ħ vychan.

Gweddïo ar y saint oherwydd y cryd

Mai a ddaeth yma i ddyn,
Mwy, oerach nag ym Merwyn;
O'r ias oer yr oerais i,
4   Yn wir oerach no'r Yri.
Caf swydd oer, cefais ei ddwyn,
Cryd mawr: nid cariad morwyn!
Digariad yw hendad hwn,
8   Digroeso iddo oeddwn.
Curiais, diburais heb wedd,
Cryn egwan, crin o agwedd;
Mewn gwely o iâ, meingul wyf,
12   Mal gwden ymhlyg ydwyf.

Gweddïo wnaf: 'GwiwDduw Nêr,
Gwanned wyf!', gwn nad ofer.
Oera' dyn, fal yr iâ daw;
16   Oer dyddyn a roed iddaw
A gwres a ddaw'n gwrs i ddyn
Wedy achreth a dychryn.

Y Grog, eurog Ei goron,
20   O Gaer fry, af gar Ei fron;
I Dduw Iôr gweddïwr wyf,
A Sadwrn, Ei was ydwyf.
Mae ym neges, cyffes cêl,
24   Mwy yngod â Mihangel;
Addaw'r aur i Ddewi 'r wyf,
Ac arian a gywirwyf.
Af fry â gwawd o frig iaith
28   At Elian eto eilwaith;
Caf wared, llei cyfeiriwyf,
Cynbryd o'm clefyd a'm clwyf
A Sain Siôr a henwais i,
32   Od af, *a* alwaf i'w foli.
I fwrw'r aur yfory 'r a'
I'r tŷ isod at Asa;

Mae gwrthiau yn nechrau nos,
36   Ym Mwrog, rhaid ymaros;
Dyfnog fawrwyrthiog wrthiau,
Dof â cherdd er fy iacháu.
Iechyd mawr, o chaid i mi,
40   I Farchell af i'w erchi;
Â'i fin draw Ifan a dry
Awen frau i Wenfrewy,
A Mair, ddawnair ddaioni,
44   Am hyn a ŵyr fy mhoen i.

Archaf yn drech na'm iechyd
Yn Nydd Farn fy niwedd fyd:
Duw a wnêl, mwya' dawn oedd,
48   Dwyn Ifan hyd yn nefoedd.

Ffynonellau

A—LlGC 3048D [= Mos 145], 553 B—Llst 133, 293 C—Llst 138, 7ᵛ

Llawysgrif A yw'r hynaf, ond y mae tebygrwydd y testunau yn awgrymu'n gryf fod iddynt gynsail gyffredin. Ymhellach ar y llawysgrifau, gw. tt. 199–204.

Amrywiadau

3 C [yr]. 4 BC na'r Ryri. 9 BC cariad di barais. 16 BC diddyn. 19 A y crog. 24 AC ynghod. 27 A a fry. B Eilian. 30 BC cyn bryd. 33 AC eforu. 35 A gwyrthiau. 37 BC wyrthiau. 46 BC yn nydd y farn. 47 C mwy dawy oedd.

Teitl

AB Cowydd ir crûd, C Ir crûd.

Olnod

A Ifan ap Ħyn fychan, tâd Gruff: ap Ifan, B Ieuan ap Llewelyn Fychan, (Tâd Gruffydd ap Ieuan) a'i cant, C Ifan ap llywelyn fychan tad Gruffydd ap Ieññ ir crŷd.

Trefn llinellau

ABC 1–48.

Darn o gywydd serch

…

O chawn sôn a'i ch*u*sanu
Ofer o fwynder a fu;
Caf fwy o serch, cefais i,
4   Caf eto [   ]
Ni chad o gariad gyfryw
I ddyn ond trugaredd Dduw.

Ffynhonnell
BL Add 14997 [= RWM 24], 15^r

Darlleniadau'r llawysgrif
1 chasanū. 4 a(?g?r)(?u)in te [   ].

Olnod
Jeññ ap Ỻn vychan ai kant.

Nodiadau

1

Madog ap Deio ab Iorwerth, uchelwr a ddaliai diroedd ym Maenefa, ger Tremeirchion, Tegeingl, yw gwrthrych y cywydd gofyn hwn.[1] Yn ôl traddodiad a ddiogelir yn yr achresi, disgynnai Madog drwy ei daid, Syr Iorwerth,[2] o ŵr o'r enw Ystifyn y cyfeirir ato fel 'Iarll Derbi'.[3] Yr oedd gwraig Madog, sef Marged ferch Rhisiart o'r Rhyd, hithau yn perthyn i'r un llinach.[4] Prin odiaeth yw'r cysylltiadau teuluol y gellir eu holrhain o ach uniongyrchol Madog ap Deio, ond trwy ei fam, Angharad ferch Ieuan o Lanrwst, perthynai i Hywel Coetmor, a gofala Ieuan ap Llywelyn gyfeirio at y berthynas deuluol bwysig hon.[5]

Ach Madog ap Deio ab Iorwerth a'i wraig Marged

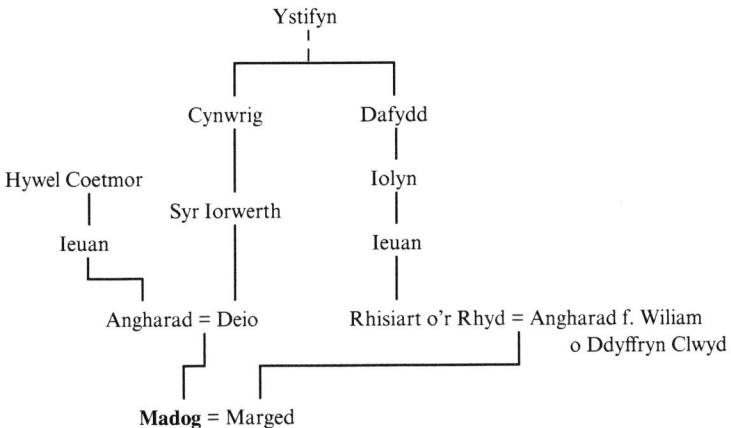

```
                          Ystifyn
                             |
                 ┌───────────┴───────────┐
            Cynwrig                    Dafydd
                 |                        |
Hywel Coetmor    |                      Iolyn
     |       Syr Iorwerth                 |
   Ieuan         |                      Ieuan
     └──┐        |                        |
        ├──┐     |                        |
  Angharad = Deio        Rhisiart o'r Rhyd = Angharad f. Wiliam
          └──┐                                o Ddyffryn Clwyd
             ├──────────┐
        Madog = Marged
```

---

[1] Ceir ach Madog ap Deio a'i deulu yn P.C. Bartrum: WG1 a P.C. Bartrum: WG2 'Ystifyn'.

[2] *Ierwerth* yw'r ffurf ar yr enw yn y testun hwn, gw. ll. 6n.

[3] Eithr fel y nodir yn P.C. Bartrum: WG1 'Ystifyn', nid oedd iarll o'r enw hwn yn Derby y pryd hwnnw. Yn ôl rhai ffynonellau, fodd bynnag, *mab iarll Derbi* oedd yr Ystifyn (= 'Stephen') a enwir yn yr achres hon.

[4] Gw. ll. 62n.

[5] Ceir ach Angharad yn P.C. Bartrum: WG2 'Gruffudd ap Cynan' 7 (E); cf. hefyd y cyfeiriad yn y cywydd hwn at *Coetmor ach*, llau. 7–8. Am Hywel Coetmor a'i deulu, gw. llau. 7–8n.

Dyma gerdd ofyn a ganwyd yn ôl y strwythur a'r dulliau confensiynol;[6] ond, ac yntau'i hun yn uchelwr o bwys, y mae'n werth nodi mai canu i'w gyfuwch a wnaeth Ieuan ap Llywelyn Fychan wrth ofyn bytheiaid gan Fadog ap Deio. Gall fod rhesymau neilltuol paham y byddai uchelwyr yn canu cerddi moliant a gofyn i'w gilydd. Fel y noda'r Athro Dafydd Johnston, rhan o Gymreictod yr uchelwyr yn y bymthegfed ganrif oedd eu diddordeb mewn cerdd dafod; ond hefyd, gallai canu gan uchelwr i'w gyfuwch fod 'yn ffordd gywrain o gadarnhau rhwymau cymdeithasol o fewn y fro'.[7] Yn wir, er na wyddys rhyw lawer am Fadog ei hun, y mae lle i gredu bod Ieuan yn uchelwr a chanddo gyfoeth a chryn ddylanwad, efallai'n fwy na'r 'noddwr' y mae'n erchi ei rodd ganddo. Dichon mai defod gymdeithasol a welir yn y gerdd ofyn hon, ond y mae'n werth nodi bod yr achau hefyd yn awgrymu perthynas anuniongyrchol rhwng Ieuan a Madog trwy gysylltiad cilyddol y ddau â theulu Hywel Coetmor.[8]

Egyr y cywydd trwy annerch a moli Madog ap Deio a nodi ei ach (llau. 1–24); manteisia'r bardd yn llawn yn yr adran hon ar y cyfeiriadau a'r cymariaethau traddodiadol. Erchi ar ran rhywun arall yw nod llawer o gerddi gofyn y beirdd-uchelwyr, ond gwelir yma fod Ieuan ap Llywelyn yn gofyn drosto'i hunan, gan ei enwi a'i lysenwi ei hun yn *Ieuan* ac yn *Nudd awenyddiaith* (llau. 25–6). Dichon fod hyn yn awgrym pendant fod y bardd yn ystyried ei ganu mawl yn gyfwerth â haelioni ei noddwr; a chynigir, gan ddilyn y confensiwn, foliant yn gyfnewid am y rhodd a ddeisyfir.[9] Yna â Ieuan ap Llywelyn rhagddo i nodi'r rhodd honno, sef dau fytheiad; ac y mae galw'r rhain wrth enwau ac iddynt naws grefyddol (sef *Meudwy* a *Palmer* (S. '*mendicant*'))[10] yn ddyfais a rydd gyfle i Ieuan adeiladu'r adran hon o'i gerdd ar sail cyfres o gymariaethau a delweddau crefyddol eraill, a dyfalu'r bytheiaid yn gelfydd-ddyfeisgar o'r herwydd. Tynnir sylw at liw y cŵn ac at eu sŵn yn ymlid eu hysglyfaeth: dyna, fe ymddengys, yw 'rhinwedd' eu henwau i'r bardd.[11] Yn ôl arfer y canu, gelwir hefyd ar

---

[6] Wrth drafod adeiledd y cerddi hyn, dengys Dr Bleddyn Owen Huws yn CGD 87 fod patrwm cynllun y cywyddau gofyn yn weddol sefydlog yn y 15g.: (a) annerch a moli'r darpar roddwr; (b) cyflwyno'r eirchiad a'r cais, gan nodi'r rhodd a ddeisyfir; (c) disgrifio'r rhodd trwy ei dyfalu; (ch) diweddglo; cf. DGGD xvi–xvii.

[7] Gw. Dafydd Johnston, '*Canu ar ei fwyd ei hun*': *Golwg ar y Bardd Amatur yng Nghymru'r Oesoedd Canol* (Abertawe, 1997), 6.

[8] Gw. y Rhagymadrodd, td. 10.

[9] 'Credai'r Cywyddwyr', ys dywed Dr Bleddyn Owen Huws, '... fod eu cerddi'n anfarwol, a dyna sy'n egluro paham y cyfeirir yn rhai o'r cywyddau gofyn at gyfnewid rhodd am gerdd', DGGD xiv.

[10] Ar gonfensiynau dyfalu'r bytheiaid yn y canu gofyn, ac am drafodaeth ar arwyddocâd hynny yng nghyd-destun y gerdd hon, gw. llau. 30n–55n.

[11] Gw. ll. 32n. Cyfeirir at liw gwyn yr helgwn yn llau. 33–4 [p]urwyn / [g]wyn (cf. ll. 45 *ffris fal gwas gwyn Ffrainc* [sef, y mae'n debyg, gwisg mynach Sistersaidd, gw. ll. 45n]); cyfeirir at gysylltiadau crefyddol eu henwau yn llau. 37–8 *Dau froder, ... / Dau o grefydd* (cf. ll. 56 *mynaich ieuainc*); a dyfelir sŵn yr helgwn yn ymlid mewn termau cerddorol, os nad corawl, yn ll. 35

Fargred, gwraig y rhoddwr, i ymbil dros yr erchiad: hi, hydera Ieuan, fydd yn sicrhau'r rhodd iddo. Yn gyfnewid am eu haelioni, bydd y *Mab Rhad* (sef Crist) yn rhoi i Fadog a Marged olud a chyfoeth Job ac Elen Luyddog;[12] ac y mae Ieuan ap Llywelyn ei hun yn addo y bydd yntau yn talu iddynt ddwywaith werth yr helgwn yn ei dro. Diddorol yw cymharu'r cywydd hwn â chywydd cyffelyb gan Gutun Owain, lle y gofynnir am fytheiaid gan Hywel ap Rhys dros Ddafydd ab Ieuan o'r Cryniarth.[13] Gwelir bod delweddaeth y ddwy gerdd yn drawiadol o debyg mewn mannau: tybed a fu dylanwad o'r naill ochr neu'r llall?

Ceir testun diplomatig o ddarnau o'r cywydd hwn ynghyd â thrafodaeth arnynt yn CGD 129, 179–80, 215.

1 **P'redur** Sef Peredur fab Efrog, arwr y Rhamant sy'n dwyn ei enw, gw. W. Gerallt Harries, 'Peredur Nai Arthur', B xxvi (1974–6), 311–14; TYP² 488–91; WCD 540–1. Yn ogystal â bod yn gyfeiriad chwedlonol disgwyliedig yng nghyd-destun y canu mawl, gall fod rheswm penodol gan Ieuan ap Llywelyn dros enwi Peredur yma. Yn Pen 133, 34, cyfeiriodd Gruffudd Hiraethog at *Kastell Kefel yNghoedmor le bv Bredvr ap Efroc*. Hywel Coetmor, yn ôl rhai ffynonellau, oedd perchennog Castell Cefel yng Nghoedmor, Betws-y-coed, cf. HGF 188 a HPF i, 193; ond cynigir yn WCD 540 mai cyfeiriad yw yn hytrach at Langoedmor, Ceredigion, eisteddle cangen o deulu pwerus y Mortimeriaid. Gan fod Madog ap Deio yn perthyn i deulu Hywel Coetmor o Fetws-y-coed a Llanrwst ar ochr ei fam, Angharad, tybed a yw Ieuan ap Llywelyn yma yn ceisio tynnu sylw at y cyswllt teuluol hwn (gw. TYP² 489 a llau. 7–8n isod)?

2 **paun** Term o foliant i uchelwr, cf. 3.46 *peunes* a gw. GPC 2703.

3–5 **Madog ... / ... / Mab Deio** Ceir ach Madog ap Deio yn P.C. Bartrum: WG1 a P.C. Bartrum: WG2 'Ystifyn'; gw. ymhellach y nodiadau rhagarweiniol uchod.

4 **y Mars** Y Mersi, S. '*Marches*', tiroedd y Gororau a ffiniai ar Gymru.

6 **ŵyr Ierwerth** Gall *ŵyr* olygu 'disgynnydd' yn aml yn y canu mawl (gw. GPC 3745), ond yma diau mai cyfeiriad llythrennol ydyw at daid Madog ap Deio, sef 'Syr' Iorwerth ap Cynwrig (nid yw'n eglur ai marchog ynteu offeiriad oedd yr Iorwerth hwn). Cedwir y ffurf *Jerwerth* a roddir ar ei enw yn llsgr. C, gthg. llsgr. B *Erwerth*.

7 **Cai** Os e.p. yw hwn, yna y mae'n debygol mai Cai Hir ydyw, sef Cai ap Cynyr Ceinfarfog, un o arwyr llys Arthur, gw. TYP² 303–4 a WCD 91–

gymar un garol, cf. llau. 40–1 *Dau un llais ... / Dau un organ*, ll. 49 *Cywydd rhwng mynydd a môr*, ll. 55 *Mwyn fydd ... eu cainc*, ll. 58 *eu cerdd*, ll. 60 *un dôn â musig*.

12 Gw. llau. 65–6.

13 Gw. DGGD 52 (11).

4, ac fe all, yn wir, fod yn berthnasol fod Cai yn cael ei ystyried yn gawr. Posibilrwydd arall yw mai ffurf 2 un.pres.myn. y f. *cael* sydd yma, cf. llau. 8, 10.

7–8 Bu Hywel Coetmor, Penmachno a Llanrwst, a'i frawd, Rhys Gethin, yn flaengar yn eu cefnogaeth i Owain Glyndŵr, gw. R.R. Davies: ROG 58, 69, 199, 205. Yn ôl Syr John Wynn o Wedir, arweiniodd Hywel Coetmor gant o wŷr sir Ddinbych ar faes brwydr Poitiers yn 1356, er bod hynny'n annhebygol os cymerodd Hywel Coetmor ran yng Ngwrthryfel Glyndŵr. Ymddengys hefyd mai ef yn wreiddiol oedd piau'r tiroedd yr adeiladwyd stad Gwedir arnynt. Arno, gw. E.D. Jones, 'Hywel Coytmor (Coetmor)', Cylchg LlGC viii (1953–4), 350–2 a HGF 109–10, 146, 188. Disgrifir arfau tad Hywel a Rhys, sef Gruffudd Fychan ap Gruffudd ap Dafydd Goch, yn DWH ii, 256, 490. Claddwyd Hywel Coetmor yng nghapel Grwst yn Llanrwst, ac yno y ceir gweld ei ddelw fedd, gw. Colin a Gresham, *Medieval Stone Carvings in North Wales: Sepulchral Slabs and Effigies of the Thirteenth and Fourteenth Centuries* (Cardiff, 1968), 205–7 (188). Golygwyd cywyddau moliant i Hywel Coetmor a'i frawd Rhys Gethin yn IGE[2] 107–10 (XXXVI–XXXVII).

9 **cariad gŵr** Sef 'Un y mae gŵr / rhyfelwr yn ei garu.'

10 **ysgwîr** Diwygiad; o dderbyn drll. llsgr. B *ysgwier*, y mae'r ll. yn rhy hir o sillaf. Ystyr debycaf *ysgwîr* yma yw 'crefftwr', saer', &c. o'r S. *square*.

coed ysgyrion Dichon mai cyfeiriad sydd yma at allu milwrol Madog ap Deio sy'n achosi gwaywffyn neu darianau drylliedig ar faes cad; cf. *irwayw*, ll. 12n isod.

12 **irwayw** Cymerir mai *irwayw* (cyfuniad o *ir* a *gwayw*) yw'r ffurf, gw. GPC 2030, a bod i *ir* yma rym 'byw, llewyrchus, ... dilesg', *ib.* 2025. Posibilrwydd arall fyddai ei deall yn ffurf amrywiol ar *hirwayw* (o *hir* a *gwayw*); ar y ffurf honno gw. *ib.* 1876.

Gei o Warwig Ar Syr Gei (neu *Cei*) o Warwig, gw. DNB xxiii, 386–8. Er y gall mai dewrder a gallu milwrol Syr Gei yw ergyd y gymhariaeth yma, ymroes Gei hefyd, yn ôl y chwedl, i fywyd meudwyaidd am gyfnod, ac efallai y gellir cysylltu hynny â'r delweddau crefyddol y dyfelir yr helgwn â hwy, gw. llau. 34–56. Am gyfeiriad at rwysg Syr Gei, gw. GSC 35.7 a GTP 134 (40.4n).

14 **Gwanas** Er mai gweddol gyffredin yng nghanu'r Cywyddwyr yw'r e.c. *gwanas* (e.e. disgrifwyd Dafydd ap Gwilym ym marwnad Madog Benfras iddo fel *gwanas clod*, GDG[3] 424 (ll. 26), cf. GPC 1573), y tebyg yw mai cyfeirio at yr e. lle Gwanas, Brithdir, sir Feirionnydd, a wneir yma, sef un o ysbytyau Ifan, cf. GLGC 528 a cf. *ib.* 48 (16.3–4) *ei ddarogan hyd Wanas / ydd wyf ar ôl Adda Fras*; rhestrir enghreifftiau eraill yn G 614. Y mae'n bosibl y cyfeirir at Wanas ar brydiau am ei

fod yn ymylu ar ffin Gwynedd a sir Feirionnydd; yma gall ddynodi hyd a lled clod Madog ap Deio trwy Wynedd.

15 **Maelawr** Yng nghyd-destun moli campau corfforol Madog ap Deio, rhaid ystyried a yw *Maelawr* yn cyfeirio at Faelor Gawr, y cymeriad chwedlonol enwog am ei gryfder, gw. WCD 443 d.g. *Maelor Gawr*, cf. *ib*. 358–9 d.g. *Gyrthmwl Wledig*. Ond gan mai â Cheredigion y cysylltir y chwedlau am y cawr hwnnw, y mae'n fwy rhesymol cymryd mai at gwmwd Maelor y cyfeirir. Am ffiniau traddodiadol Maelor Gymraeg a Maelor Saesneg, gw. W. Rees, *An Historical Atlas of Wales from Early to Modern Times* (Cardiff, 1951), plât 28.

16 **bwrw maen neu far mawr** Cyfetyb y campau hyn i'r S. *'tossing the caber'*, gw. GPC 356 d.g. *b*[*wrw*]*'r bar* a *b*[*wrw*] *maen*. Rhestrir y Pedair Camp ar Hugain (y 'gwrolgampau', y 'mabolgampau', a'r 'gogampau') y disgwylid ar ŵr yn IGE[2] 387, sy'n dibynnu ar y rhestr a geir yn D.

Yn ôl tystiolaeth y copïau, y mae'r ll. hon yn fyr o sillaf (oni chymerir bod y bardd yn cyfrif *bwrw* yn air deusill). Gellid goresgyn y diffyg hwn drwy ddiwygio'r ll. a darllen *O fwrw y maen*, ond gw. y Rhagymadrodd, td. 11, am enghreifftiau eraill o lau. afreolaidd eu hyd.

17 **cawr afael cyd** Sangiad braidd yn dywyll ei ystyr, y gellid cynnig ei aralleirio'n fras fel 'un a chanddo feistrolaeth cydnaws cawr'.

18 **Brychan** Sef Brychan Brycheiniog, sefydlydd eponymaidd Brycheiniog yn ôl traddodiad, gw. ByCy 50–1; TYP[2] 288–9; WCD 64–7.

20 **Ifor** Enwir Ifor yma ac yn ll. 50 isod. Ni wyddys i sicrwydd pa Ifor a olygir, ond cyfeirir at 'Iforiaid', sef cangen o gyndeidiau'r Fychaniaid a'r Herbertiaid, gan Lewys Glyn Cothi (gw. GLGC 302 (133.40)) a chan Huw Cae Llwyd (gw. HCLl 44 (VI.8, 9 a XVI.30 a cf. GPhE 2.9n)). Gan mai cyfuniad o haelioni a dewrder a folir yn y ll. hon, posibiliadau eraill yw Ifor Hael, sef Ifor ap Llywelyn, noddwr Dafydd ap Gwilym (gw. GDG[3] xxxix–xl), neu—yn llai tebygol, efallai—fod yma gyfeiriad at wrhydri Ifor Bach (Ifor ap Meurig o Senghennydd); arno ef, gw. J.E. Lloyd: HW[3] 507.

21 **Nudd** Sef Nudd Hael ap Senyllt, un o'r 'Tri Hael' chwedlonol, gw. TYP[2] 476–7. Y ddau arall oedd Mordaf Hael ap Serfan, gw. *ib*. 463, a Rhydderch Hael ap Tudwal Tutglyd, gw. *ib*. 504–5. Ergyd y trawiad *Nudd galon* yw fod y noddwr mor haelfrydig â Nudd ei hun. Yn ll. 25, cyfeiria'r bardd ato ef ei hun fel *Nudd awenyddiaith*, a diau mai arwyddocâd hynny yw pwysleisio swyddogaeth gilyddol y math hwn o ganu: y *laudo* (neu *do*) *ut des* ('canmolaf (/ rhoddaf) fel y rhoddych'), gw. MWRL 5, 27, 29, 34, 53, 58, 62. Y gred oedd y telid y pwyth i'r noddwr am ei haelioni gan foliant hael y bardd, gw. hefyd lau. 67–8n isod.

Celi Epithet am Dduw, a geir hefyd mewn barddoniaeth Gym. a H.Wydd. Dichon mai adffurfiad ydyw o gyflwr genidol yr e. neodr Llad. *caelum* ('nef'), neu, o bosibl, o'r cyflwr enwol ll. llai arferol *caeli* a geir yn litwrgi'r Offeren hyd heddiw (*Pleni sunt caeli et terrae / Gloria tua*).

22 **draw is y Tern** Llsgr. B *draw y sai teyrn*. Y mae'n anodd gwybod a ddylid dewis y *lectio difficilior* a geir yn llsgr. C, yr hynaf, ynteu'r darlleniad haws *draw y sai teyrn* a roddir yn B (ceir y ffurf *sai'*, 3 un.pres.myn. *sefyll*, hefyd yn 3.27). Byddai modd derbyn y darlleniad *is y Tern* pe gellid cysylltu teulu Madog ap Deio ag ardal lle y ceid lle neu afon o'r enw *Tern*, megis Afon Tren (< *Tern* drwy drawsosodiad), a lifa i Afon Dyar ger Llanybydder; neu *Tern* sy'n codi ym Maer, swydd Stafford, ac yn rhedeg i Hafren yn Atcham, swydd Amwythig, gw. EANC 125–6. Sylwer bod sawl cyfeiriad ym marddoniaeth Beirdd y Tywysogion at Afon Tren/Tern yn swydd Amwythig fel ffin ogledd-ddwyreiniol Cymru, gw. Ann Parry Owen, 'Myncgai i Enwau Priod ym Marddoniaeth Beirdd y Tywysogion', LlCy xx (1997), 41, d.g. *Tern*, *Trenydd* a *Tyrn*. Cydnabyddir, serch hynny, mai prin yw'r defnydd o'r fan. o flaen e. afon yn y cyfnod hwn, ond cf. GDEp 3.35 *yr Ysgêr*; ond dylid nodi hefyd mai enw ar drefgordd, sef darn o wlad yn ogystal ag afon, yw *Tren* yng nghanu Llywarch Hen, gw. EWSP 576.

23 Os *dewrfab* yw'r darlleniad, ac o dderbyn bod yr orffwysfa i fod i ddisgyn ar ôl *pa*, yna y mae ystyr y ll. hon yn rhedeg yn groes i'r gynghanedd. Ond gellid darllen *dewr fab*, a chymryd mai ll. ac ynddi wall crych a llyfn sydd yma. Er bod enghreifftiau achlysurol o eiryn yn cynnal y gynghanedd, erys y ll. yn un wan, cf. hefyd l. 42.

25 **Ieuan** Sef, y mae'n debyg, Ieuan ap Llywelyn ei hun. Ymddengys fod y bardd yn ei enwi ei hun yn llau. 25–30, ac yn cymryd arno ofyn yn ei 'angen' am y rhodd y mae'n ei deisyfu.

Nudd Gw. ll. 21n.

26 **hwyliwr march** Yn llsgr. B ceir yr amrywiad *merch*, ac efallai mai enw Ieuan ap Llywelyn fel bardd canu serch a barodd yr amrywiad, er efallai nad yw *hwyliwr merch* yn rhoi ystyr foddhaol.

27–8 **Mae yma … / Ym filgwn ymafaelgar?** Y mae'n anodd penderfynu ai cyflwyno gosodiad ynteu cwestiwn a wna *mae* yma. O blaid deall cwestiwn (a fyddai'n nodweddiadol o dechneg cerdd ofyn), cf. y cywydd gofyn a ganwyd gan Gutun Owain i Hywel ap Rhys o'r Rug dros Ddafydd ab Ieuan o'r Cryniarth, gw. DGGD 52 (11.8) *Y mae cŵn i mi i'w cael?* Fodd bynnag, dilyniant o'r ll. flaenorol a geir yn y cywydd hwnnw.

Ll. wythsill, oni chywesgir *yma* ac *uwch*.

uwch coed Nid yw'n sicr ai cyfeirio at leoliad daearyddol a wna *uwch coed* yma, neu ai e. lle ydyw ym mro Ieuan ap Llywelyn neu Fadog ap Deio.

29 **Diserth riw** Tybed ai lle penodol ym mro Madog neu Ieuan ei hun yw *Diserth riw*? Os felly, fe'n temtir i feddwl am y *Dyserth* presennol, sydd heb fod nepell o Dremeirchion. Ond gall *diserth* hefyd fod yn e. yn golygu 'diffeithwch, ... cell meudwy', neu'n a. 'anial, disathr', gw. GPC 1043, a byddai'r ystyron hyn yn gweddu'n dda i'r gyfres o ddelweddau crefyddol sy'n nodweddu'r gerdd o l. 33 hyd l. 60.

30 **ymlyniaid** Sef 'cŵn hela'. Noda Dr Bleddyn Owen Huws fod modd cysylltu nifer fawr o'r gwrthrychau a erchir yn y cywyddau gofyn ag un o hoffterau mawr y bendefigaeth, sef hela (gw. CGD 65), a dyna, yn ddiau, a wneir yma.

32 **rhinwedd** Dichon mai cyfeirio ymlaen at arwyddocâd enwau'r helgwn a wneir yma (gw. isod llau. 33–4n).

34 Ll. ansicr yw hon, gw. yr amrywiadau. Ymddengys fod y gystrawen wedi ei thrawsosod yn y ddwy l. hyn, ac mai'r ystyr yw, 'Mae [ef] mor burwyn [pan fo] ar berwyl, mae Meudwy gwyn [yn un] gwych o wedd'. Posibilrwydd arall fyddai darllen *Mae ôd o wedd Meudwy wyn* 'Y mae Meudwy gwyn [fel] eira o ran ei wedd.'

34–6 **Meudwy ... / ... / Palmer** Dichon nad enwau penodol y ddau gi yw'r rhain, ond yn hytrach ffugenwau sy'n estyn y ddelweddaeth grefyddol; cf. GDID 24 (10.63–4) *Pâr o adar, pur ydyn'*, / *Palmeriaid y llaid a'r llyn* ac mewn cerdd gan Ddeio ab Ieuan Bwl lle y gofynnir am ddau gi, ceir y cwpled canlynol, *Mynach pan êl i'r mynydd* / *A meudwy hwnt am waed hydd* (gw. LlGC 8330B, 17). Golyga *meudwy* 'ancr, ermid', gw. GPC 2448, ac ystyr *palmer* yw 'pererin, mynach crwydrol dan adduned o dlodi', ac felly un sy'n dibynnu ar gardota at ei fyw (S. '*mendicant*'), gw. *ib*. 2675.

35 **carol** 'Dawns; cân ysgafn lawen, ... cân grefyddol ... cân neu emyn o lawenydd' yw rhai o ystyron posibl *carol* yma, gw. GPC 430. Cf. DGGD 53 (11.43) *Carol ar ôl yr elain*.

Ll. ansicr iawn yw hon eto, a dewiswyd yn betrus y darlleniad a geir yn A (sef y llsgr. ddiweddaraf) oherwydd y cymeriad cynganeddol, y tebygrwydd delweddol a geir rhyngddo a chywydd Gutun Owain, a'r ystyr fwy boddhaol.

37 **dau froder** Sef y ddau helgi eu hunain. Parheir y dyfalu crefyddol trwy gyfeirio atynt fel *broder* (h.y. 'brodyr ffydd', 'crefyddwyr'). Am arfer y ll. gyda'r rhifolyn *dau*, gw. Treigladau 62.

38 **dau o grefydd** Dichon mai 'urdd grefyddol' yw ystyr *crefydd* yma, cf. *dau froder*, ll. 37n.

39 **cydwedd dan gadwyn** Gwelir bod y copïwyr eto'n anscir ynghylch y ll. hon. Ceir *un gydwaith* yn llsgr. C, a gall mai dylanwad gair tebyg (*digrifwaith*) yn y ll. flaenorol a barodd y llithriad hwn. Ceir *cydwedd* yn llsgrau. AB, ac ategir y ddelwedd honno yng nghywydd Gutun Owain, gw. DGGD 53 (11.28) *Dau gydwedd mewn dwy gadwyn*. Diffinnir *cydwedd* fel eg.b. yn GPC 669, ac felly y mae'r darlleniad *dau un gydwedd* a godwyd o lsgr. B yn rhesymol.

40 **un llais ... llwyn** Cf. DGGD 53 (11.27) *Dau un llais ag edn y llwyn*.

41 **dau un organ** Cf. *ib.* (11.50) *Ddau o organau Gwynedd*.

43 **gefelliaid** Amrywiad ar *gefeilliaid*, gw. GPC 1386, er mwyn y gynghanedd lusg.

45 **ffris** 'Brethyn tewban cyrliog, brethyn blewog', GPC 1314 d.g. *ffris*[1]; cyfeiriad, o bosibl, at flew y cŵn.

gwas gwyn Ffrainc Er y gall mai *gwasgŵyn* a olygir (sef 'march', o'r e. lle yn Ffrainc *Gascoigne*, S. '*Gascony*', gw. GPC 1597), y mae'r cyd-destun yn awgrymu mai cyfeiriad at liw gwyn abid mynach urdd Citeaux a geir yma (cf. ll. 56), gydag amwysedd bwriadol parthed yr a. *gwyn*.

48 *f* led-lafarog.

49 **cywydd** Cf. DGGD 53 (11.44) *Cywydd ar yr hydd yw'r rhain*.

50 **Ifor** Gw. hefyd l. 20n. Os at Ifor Hael y cyfeirir, gellid cysylltu'r ddelwedd hon â chywydd Dafydd ap Gwilym i Fasaleg lle y rhestrir y pethau diddan a wnâi Dafydd yng nghwmni Ifor yn ogystal â'r rhoddion a gafodd Dafydd ganddo, *Mi a gaf, o byddaf byw, / Hely â chŵn ...* (GDG[3] 22 (8.32–3)).

53 **gwnïo** Fe'i deellir yma i olygu 'plethu, clymu'; ond sylwer bod yma fai crych a llyfn yn y ll. Gellid datrys hyn o ddarllen *gwnio* a'i ddeall yn amrywiad ar *gwynio* 'brifo' neu 'drachwantu', er mai anarferol fyddai gweld ffurf mor ddeheuol yn y canu hwn.

55 **cynydd** *Cywydd* a geir yn llsgrau. AC eto, gw. ll. 49n, ond tueddir i amau'r amrywiad hwnnw. Ceidwad cŵn hela oedd y *cynydd*, a cheir yr un ddelwedd yn union yng nghywydd Gutun Owain yntau, gw. DGGD 53 (11.29) *Canu a wnânt i'r cynydd*. Efallai fod hyn, a'r ffaith fod llsgr. B hefyd yn cadw'r cymeriad cynganeddol rhwng llau. 55–6, o blaid derbyn *cynydd* yma.

59 Y mae'r ll. hon yn fyr o sillaf, er y gall fod y bardd yn arfer *masw* yn air deusill (cf. 3.47n). Gellid goresgyn y diffyg hwn drwy ddiwygio'r ll. yng ngoleuni llsgrau. AB a darllen *Masw iawn un gân*.

62 **Marged** Gwraig Madog, sef Marged ferch Richard ab Ieuan (gw. P.C. Bartrum: WG2 'Ystifyn' (C)). Yr oedd Marged a Madog ap Deio yn

perthyn i'w gilydd trwy fod Dafydd, gorhendaid Marged, yn frawd i Gynwrig, hendaid Madog; gw. P.C. Bartrum: WG1 'Ystifyn' a'r sylwadau rhagarweiniol uchod.

64 **Tegau** Sef Tegau Eurfron, gwraig Caradog Freichfras, a gymerwyd yn safon harddwch a diweirdeb gan y beirdd, gw. TYP² lxxviin, cxxxi–cxxxii, 512–14; WCD 600–2.

65 **y Mab Rhad** Ceir y cyfeiriad cyntaf at Iesu Grist fel *y Mab Rhad* o bosibl gan Lywelyn Fardd (II), gw. GDB 128 (9.15). Dichon mai 'gras', 'bendith' neu 'hael' yw ystyr *rhad* yma. Trawiadol, mewn cyfnod diweddarach, yw'r pwyslais a rydd Richard Davies—gŵr a adwaenai rai o feirdd amlycaf ei gyfnod—ar yr ymadrodd *Mab Rhad* yn ei *Epistol at y Cembru*, gw. *Rhagymadroddion 1547–1659*, gol. Garfield H. Hughes (Caerdydd, 1976), 35–7.

66 **Siob** Noda Dr Cynfael Lake yr arferai'r beirdd gyfeirio at y cymeriad beiblaidd hwn (sef, Job) pan fynnent bwysleisio cyfoeth neu ddewrder eu lleygwyr o noddwyr, neu sancteiddrwydd y rhai clerigol, gw. GLD 112–13n5.

Elen Nid yw'n gwbl eglur pa un o'r tair Elen adnabyddus a olygir, ai Elen Luyddog chwedl 'Breuddwyd Macsen'; Elen Fannog o Gaerdroea; neu'r Santes Helena (mam yr ymherodr Cystennin) y credid iddi ddarganfod y Wir Grog. Arnynt, gw. ymhellach TYP² 341–3; LBS iii, 255–60. Yn llsgr. C ceir yr amrywiad *olud val siob i elen*, ond ymddengys fod y gyfeiriadaeth draddodiadol at gyfoeth y ddau gymeriad digyswllt hyn o blaid darllen *Siob neu Elen* a derbyn mai Elen Luyddog a feddylir.

67–8 **rhof ... / ... bwyth** Ceir yr ymadrodd hwn yn lled aml fel diweddglo cerdd ofyn. Trafoda Dr Bleddyn Owen Huws yr hyn a eilw ef yn 'fotîff talu pwyth' yn CGD 215–16, 220. Nwydd cyfnewidadwy, fel y sylwir yno, oedd y cerddi gofyn a diolch: yr hyn a ddisgwylid yn 'bwyth' a delid am haelioni'r rhoddwr oedd y gerdd ei hun, gw. hefyd l. 21n. Ceir nifer o enghreifftiau o'r motîff hwn yn y canu gofyn, ac yr oedd cloi'r gerdd felly gan y bardd yn ddyfais a fyddai bob amser wrth law, cf. 12.82.

2

Dyma'r cyntaf o gyfres o gywyddau serch gan Ieuan ap Llywelyn Fychan lle y mae'n cyfarch merch o dras uchel. O'r holl gerddi a briodolir iddo, dyma'r un y bu'r copïo mwyaf arni: tyst, yn ddiau, i'w phoblogrwydd. Bu cryn gymysgu yn y copïau ynghylch y priodoliad, a cheir wrthi enwau Llawdden, Hywel Swrdwal, a Guto'r Glyn yn ogystal ag Ieuan ap Llywelyn. Gwrthodwyd y priodoliad i Hywel Swrdwal gan Mr Dylan

Foster Evans, golygydd diweddaraf gwaith y bardd hwnnw.[1] Y mae'n
ddiddorol nodi mai llawysgrifau Llywelyn Siôn a'i ddilynwyr sy'n rhoi enw
Guto'r Glyn, ond nid ystyriwyd y gerdd ar gyfer *Gwaith Guto'r Glyn* ac
efallai mai arwyddocaol hefyd yw'r ffaith na olygwyd yr un gerdd serch
ddilys o'r eiddo yn y gyfrol honno. Cynhwyswyd y gerdd yng ngolygiad
M.G. Headley o waith Llawdden,[2] ond deil Dr R. Iestyn Daniel, sydd ar
hyn o bryd yn paratoi golygiad newydd o waith y bardd hwnnw, nad ef a'i
piau. O'r tair llawysgrif ar hugain y ceir copi o'r gerdd ynddynt, y mae 11
ohonynt, gan gynnwys y testun cynharaf, ar enw Ieuan ap Llywelyn
Fychan; ac y mae natur y deunydd, tystiolaeth y gynghanedd a'r gyfeir-
iadaeth a geir yn y gerdd yn sicr o blaid ei phriodoli iddo.

Fel y ceir gweld yn rhai o gerddi serch eraill Ieuan ap Llywelyn Fychan,[3]
gresynir bod y ferch o dras uwch na'r bardd, ac nad oes modd, felly, ei
chael. Ond y mae'r nodyn a rydd John Jones, Gellilyfdy, i'r gerdd yn Pen
112, 388, *kowydd moliant i ferch a thraethiad oi gwr amdani*, yn peri gofyn
faint o gerddi serch o'r math confensiynol hwn a ganwyd gan wŷr priod i'w
gwragedd.[4]

1 **urael** Ymddengys fod y darlleniad hwn yn rhagori ar yr amrywiad
   eurael. Ceir *urael* yn yr ystyr 'gwych, rhagorol', gw. GDG[3] 457 d.g.
   urael, a gall hefyd olygu defnydd neu ddillad ysblennydd, gw. GPC
   3717.

   Sylwer ar y gyfatebiaeth *c* = *g* yn y ll. hon, oni ddarllener yr amrywiad
   huc, gw. GPC 1905.

3 **Tysilio** Ar y sant hwn, gw. G.H. Doble, *Saint Sulian and Saint Tysilio*
   (Guildford, 1936); EWGT 59; TWS 269–273. Ceir yr unig gyfeiriadau
   Cym. at draddodiadau am Dysilio mewn awdl faith a ganodd
   Cynddelw Brydydd Mawr yng nghanol y 12g., gw. GCBM i, cerdd 3.

8 **angel** Naill ai'r ferch ei hun, neu gyfeiriad at y bardd, a fynnai ddringo
   fry i ffurfafen yr angylion (yn drosiadol am ei gariad, efallai) fel y
   ceisiodd Simon Magus, a hynny'n aflwyddiannus.

9–10 **Simon ... / Magws** Ceir hanes Simon, a gyfenwid *Magus* ('dewin') yn
   Act viii.9–24. Dymunodd gael iddo ei hun y galluoedd goruwchnaturiol
   a welodd gan yr Apostolion, a chynigiodd arian i Bedr i'r perwyl
   hwnnw. Ceir nifer o chwedlau apocryffaidd am Simon o'r cyfnod
   Gnosticaidd a Phatristaidd ymlaen tan ddiwedd yr Oesoedd Canol, a
   chyfeirir yma at yr hanes a geir am ornest a fu rhyngddo a Phedr, pan

---

[1] Gw. GHS 11.

[2] Llawdden, &c.: Gw 126–8 (cerdd 42).

[3] Cf. cerddi 4 a 5.

[4] Ond teg yw nodi hefyd fod John Jones yn arfer y teitl hwn ar fwy nag un o'r cerddi serch a
gofnodir ganddo yn Pen 112.

laddwyd Simon wrth geisio hedfan. Ymhellach, gw. Alberto Ferreiro, 'Simon Magus: The Patristic-Medieval Traditions and Historiography', *Apocrypha*, vii (1996), 147–65; ODCC[3] d.g. *Simon Magus* a *Simony*. Dyma'r unig gyfeiriad sy'n hysbys i mi at y chwedl honno mewn barddoniaeth Gym.

11–12 **Bûm syml 'n achub maes amlwg / ... â march drwg** Cf. y ddihareb a gofnodir gan John Davies, Mallwyd, yn D (Diar), *Achub maes mawr â drygfarch* (gthg. y ffurf a gofnodir yn Henry Lewys, 'Diarhebion ym Mheniarth 17', B iv (1927), 2 *Achubeit maes maur a drycuarch*). Yr ystyr yw na all y bardd obeithio cyflawni ei ddymuniad gan fod pob dim yn ei erbyn.

13 **Merddin** Ystyrid gan y beirdd fod Myrddin yn garwr yn ogystal ag yn ddewin, gw. TYP[2] 472–4 a cf. GDG[3] 313 (118.22–4) *Och wŷr, erioed ni charawdd / Na Myrddin wenieithfin iach, / Na Thaliesin ei thlysach.*

Nyfien Ceir sawl ffurf ar enw cariad Myrddin yn y gwahanol ramantau. Cyfetyb *Nyfien* yma i *Viviane* (neu *Niniane, Niviene*) y fersiynau S. a Ffr. Yn ôl y chwedl, Nyfien oedd cariad Myrddin ac o ganlyniad i'w gariad eithafol ef ati llwyddodd Nyfien i'w hudo a'i garcharu yn Brocéliand (am grynodeb hwylus, gw. *Arthurian Literature in the Middle Ages*, ed. R.S. Loomis (Oxford, 1959), 319–24). Fel y gwelir eto yng ngherddi 4 a 5, y mae Ieuan ap Llywelyn yn ei gymharu ei hun â'r bardd-broffwyd, Myrddin, gan honni y bydd yntau'n cael ei garcharu oherwydd serch at y ferch y cenir iddi.

19 **wybrwynt** Cf. GDG[3] 309 (117) *Yr wybrwynt helynt hylaw.*

20 **y gŵr o'r gadair** Gan mai oferedd caru yw pwnc y llau. hyn (cf. cerdd 14, lle y trafodir oferedd cynghori), ai cyfeiriad cynnil a geir yma at fethiant Icarus, a geisodd yntau hedfan yn rhy uchel?

25 **mantell Ofydd** *Ofydd* yw'r bardd Rhufeinig Publius Ovidius Naso (43 C.C.–*c.* 17 O.C.) a ystyrid yn yr Oesoedd Canol yn feistr ar y canu serch; cyfeirid ato yn fynych gan y beirdd serch Cym., gw. Helen Fulton, *Dafydd ap Gwilym and the European Context* (Cardiff, 1989), 28–30, a gw. y cyfeiriadau a geir yn y mynegai d.g. *Ovid*. Wrth drafod lle Ofydd yng ngwaith Dafydd ap Gwilym, dywed Dr Rachel Bromwich, 'his [references] to Ovid are fairly frequent, but imprecise. They indicate that for Dafydd as for many other mediaeval poets Ovid was the paramount authority on all matters relating to love, since he was in fact the ultimate source for the mediaeval European conventions of "courtly love" ', *Selected Poems of Dafydd ap Gwilym*, ed. R. Bromwich (Bungay, 1985), 100. Nid yw'r cyfeiriad at *fantell Ofydd* yn eglur, ond cyfeiria'r Cywyddwyr ar brydiau at fentyll beirdd fel arwydd o'u statws a'u crefft, gw. GGI[2] xix a cf. GHS 24.53–4 *Mantell Mihangel felyn / Y sy glog eos y Glyn* a GSC 2.1n, lle y dangosir mai

arwydd o statws a chyfoeth ei pherchennog oedd *hug euraid* Huw
Llwyd, Gwern-y-gof. Ond tybed a yw'n bosibl fod chwedl goll am
fantell a hyrwyddai garwriaethau Ofydd; neu, a ddylid uniaethu'r
fantell hon â llen gêl Arthur (gw. GO 59 (cerdd VI): eto'n gerdd serch)?

30 **modd** 'Dull, ffordd, … arfer, moes, …ymddygiad' yw'r ystyr yma, gw.
GPC 2473.

31 **bwyall … mab Llŷr** Diau mai Bendigeidfran fab Llŷr Llediaith a
olygir, sef brenin Ynys y Cedyrn yn Ail Gainc y Mabinogi, gw. TYP²
284–6 a WCD 51–2. Ni ddaethpwyd o hyd i chwedl am fwyall Bendig-
eidfran; y mae'n annhebygol mai cyfeiriad ydyw at hanes torri ei ben
(gw. PKM 44 (ll. 28)–45 (ll. 13)), gan fod y bardd yn dymuno cael y
fwyall er mwyn *rhyfela ar filwyr* (ll. 30). Ai traddodiad coll am arfau
Bendigeidfran a geir yma, neu a ddylid derbyn bod y cyfeiriad at
Fendigeidfran yn drosiad am faint cawraidd y fwyall a ddeisyfir gan y
bardd? Sylwer mai fel rhyfelwr nerthol y cyfeirir at Frân ym marddon-
iaeth Beirdd y Tywysogion: e.e. GCBM i, 7.17; GCBM ii, 17.71n;
GLlLl 11.27n, 20.37.

34 **Syr Gei** Ar Gei o Warwig, gw. 1.12n.

Ffelis Sef *Felice*, cariad ac yna gwraig Syr Gei o Warwig.

Ni cheir cynghanedd yn y ll. hon, a sylwer na cheir llau. 33–4 mewn
nifer o'r llsgrau.

40 **coetio** Ceir dwy ffurf ar y bf., *coetio* a *coetian*, a *coetio* a geir yn y
llsgrau. hynaf. Am enghreifftiau, gw. GPC 534 (dyma'r enghraifft
gynharaf y cyfeirir ati). Daw'r gair yn wreiddiol o'r S. *to play at quoits*;
ond yma dichon mai 'taflu golwg' neu 'giledrych' a olygir.

41 **syched nos uchel** Ystyr *uchel* yma yw 'dwfn' neu 'fawr', gw. GPC
3693. Golyga'r ymadrodd 'syched mawr yn ystod y nos', yn drosiadol
am serch y bardd.

45 **o chawn** Dilynir testun Llywelyn Siôn yma, ond gthg. yr amrywiadau,
a sylwer ar y tr. llaes ynddynt yn dilyn *be*.

anun Amrywiad ar *anhun* 'coll neu ddiffyg cwsg', gw. GPC 125, 161.

46 Ceir y bai gormod odlau yn y ll. hon.

48 **ail nef** Fel y nododd E.I. Rowlands, 'Canu serch 1450–1525', B xxxi
(1984), 45, gan gyfeirio at bennod olaf 'De arte honeste amandi' gan
Andreas Capellanus, nef gyntaf y bardd oedd y ferch; yr 'ofn' a fynegir
ganddo yn y llau. hyn (a dichon, yn groes i E.I. Rowlands, mai yn
goeglyd y gwneir hyn hefyd), oedd na fyddai'n ennill nef ar ôl ei
fercheta.

3

Perthyn y cywydd hwn i *genre* o gerddi sy'n cwyno am helyntion serch a'r siomedigaeth a ddaw yn eu sgil. Pwysleisia'r bardd ei ffyddlondeb a'i ddyfalbarhad wrth ganlyn y ferch, o'u cyferbynnu â'i sarugrwydd hi tuag ato. Ceir Ieuan ap Llywelyn yn amau, fel y gwnaeth Dafydd ap Gwilym droeon, a gaiff fyw oherwydd angharedigrwydd gwrthrych ei serch a'r *cariad lladrad* (ll. 18) a rydd iddo boen debyg i saethau yn ei fron. Ond er gwaethaf y cyflwr truenus hwn a'r rhagolygon gwael, credir nad oes gwir angen pryderu dros einioes y bardd. Fel yr awgrymwyd yn y Rhagym-adrodd,[1] er cydnabod bod cerddi serch digon diffuant i'w cael, y mae'r swm aruthrol ohonynt a ddiogelwyd yn tystio i boblogrwydd y testun, ac oni bai mai ymarferion syml oedd eu trwch,[2] y mae'n lled debygol y gellid ystyried y math hwn o gerdd yn ddefod gymdeithasol, efallai'n gyfarchiad i wraig neu ferch noddwr neu gyfaill y bardd.

Ceir testun diplomatig o'r cywydd hwn yn Peniarth 57, 78–80 (LXV).

2 **cwrs** Er bod sawl dehongliad posibl i'r e. hwn, dichon mai 'helbul, helynt' yw'r ystyr sy'n gweddu yma ac yn ll. 40, gw. GPC 648.

   cares Degau Yn fras, 'Un y mae ei harddwch yn gyffelyb i Degau'. Ar Degau Eurfron, gw. 1.64n. Â'r ddwy l. hyn, cf. GDG³ 175 (65.1–2).

3 Llsgr. B (sef yr hynaf) *kywir yw kav a wn*, sy'n rhoi ll. chwesill; ond yn y fersiwn a oedd yn hysbys i John Jones, Gellilyfdy, a gofnodir yn llsgr. C, ceir *caru* yn amrywiad ar *kav*. Rhydd hyn nid yn unig l. seithsill, ond hefyd gynghanedd a synnwyr ac fe'i derbyniwyd.

4 Yn llsgr. B, y mae'r ll. eto yn chwesill, *kvr oydd kav awyddwn*. Nododd John Jones yr amrywiad *caru* wrth ochr *kav* yn y prif destun yn llsgr. C. O dderbyn yr amrywiad hwn, ceir eto l. seithsill, fel yn achos ll. 3, ond nid yw'r gynghanedd yn un gref: gan fod yr acen bwys yn disgyn ar yr ail sillaf, y mae'r ll. yn wan, cf. 4.5. Efallai y gellid goresgyn hyn drwy ddiwygio'r ll. a darllen *Curo 'dd oedd, caru 'wyddwn*, ond teg yw nodi bod enghreifftiau eraill o lau. afreolaidd eu hyd i'w cael yng ngherddi Ieuan ap Llywelyn a beirdd eraill y cyfnod, gw. ll. 11n isod.

6 **fegis** Amrywiad ar *megis*, gw. GPC 2405.

11 Ll. chwesill eto yw hon yn llsgrau. ABC, ond mentrwyd diwygio *wy* yn *ydwy'*. Fodd bynnag ceir enghreifftiau eraill o lau. afreolaidd eu hyd weithiau yng ngwaith y bardd hwn, gw. 1.16 a'r Rhagymadrodd, td. 11.

---

[1] Am drafodaeth ar hyn, gw. Rhagymadrodd, td. 10.

[2] Cofir fel yr awgrymodd Saunders Lewis, 'Dafydd ab Edmwnd', YB x (1977), 227, wrth drafod cerddi serch Dafydd ap Edmwnd, mai 'y cywydd, nid y ferch, oedd ei wir gariad ef'.

13–14 'Os daeth drwg anffawd [neu 'clefyd anhwyldeb'] i mi, / Och Fair, onid yw [hynny']n peri [newid parhaol] i'm cyflwr / wyneb?'

14 **Mair** Sef y Forwyn, patrwm diweirdeb yn nefosiwn yr oes, gw. sylwadau rhagarweiniol cerdd 4. Tybed ai yn goeglyd y'i henwir yma?

16 Ceir y ll. hon yn union gan Dudur Aled, gw. TA 319 (LXXIX.63).

18 **cariad lladrad** Cf. GSCyf 4.28 *Ond cariad lladrad fellýn* (Sypyn Cyfeiliog). Cyfeirir at fotîff cariad fel lladdedigaeth y bardd yn y Rhagymadrodd, td. 10.

19 **sir** Ceir nifer o ystyron i *sir*, a ddaw o'r S.C. *chere* neu, efallai, yn uniongyrchol o'r H.Ffr. *ch(i)ere*, gw. GPC 3291. Dichon mai'r ystyron 'llawenydd', 'hyfrydwch', neu 'groeso' sy'n gweddu orau yma.

23–4 Nid yw cystrawen y ddwy l. hyn yn eglur; cymerir bod y bardd yn gwyrdroi'r rhediad naturiol, 'ni fyddwn heb ochneidio [oherwydd] na chaid [yr] un uchod yr wyf yn ei hadnabod'.

23 **uchod** Gan ei bod yn debygol mai'r ferch, ac nid Duw, sydd *uchod*, y mae 'ar bwynt uwch', 'uwchben', 'fry'; 'yr hyn y soniwyd amdano' yn rhai o'r ystyron posibl. Ai cyfeiriad sydd yma at statws uchel y ferch y mae'r bardd yn honni ei charu, neu a gyfeirir at leoliad ei chartref ('y ferch [sy'n byw] uchod [?ar fryncyn; ?ar dop y sir]'); neu, ai 'y ferch y cyfeiriais ati yn gynharach' a olygir? Ymhellach ar *uchod*, gw. GPC 3698.

26 **Nis cêl grudd nes cael y gro** Dichon mai'r ystyr yw 'Ni bydd grudd yn llwyddo i gelu hyn nes imi fynd i'r bedd'; hynny yw, bydd gruddiau'r bardd yn amlygu ei anhunedd hyd nes y bydd farw, cf. y ddihareb yn R 1033.20 *ny chel grud kystud kallon*.

30–1 **dyn fwyn ... / ... yn briwo dyn** Ymddengys fod dwy ystyr *dyn*, sef merch a gŵr, i'w cael yma.

33 Cywasger *yna e'*.

Os cywir y diwygiad *o'r fron* a roddir yn ail hanner y ll. hon (ond gw. yr amrywiadau), ceir *r* berfeddgoll yn ail hanner y ll.

gwen o'r fron Fe'i deellir yn ddisgrifiad cyffredinol o'r ferch, 'yr anwylyd o'r fron'; ond tybed ai cyfeiriad mwy penodol sydd yma, *Gwen o'r Fron*, cf. *Gwen o'r Ddôl*, cariad Dafydd Nanmor?

35 **modd ... rhyfedd** 'Ffordd o ymddwyn, moes, nodweddion' yw ystyr *modd* yma, cf. 2.30n. Cwyna'r bardd am anwadalwch y ferch, sy'n newid yn sydyn (*o fewn un awr*) o fod yn llednais i ymddwyn yn sarrug tuag ato.

37 **minnau gaf** Hepgorwyd y rh.pth. (< *minnau a gaf*).

38 **mynud** Er mai *mvnvd* a geir yn llsgr. B, dichon mai *mynud* a olygir, yn yr ystyr 'cwrteisi, boneddigeiddrwydd, moesau da, ... golwg (ar wyneb y ferch)', GPC 2538 a cf. hefyd 4.29n.

44 **gorfod** Am wahanol ddeongliadau posibl *gorfod*, gw. GPC 1479. Diau mai'r ystyr yn fras yw, 'Gwell fyddai dioddef ... ergyd o orfod gwneud hynny, na dioddef ... ei soriant hi.'

45 Ni cheir y caledi disgwyliedig rhwng *caid* a *dyn* a cheir *n* wreiddgol yn y ll. hon. Gellid *dyn* > *un* (ffrwyth camgopïo yr hyn a glywyd).

46 **peunes** Term o foliant i arglwyddes, gw. GPC 2790.

47 Dichon y dylid trin *dygn* yn air deusill yma er mwyn hyd y ll. (cf. 18.5, 13); ceir yma hefyd *m* ac *n* berfeddgoll neu *n* yn ateb *m*.

48 **o'm gŵyr** Diwygiad. Darlleniad y llsgrau. oll yw *dom gwyr*, ac y mae'n rhesymol casglu bod *dom* yn gywasgiad o *do o'm*. Ond gellid diwygio'r ll. a darllen mewn ffordd wahanol ... *a'm gŵyr Duw*, cf. GDG³ 21 (8.8) *Duw a'i gŵyr*.

49 Y mae'r ll. hon yn amwys ar ei hyd. Ai ffurf 3 un.grff.myn. *dyfod* yw *doeth*, ynteu'r a. mewn cymal enwol ('doeth [yw] i mi ...')? Hefyd, pa un o wahanol ystyron *som* sy'n gweddu orau yma, ai 'siomedigaeth, rhwystredigaeth' neu 'twyll, cywilydd, gwarth' (cf. GPC 3286 d.g. *siom*, *som*¹)? Yna, oherwydd amwysedd y darlleniad *o dayth*, nid yw'n sicr ai *o daith*, *od aeth* ynteu *o daeth* a olygir; ac ai *am serch* ynteu *â'm serch* yw'r ddau air olaf? Byddai cael y ddwy ffurf ar 3 un.grff.myn. y f. *dod* (*doeth* a *daeth*) yn annisgwyl yn yr un ll.; er na ddaethpwyd o hyd i enghraifft arall o'r llafariaid -*ay*- yn cynrychioli -*ai*- yn orgraff Pen 57, nid afresymol fyddai casglu bod y bardd yn cwyno na fu iddo ddim lles o'i *daith am serch*: delwedd y gellir ei chymharu â nifer o enghreifftiau tebyg yng ngwaith Dafydd ap Gwilym. Ond efallai mai'r ystyr fwyaf tebygol yw fod y bardd yn cwyno oherwydd i'r ferch fynd â'i serch.

50 **gordderch** Ar wahanol ystyron y gair, gw. GPC 1469. Gall yn syml mai 'cariad' neu 'cywelyes' a olygir yma.

4

Yn y gerdd hon eto cwyna Ieuan ap Llywelyn Fychan oherwydd troeon serch, a hwn yw'r cyntaf o ddau gywydd lle y cyffelybir y ferch y mae'r bardd yn honni ei charu i Wenddydd, sef cariad y bardd-broffwyd chwedlonol Myrddin.¹ Y mae ergyd y gymhariaeth yn amlwg: os Gwenddydd yw ei gariad, yna Myrddin yw yntau.² Megis yng ngherdd 2, y mae

¹ Ar Wenddydd a Myrddin, gw. ll. 6n.
² Cymhara Ieuan ap Llywelyn Fychan ei hun â Myrddin yn 2.13 hefyd.

lled-awgrym yn y gerdd hon fod gwrthrych moliant y bardd yn ferch o dras uchel, yn enwedig os yw'r cyfeiriadau at *gwraidd* (ll. 2), *Gwlad yr Ha'* (ll. 16), ac yn enwedig *dyfáis* (ll. 31) y ferch yn rhai penodol bersonol (er y gall, yn naturiol, mai rhan ddefodol o ddelweddaeth y canu serch ydynt).[3] Os gellir pwyso ar y cyfeiriad at lendid y ferch *ar lun Mair* (ll. 38), ceir yn y gerdd hon ryw ateg i ddadl Gilbert Ruddock mai'r canu i'r Forwyn oedd sail y canu i ferched, ac nid fel arall.[4] Diddorol hefyd yw nodi bod y cywydd hwn, o linell 17 ymlaen, yn dilyn y drefn rethregol o ddisgrifio pob aelod o'r corff yn ei dro, gan ddechrau â'r gwallt (*brig*, ll. 20), yna'r tâl (ll. 22), y dannedd (ll. 33), y llaw (ll. 35), y canol (*gwasg*, ll. 36), a'r troed (ll. 37).[5]

Y mae crefft y cywydd hwn yn lled anffurfiol, gyda rhai llinellau llac a defnydd o ffurfiau llafar (cf. ll. 4 *cwyredd*, ll. 5 *pruddhais*, ll. 33 *gweddedd*) yn aml i gynnal y gynghanedd, er y dylid cofio hefyd mai un testun yn unig a ddiogelwyd ohono.

1 **iraidd** Cynigir 'glân, pur, hardd' yn betrus ymhlith ystyron *iraidd* yn GPC 2027, a dichon fod hon yn enghraifft sy'n ategu'r dyb honno.

2 **crug** Fe'i deellir yn yr ystyr 'gofid' (oherwydd serch), cf. TA 504 (CXXXI.29–30) *Mae crug blin mewn cyfrinach / Dan f'ais, o gariad dyn fach*; a meddir, *ib.* 709, 'Dywedir *crugo* (*crigo*) am ofidio yn Sir Ddinbych', gw. GPC 614; ceir *crugo* hefyd yn yr ystyr gyffredinol 'edifarhau' (rhywbeth yn debyg i'r S. '*regret*') ar lafar yng nghyffiniau Hiraethog. Diolchir i Dr Manon Roberts am yr wybodaeth hon.

gwraidd Y mae modd deall yr ymadrodd *bur ei gwraidd* mewn sawl ffordd, gw. GPC 1698. O dderbyn bod *gwraidd* yn gyfeiriad at gyff neu wehelyth person, gall fod y bardd yn tynnu sylw at dras anrhydeddus y ferch y mae yn ei hannerch (er bod confensiynau'r canu serch yn erbyn nodi ei hachres yn benodol); neu, os cyfeirir at gysylltiad y ferch â bro ei hynafiaid, y mae'n bosibl mai purdeb ac urddas y fro ei hun a'i henwogion a olygir. Ond ceir *gwraidd* hefyd yn yr ystyr '[dyfnder neu gadernid] cymeriad', ac ni ellir anwybyddu'r posibilrwydd hwnnw.

---

[3] Fel y nodir yn ll. 6n, mewn rhai ffynonellau priodolid nid yn unig ddysg anghyffredin ond hefyd yr awen broffwydol i Wenddydd hithau: ai awgrym arall a geir yma ynghylch statws uchel y ferch y canai Ieuan ap Llywelyn iddi? Gw. ymhellach sylwadau rhagarweiniol a nodiadau cerdd 5.

[4] Gilbert Ruddock, 'Rhai agweddau ar gywyddau serch y bymthegfed ganrif', *Dafydd ap Gwilym a Chanu Serch yr Oesoedd Canol*, gol. John Rowlands (Caerdydd, 1975), 97–102, gw. hefyd l. 38n. Dadleuwyd mewn man arall fod moliant i arglwyddi daearol wedi ei lunio ar sail moliant i Dduw, gw. M.P. Bryant-Quinn, ' "Archaf Weddi": rhai sylwadau ar farwysgafn Meilyr Brydydd', LlCy xx (1997), 13–14; ac yn yr un modd, nid yw'n amhosibl fod cerddi'r Cywyddwyr i rianedd yn adleisio'r canu i Fair.

[5] Am drafodaeth bellach ar y ddyfais rethregol hon, gw. Gilbert Ruddock, 'Prydferthwch merch yng nghywyddau serch y bymthegfed ganrif', LlCy xi (1971), 140–75.

3 **lloer oleulwys** Am enghreifftiau o *loer* yn ffigurol am ferch nodedig am ei harddwch, gw. GPC 2198 a hefyd l. 27 isod. Yn seiliedig ar eirfa Thomas Wiliems, rhydd GPC *c*. 1604–7 yn ddyddiad cynharaf ar gyfer yr a. clwm *goleulwys* (gw. TW), ond y mae'r enghraifft hon o leiaf ganrif yn gynharach na hynny.

lliw'r lili Fel y dengys Dr Rhiannon Ifans, GGLl 4.24n, '[d]efnyddir lili gan y Cywyddwyr yn gyffelybiaeth stoc i ganmol lliw (gwyn) ac ansawdd (sidanaidd) croen merch'. Ond fel y noda Dr Ifans, ceir enghreifftiau yn eiconograffeg y cyfnod o'r lili yn cyfleu cyfuniad o burdeb a dioddefaint, fel y gwelir yn eglur yn achos Llyfr Oriau Llanbeblig (BL Add 17520, ff. 1–2ᵛ), gw. E.J.M. Duggan, 'Notes concerning the "Lily Crucifixion" in the Llanbeblig Hours', Cylchg LlGC xxvii (1991–2), 39–48; J. Cartwright: ForF 22, 61, plât lliw II. Gan fod Ieuan ap Llywelyn yn cwyno oherwydd poenau ei serch yn y cywydd hwn, gall fod yma gyfeiriad cynnil at yr ystyr ddeublyg hon yn nelweddaeth draddodiadol y lili.

4 **cwyredd** Fe'i deellir yn amrywiad llafar ar *cwyraidd*, GPC 655 'tebyg i gŵyr; melyngoch' neu 'coeth, … mwyn, tyner'. Er y gellid diwygio'r testun i gael y ffurf safonol *cwyraidd*, ceir ffurfiau llafar eraill yn llau. 5 a 33, a chedwir orgraff testun Pen 97 o'r herwydd.

5 **pruddhais** Llsgr. *pruddheis*; disgwylid *pruddheais* (ffurf drisill), ond efallai fod y cywasgiad *pruddha-ais* > *pruddhais* wedi digwydd erbyn y cyfnod hwn, ac os felly, dichon mai'r ffurf lafar ddeusill a gynrychiolir yma (cf. llau. 4n, 33n). Dylid ystyried hefyd y f. *pruddo* 'bod neu fynd yn ddoeth, callio', GPC 2913, y ceir yr unig enghraifft a ddyfynnir yno yn IGE² 272 (llau. 3–4) *O'r pridd y doetham er praw*, / *I'r pridd ydd awn, er pruddaw* (Siôn Cent).

Gan fod yr acen bwys yn disgyn ar yr ail sillaf, y mae'r ll. yn wan, cf. 3.4.

6 **Gwenddydd** Ceir chwedlau amrywiol am Wenddydd, a chyfeirir ati yn y farddoniaeth gynnar fel 'chwaer' neu 'gariad' Myrddin: diau mai'r agwedd garwriaethol hon sydd uchaf yn nelweddaeth y gerdd, ond priodolir i Wenddydd, fel i Fyrddin, ddysg anghyffredin a'r awen broffwydol mewn rhai ffynonellau. Fel y nodwyd yn y sylwadau rhagarweiniol uchod, trwy gyfeirio at ei gariad fel *Gwenddydd*, awgryma'r bardd mai ef yw Myrddin. Ymhellach ar chwedlau'r ddau, gw. CGRG 391; CLC² 607; EVW 148; G 659; R.W. Evans, 'Pum Breuddwyd Gwenddydd', B xii (1946–8), 19–22; A.O.H. Jarman, 'Chwedl Myrddin yn y canu cynnar' (M.A., Cymru [Bangor], 1936), 174; T. Jones, 'The story of Myrddin and the Five Dreams of Gwenddydd in the Chronicle of Elis Gruffudd', Études viii (1958–9), 315–45; *Arthurian Literature in*

the Middle Ages, ed. R.S. Loomis (Oxford, 1974), 24; TYP² 470; WCD 314.

8 **dig'lonnodd** Er bod enghraifft o'r f. *diglonni* fel amrywiad ar *diclloni* ym Meibl 1588, gw. GPC 957, y mae cywasgiad o ffurf 3 un.grff.myn. y f. *digalonni* 'colli calon' neu 'peri digalondid' yn gweddu'n well yma.

13 **ôd** Rhaid dewis rhwng *od* yn yr ystyr 'arbennig, gwych, rhyfeddol', gw. GPC 2616 d.g. *od*¹, ac *ôd* 'plu eira' neu 'lathrwyn, claerwyn', *ib*. d.g. *ôd*¹. Efallai fod y pentyrru delweddau am wynder a glendid y ferch o blaid yr ail ddewis yma.

14 **sein a phryd** Y mae *sein* yn amwys yma. Gellid dadlau dros ei ddeall yn yr ystyr 'sŵn' neu 'lais', neu hyd yn oed yn ffurf ar yr e. *sain(t)* (= 'sant(es)'), gw. GPC 3169 d.g. *sain*¹′ ². Ond ceir hefyd ffurf *sein* sy'n fenthyciad o'r S. *sign*, gw. *ib*. 3211. Gan fod y bardd yn cyplysu *sein* a *pryd*, gall yn syml ei fod yn pwysleisio tebygrwydd y ferch i Ffrai (sef y santes Brigid): h.y. bod harddwch y ferch yn *sein* 'arwydd' o lendid a thegwch y santes ei hun. Ond os cyfeirio at un o nodweddion cwlt y santes Ffrai a wneir, gall mai ei haelioni a'i lletygarwch a olygir, neu ynteu ei gwisgoedd.

Sain Ffraid Erbyn cyfnod y Cywyddwyr daethpwyd i gyfuno hanesion am sawl santes o'r e. Brigid, gw. J. Cartwright: ForF, mynegai d.g. *Ffraid* (yn enwedig tt. 86–7); GIF 94–5 (cerdd 43); 126; E.R. Henken: WS mynegai d.g. *Brigid*; LBS i, 264–88; TWS 161–7.

15 **Anna** Sef yr enw a roes traddodiad ar fam Mair. Sonnir amdani gyntaf wrth yr enw hwnnw yn y 'Protevangelium Jacobi' (2g.). Ceir yn yr efengyl apocryffaidd hon hanfod y traddodiadau ynghylch Anna a'i gŵr Ioachim, yn ogystal â hanes geni Mair iddynt a'i blynyddoedd bore. Helaethwyd ar y rhain yn y 'Legenda Aurea', sef casgliad canoloesol hynod ddylanwadol o ddraddodiadau a dyfaliadau ynghylch hanes Crist a nifer o'r saint poblogaidd (gw. Jacobus de Voragine, *The Golden Legend*, trans. William Granger Ryan (Princeton, 1993), ii, 151–2), a dyna, yn ddiau, ffynhonnell yr wybodaeth a oedd yn hysbys i'r beirdd. Erbyn y 12g., yn sgil twf y defosiwn i Fair, bu bri mawr ar gwlt Anna hithau ledled Ewrop. O'r dystiolaeth a geir yn Lloegr, gwyddys fel y cedwid ei gŵyl yng Nghaer-gaint erbyn 1100 ac yng Nghaer-wrangon yn fuan wedyn, a daeth yn ŵyl rwymedigol erbyn 1382. Gw. ymhellach *Interpreting Cultural Symbols: Saint Anne in late Medieval Society*, ed. K. Ashley and P. Sheingorn (London, 1990); H.M. Bannister, 'The introduction of the cult of St. Anne into the West', *English Historical Review*, xviii (1903), 107–12; A. Wilmart, *Auteurs spirituels et textes dévots du Moyen Age* (Paris, 1932), 46–55. Awdurdod-

wyd gŵyl i Anna ac Ioachim gan y Pab Julius II (1503–15). Gw. hefyd gerddi Hywel Swrdwal i Anna yn GHS cerddi 21, 22.

16 **Gwlad yr Ha'** Sef '*Somerset*', gw. G 689. Cymharol brin yw'r cyfeiriadau at Wlad yr Haf gan y beirdd Cymraeg. Nis enwir unwaith yng ngherddi Beirdd y Tywysogion; a chan y Cywyddwyr, ychydig o sôn amdani a geir ac eithrio mewn cyd-destun brudiol (cf. GDLl 52 (16.16), 57 (18.40)). Mewn cywydd i Syr Rhys ap Tomas gan Ddafydd Epynt, cyfeirir at y ffaith fod had Syr Rhys yn cael ei wasgaru hyd eithafion Gwlad yr Haf (GDEp 12.19–20 *Had hëir hyd Wlad yr Haf*, / *Had tadidad hyd Eudaf*); ond gan fod Syr Rhys yn gefnder i Harri Tudur, a bod Marged Beaufort, mam Harri, yn ferch i John Beaufort, dug Gwlad yr Haf, y mae'n bosibl y dylid dehongli'r cyfeiriad yng ngoleuni'r cyswllt teuluol hwnnw, gw. *ib*.n. Tybed, felly, nad rhyw gysylltiad rhwng teulu gwrthrych cywydd Ieuan ap Llywelyn Fychan a Gwlad yr Haf a roes fod i'r ddelwedd yma? Cf. hefyd 5.12n d.g. *gwengaer*.

20 **ar ei brig** Llsgr. *ar brig*, ond y mae'n rhesymol cyflenwi'r rh. blaen *ei* er mwyn yr ystyr a hyd y ll.

21 Ni cheir cynghanedd foddhaol yn y ll. hon, ond dichon mai'r gynghanedd lusg a fwriadwyd. Ond fel y nodir yn J. Morris-Jones: CD 173, trwsgl yw'r gynghanedd pan fo'r odl gyntaf yn syrthio ar sillaf gyntaf y ll., ac, at hynny, y mae'r gair hwnnw yma'n ardd.

25 **llus** Ceir nifer o enghreifftiau yng ngwaith y Cywyddwyr o arfer *llus* am liw tywyll gwallt neu lygaid merch, gw. GPC 2230.

27 **lloer gynnydd** Gw. hefyd l. 3n. Deellir y cyfuniad yn yr ystyr 'lles' neu 'ffyniant lloer', yn enwol am y ferch.

28 **grod** O'r S. *groat*, sef y darn o arian; fe'i ceir hefyd yn ffigurol am 'ysmotyn crwn o liw', gw. GPC 1535.

29 **mynud** Gw. 3.38n.

31 **dyfáis** Nid yw'n sicr ai *dyfais* neu *dyfáis* yw'r ynganiad yma (gw. GPC 1122 lle y'i hesbonnir fel benthyciad o'r S.C. *device*), ond ymddengys fod yr ail ffurf yn hŷn. Cymerir bod i'r e. ystyr herodrol yma (*ib*. (b) 'arwyddlun, pais arfau', &c.) a bod y bardd unwaith yn rhagor yn pwysleisio tras uchel y ferch, a'i fod hefyd yn disgrifio genau'r ferch a'r blas a gysylltir ag ef.

33 **gweddedd** Rhaid wrth y ffurf lafar yma i gynnal y gynghanedd, cf. llau. 4n a 5n.

34 **gwenynen** Yn yr Oesoedd Canol prisid gwenyn yn fendith ond cydnabyddid ar yr un pryd eu bod yn beryglus, cf. y geiriau canlynol o Lyfr Cyfnerth, *Bonhed gwenyn o paradwys pan yw ac o achaws pechawt dyn y doethant odyno ac y dodes Duw y rat arnunt ... a gw. ymhellach*

DrOC 163–5. Yng nghyd-destun delweddaeth y gerdd hon, yr ystyr yw fod blas genau'r ferch yn felys fel mêl neu fedd, ac efallai hefyd fod cariad honedig y bardd yn un a ddaw â cholyn iddo.

36 **gwasgfain** Sef 'main ei chanol'; cofnodwyd yr enghraifft gynharaf y cyfeiria GPC 1596 ati o'r a. clwm hwn yn 1855.

f led-lafarog o dan yr acen.

37 **tradeg waisg** Llsgr. *tradeg wais*; diwygir er mwyn y gynghanedd a'r ystyr. Nid yw *tradeg* yn air hysbys, a disgwylid treiglad llaes os yw'n gyfuniad *tra* a *teg*. Ai ffurfiad o *try* a *teg* a geir yma?

38 **ar lun Mair** Gw. hefyd 3.14n. Dadleuwyd bod y canu Cymraeg i'r Forwyn wedi dylanwadu ar y canu serch yn hytrach nag fel arall. Am drafodaeth bellach, gw. Gilbert Ruddock, 'Rhai agweddau ar gywydd-au serch y bymthegfed ganrif', *Dafydd ap Gwilym a Chanu Serch yr Oesoedd Canol*, gol. John Rowlands (Caerdydd, 1975), 97–102. Er na dderbyniwyd y ddadl hon gan bawb, y mae'r ll. hon yn sicr yn ategu'r dyb mai cyffelybu merched i Fair a wneid yn y canu serch, yn hytrach nag fel arall; ond diau mai yn goeglyd y cyfeirid ati mewn cerdd serch.

40 **pr'odwych** Gellid ei ddeall yn gywasgiad o *priodwych* ('gweddus o wych', &c.), neu o *parodwych* ('bodlon / awyddus a gwych').

41 **y Gŵr** Er nad oes sicrwydd, gall mai at Dduw ei hun y cyfeirir yma, cf. 2.20n.

45 **cangen** Yn drosiadol yma am ferch hardd, cf. DN 89 (XXXII.3–4) *Y gangen lwyswen layswallt, / Seren gain sirian i gwallt* a 14.12 isod.

43 *n* berfeddgoll; os cynghanedd groes, yn hytrach na thraws, sydd yma ceir dwy *m* ganolgoll yn ogystal.

46 **meddyges** Gall fod y bardd yn cymharu'r ferch eto â Mair (cf. GIBH 13.55), neu ei fod yn galw'r ferch yn feddyges gan mai hi a all ei wella o'i glefyd serch. Gellid hefyd ddiwygio'r ll. a darllen *Meddyges ym a ddwg serch*.

47 **tâl** Sef yr hyn a ddisgwylid yn dâl gan y ferch am y gerdd a ganodd y bardd iddi.

51 Gellid hefyd ddiwygio'r ll. a darllen *Ar hon y mae rhannu i'm oes*.

5

Er nad yw'r gair *hwsmonaeth* yn digwydd yng ngherddi Dafydd ap Gwilym, dewiswyd 'Hwsmonaeth Cariad' gan Thomas Parry yn deitl addas ar gyfer GDG³ 238–41 (cerdd 87). Y mae'r ddelwedd, serch hynny, yn lled gyffredin yng ngwaith y Cywyddwyr, gan gynnwys eu canu serch.[1] Fel yng ngherddi eraill Ieuan ap Llywelyn Fychan, ceir yn y cywydd hwn enghraifft arall o dopos y ferch anghyffwrdd, na all y bardd mo'i chael er gwaethaf a chymaint ei *lafur* (ll. 8).

Gan fod y cywydd hwn yn llawn o'r trawiadau stoc a gysylltir gan amlaf â'r canu mawl, teg yw gofyn ai cerdd i wraig neu ferch cyd-uchelwr i Ieuan ap Llywelyn yw hon. Fel yng ngherdd 4, hi eto yw *Gwenddydd*, chwaer neu gariad Myrddin (ll. 11); hi yw'r un hardd (*gwawr Ebrill*, ll. 14) a hael sy'n gweini gwin drud yn ei *gwengaer* (ll. 12), a gofelir yn y cywydd gyfeirio at ei gwisgoedd gwych a'i moesau da. Ar ddechrau'r gerdd cyfeirir at y bardd yn *nadd[u] awenyddiaeth* (ll. 5) i'r ferch, a sylwir mai *canu'n iach* a wneir (ll. 27). Ai cerdd 'serch' ddefodol yw hi a gysylltir ag ymadawiad rhyw deulu bonheddig?

Ceir testun diplomatig o'r cywydd hwn yn Peniarth 57, 77–8 (LXIV).

5 **o naddaf** Am enghreifftiau o *naddu* cerdd, gw. GPC 2548, cf. hefyd GHS 31.31n, lle yr awgrymir bod *Naddwn benillion iddi* o bosibl yn adlewyrchu'r arfer o naddu llwyau pren i gariadon ar nos Sul (cf. hefyd PKM 86 (llau. 18–21)). Cyfeiriwyd eisoes at *awenyddiaith* y bardd yn 1.25.

7 **anrhaith** Yng nghyd-destun sôn y bardd am ei ganu i'r ferch, dichon mai 'trysor, cyfoeth' neu 'anwylyd, cariadferch' yw'r ystyr, yn hytrach nag 'ysbail' neu 'ddinistr, ... difrod', gw. GPC 153, cf. GDG[3] 110 (40.25), 266 (98.6, 18), 345 (129.35).

8 **llafur Ieuan** Cyfeiriad at y bardd ei hun, cf. ll. 21. Cyfeirir ymhellach at natur ei 'lafur' yn ll. 10n isod.

llyfr Ofydd Ar *Ofydd*, gw. 2.25n. Cyfeirir at *lyfr Ofydd* gan feirdd Cym. eraill, gan gynnwys Dafydd ap Gwilym, gw. GDG[3] 134 (50.1) *Salm yw 'nghof o lyfr Ofydd*, ib. 155 (58.20) *Llwfr wyf ar waith llyfr Ofydd*; cf. IGE[2] 158 (ll. 7) *Pynciau cof o lyfr Ofydd* (Rhys Goch Eryri) a gw. GSCyf 14.5n, 15.42. Y mae'n bosibl mai 'canu serch Ofydd' yn syml a olygir gan *llyfr Ofydd*, er y gall fod yn gyfeiriad at ryw waith penodol. Fodd bynnag, dylid nodi y trinnid *llyfr* yn ffigurol gan y beirdd weithiau i ddynodi ffynhonnell gwybodaeth neu awdurdod, gw. GPC 2256 d.g. *llyfr*[1]. Fel y sylwodd Dr Huw M. Edwards, ' "llyfr Ofydd", "Ovid's book", is a phrase not uncommon in the work of the fourteenth- and fifteenth-century *Cywyddwyr*, where it seems to denote some imagined, or perhaps real authority in the matters of love, not necessarily the *Ars Amatoria*' (DGIA 217 a n37).

---

[1] Cf. yr enghreifftiau a roir yn GPC 1934, a cf. GSCyf 4.26n. Tyn D.J. Bowen sylw at arwyddocâd y ddelweddaeth amaethyddol yng ngherddi'r Cywyddwyr yn 'Beirdd a Noddwyr y Bymthegfed Ganrif', LlCy xviii (1994–5), 81.

10 **ysmonaeth** Amrywiad ar *hwsmonaeth* a ddefnyddir yn drosiadol yn yr ystyr 'llafur, gwaith' yn ogystal â 'triniaeth tir, amaethyddiaeth', &c., gw. GPC 1934 a cf. sylwadau rhagarweiniol y gerdd hon a ll. 8n.

   mis Menni Cynigir gan Ifor Williams, 'Mis Menni', B viii (1935–7), 332–3, mai mis Medi yw ystyr y ffurf annisgwyl hon; cf. hefyd BY 29 lle y ceir [*m*]*is mēni* yn cyfieithu'r Llad. *Septembris* a gw. GPC 2469. Efallai fod ergyd y gymhariaeth yn deillio o'r ffaith mai mis y cynhaeaf, a diwedd yr haf, oedd Medi, gthg. *gwawr Ebrill*, ll. 14n.

11 **Gwenddydd** Gw. 4.6n.

   tewynddydd Ni restrir yr a. clwm yn GPC 3494; ai cyfuniad ydyw o *tewyn / etewyn* ('pentewyn, ffagl') a *dydd* ('oed cariadon', S. '*tryst*')? Neu, a ellir diwygio a darllen *tywynddydd* (o *tywynnu* a *dydd*) 'diwrnod disglair', yn ddisgrifiad o harddwch y ferch?

12 **gwingost** Cf. GDG[3] 25 (9.35) *Bendith Taliesin wingost* (i Ifor Hael); IGE[2] 165 (ll. 33) *crair gwingost cryf* (Rhys Goch Eryri i Lywelyn ab y Moel); GSRh 6.1 *Rhy-gudd llew arfrudd, llyw eurfro—gwingost* (marwnad Rhisierdyn i Hywel ap Gruffudd o Eifionydd). Ar *gwingost*, '[un sy'n] darparu gwin' neu '[un sy'n] gwario ar win', gw. GPC 1664. Topos yn y canu mawl yw canmol noddwr am ei haelioni yn rhannu gwin; ac i'r ferch, y tro hwn, y priodolir y rhinwedd hon. Ai awgrym yw hyn eto o'i statws hi?

   gwengaer 'Caer hardd, castell dedwydd', GPC 1636. Ceir *gwingost* a *gwengaer* ynghyd hefyd yn R 1320.31–2 *Travynidyr tost gwingost gwengaer bapir* (Gruffudd ap Maredudd i Oronwy ap Tudur a'i wraig Gwenhwyfar), ac y mae'n ddiddorol nodi cyfeiriad Lewys Glyn Cothi at *wengaer Dwnster* (sef Dunster) mewn awdl foliant i Syr Wiliam Herbert o Raglan, gw. GLGC 251 (112.42). Yn 1461 comisiynwyd Wiliam Herbert i feddiannu llawer o eiddo'r Lancastriaid, gan gynnwys castell Dunster yng Ngwlad yr Haf. Mentrus yn wir, ar sail y cyfeiriadau hyn, fyddai ceisio cysylltu'r ferch anhysbys y cenir amdani yng ngherddi 4 a 5 ag un o ganghennau teulu'r Herbertiaid, neu ag un o'r teuluoedd yr effeithiwyd arnynt gan gomisiwn Wiliam Herbert, ond efallai nad yw'n afresymol gofyn a oes cysylltiad rhwng delwedd y *wengaer* yma a'r cyfeiriad annisgwyl at *Gwlad yr Ha'* yn 4.16n.

14 **gwawr Ebrill** Am *gwawr* yn yr ystyr 'arglwyddes' neu 'riain', gw. GPC 1605; ond ystyrid Ebrill yn fis cyntaf y gwanwyn (gthg. *fis Menni*, ll. 10n), a gall mai delwedd o fyd natur a geir yn y ll. hon.

15 **lawnt** Sef 'lliain main tebyg i gamrig, rhan o wisg (e.e. penwisg) a wnaed ohono', &c. gw. GPC 2056 d.g. *lawnt*[2], a cf. DN 89 (XXXII.14) *Dyna lwyn tec dan lawnt yw*!

galawnt hi Y mae rhan olaf y gair hwn yn annarllenadwy yn y llsgr.: *maynalaw*[?*nth*] yw'r cynnig a roir arno yn Peniarth 57, 78 (LXIV.15), ond nid yw'n eglur beth fyddai ystyr hynny. Mentrir mai *hi* yw'r gair sy'n cynnal yr odl (er rhaid ystyried *hy* yn ogystal, gw. ll. 16n d.g. *iddi*): *mae'n alawnt hi* 'y mae hi'n fonheddig'. Am ystyron amrywiol *galawnt*, megis 'cwrtais a mawrfrydig, bonheddig, ... hardd, gwych, teg', &c., gw. GPC 1375. Am enghraifft arall o gyfosod *lawnt* a *galawnt* mewn cywydd serch, gw. DN 87 (XXXI.3–4) *Doe gwelais ddyn dec alawnd / Dwf addvain dan liain lawnd*, cf. *galawnt* yn ll. 24.

16 **mae'n** Llsgr. *men*; ceir y ffurf honno'n amrywiad ar *man* ('lle' neu 'ran'), gw. GPC 2336 d.g. *men²*, ond gellid cyfiawnhau diwygio'r darlleniad a'i ddeall yn gyfuniad o *mae* ac *yn* traethiadol.

iddi Fel y nodwyd yn ll. 15n d.g. *galawnt*, rhaid dewis rhwng *hy / ... yddy* a *hi / ... iddi*. Ymddengys yr olaf yn fwy tebygol yma.

17 **pinnau i gau** Llsgr. *p*[*i*]*ne* [*i*] *gav*, cf. Peniarth 57, 78 (LXIV.17). Dichon mai ll. *pin* yw *pinnau*, sef pinnau addurniadol i ddal gwallt neu, o gofio am *lawnt* yn ll. 15, i ddal penwisg merch yn ei le.

18 **templesau** Llsgr. *ithempesau* (cf. Peniarth 57, 78 (LXIV.18)), ond gan fod y gair yn cynganeddu â *plesant*, diau mai llithriad ydyw. Diwygir ar sail awgrym a geir ar y slip yn trafod yr enghraifft hon yng nghasgliad GPC a diolchir i Mr Patrick J. Donovan, cyd-olygydd GPC, am awgrymu y gall *templesau* fod yn air benthyg o'r S. *temples* ('arleisiau'). Y mae'n debygol, felly, fod y benthyciad hwn yn ll. dwbl. Nid yw'n eglur ai *pinnau* ynteu *templesau* a oleddfir gan yr a. *plesant* yma, ond diau mai ffordd ddefodol arall o ryfeddu at wychder trwsiad a harddwch y ferch ydyw.

20 **sir** Gw. 3.19n a ll. 38.

teirs Cynigir yn betrus yn GPC 3469 '?rhyw fath o orchudd(ion) (?disglair)'. Ai cyfeiriad eto at wisgoedd gwych y ferch a geir yma? Neu, a allai fod yn ffurf ar *tors* (ll. *tyrs*), yn drosiadol am wallt disglair y ferch (gw. GIBH 3.23n, GPC 3534, GSC 14.20, 51)?

21 **Ifan** Llsgr. *Ieuan* a ddiwygir er mwyn y gynghanedd. Diau mai'r bardd ei hun a olygir unwaith eto, cf. ll. 8n, 28n.

24 Gellid hefyd ddehongli'r ll. fel a ganlyn: *A wna-i* [= 'wnaf i'], *alawnt, yn eilun*.

28 **Ifan** Llsgr. *Ieuan*; cf. ll. 21n.

41 **ffynnon y ffydd** Cyffelybir dagrau'r bardd i ddŵr yn llifo o ffynnon gysegredig. Gall mai ffynnon Gwenfrewy a roes fod i'r gymhariaeth, cf. IGE² 104 (ll. 28) *Ffons fendigedig o'r ffydd* (awdur ansicr); GIBH 9.41 *Mae yn ei ffons, man o'r ffydd*.

47 **'modir** Llsgr. *o modir*, ac nid yw'n amlwg ai *amodi* yn yr ystyr 'cytuno, rhwymo, gwarantu' (gw. GPC 97), neu ffurf ar amhrs.pres.myn. y f. *ymodi* ydyw. Ceir sawl dehongliad posibl, ond ceir enghreifftiau o *ymodi* yn yr ystyr 'symud, cyffroi, gwthio, trin (clwyfau)', gw. *ib.* 3793.

6

Cywydd yw hwn sy'n perthyn i *genre* o gerddi crefyddol lle y cwynir oherwydd salwch y bardd ei hun, neu ar ran rhywun arall; a dichon mai cywydd nodedig Ieuan Brydydd Hir ar destun henaint yw'r gerdd amlycaf yn eu plith yn ail hanner y bymthegfed ganrif.[1] Yn wir, mor debyg yw rhai llinellau o'r gerdd hon i gywydd Ieuan fel y gellid dadlau bod darnau o gerdd y Prydydd Hir yn un o ffynhonellau uniongyrchol Ieuan ap Llywelyn Fychan. Y mae strwythur cywydd Ieuan ap Llywelyn yn eithaf uniongyrchol. Er mai dechrau'r haf ydyw (sef mis Mai, gw. ll. 1), oerni yw prif deimlad y bardd, a hynny oherwydd y *cryd* sy'n ci lethu (llau. 2–6, 15–16); ond daw'r oerni ar yn ail â gwres mawr, a dyna brofiad sy'n peri iddo wanychu ac sydd hefyd yn achos pryder mawr iddo (llau. 11–12, 17–18). Er na fanylir ar union natur y salwch, fel y gweir yng ngherddi Ieuan Brydydd Hir,[2] y mae'n rhesymol casglu mai dioddef o fath o dwymyn a wnâi. Penderfyna'r bardd erfyn am nawdd a chymorth Duw a'r saint, a cheir ganddo restr faith o'r rhai y mae'r bardd yn erfyn am eu heiriolaeth yn benodol (llau. 19–44). Y mae'r gerdd yn gorffen ar nodyn defodol, sef gobaith am faddeuant Duw yn Nydd y Farn.

Gormodiaith sy'n nodweddu'r cywydd hwn, ac er na ellir diystyru'r posibilrwydd fod Ieuan ap Llywelyn yn canu am ei gyflwr ei hun, ac yn ddigon diffuant yn ei fynegiant, tybed hefyd nad oes perygl o dderbyn bod y cerddi honedig grefyddol i'w cymryd yn ddifrifol ym mhob achos? Yma, y mae'n anodd llwyr osgoi'r dyb fod y bardd, rywsut, yn canu â'i dafod yn ei foch. Un nodwedd ddiddorol ar y gerdd hon yw fod cyltiau'r saint y mae'r bardd yn eu henwi yn rhychwantu Cymru o'i chwr, o'r Gogledd i'r De ac yn ôl—er y gellir lleoli cyltiau'r rhan fwyaf ohonynt yn sir Ddinbych. Nid yw union arwyddocâd y drefn y cyfeirir at y saint hyn yn eglur, o leiaf fel y'u rhestrir yn nhrefn llinellau'r copïau sydd wedi eu cadw.[3]

---

[1] Cf. GIBH cerdd 13; GGI[2] 283 (CX) (dros Ddafydd ab Ieuan ap Llywelyn). Gw. hefyd gywydd Dafydd Epynt i Gathen Sant, lle y mae'r bardd yn gofyn i'r sant ei iacháu o dwymyn y deirton: GDEp cerdd 4.

[2] GIBH 17–20, cf. sylwadau'r Athro Gruffydd Aled Williams, 'The Literary Tradition to *c.*1560', *History of Merioneth Volume II: The Middle Ages*, ed. J. Beverley Smith & Llinos Beverley Smith (Cardiff, 2001), 589–91.

[3] Gall unffurfiaeth trefn y llau. fod yn arwydd o sicrwydd y traddodiad llawysgrifol, wrth reswm, neu fod y llsgrau. yn ddibynnol ar gynsail gyffredin wallus.

Ceir testun diplomatig a chyfieithiad o'r cywydd hwn yn *The Family of Griffith of Garn and Plasnewydd ... as registered in the College of Arms from the beginning of the XIth century*, ed. T. Allen Glenn (London, 1934), 85–7.

1 **Mai** Cyfeirir at fis Mai hefyd yng nghywydd Ieuan Brydydd Hir ar destun henaint, gw. GIBH 13.41.

2 **mwy** Gellir atalnodi'r cwpled hwn mewn sawl ffordd. A yw *mwy* yn cyfeirio at bobl eraill heblaw'r bardd—awgrym nad ef ei hun yn unig sy'n sâl? Os felly, gellid aralleirio'r ddwy l. fel a ganlyn: 'Daeth [mis] Mai yma i ddyn / [Ac y mae] mwy [yn] oerach [yma] nag ym Merwyn [hyd yn oed].' Neu, gall fod Ieuan yn cwyno ei bod yn annheg fod y mis Mai hwn yn oer yn hytrach na bod yn gynnes fel y dylai fod, a bod pobl eraill, heblaw ef, yn cwyno am yr oerni hefyd. Ond y mae'n haws, efallai, gymryd bod i'r radd gfrt. *mwy* rym adf. yma, a'i fod yn golygu 'mwyach' neu 'bellach', (cf. ll. 24), gw. GPC 2515.

Berwyn Ceir cyfeiriad hefyd at y Berwyn ac at Eryri (gw. ll. 4n) yng nghywydd Ieuan Brydydd Hir, GIBH 13.46–7 *Gŵr oerach nag yr Yri / Na Berwyn wyf, o'm barn i.*

4 **yr Yri** Amrywiad cyffredin ar yr e. *Eryri*, cf. isod 12.35.

5 **ei ddwyn** Cyfeirir yn broleptig at *cryd*, ll. 6.

6 **cryd** Sef salwch y bardd, gw. y sylwadau rhagarweiniol uchod.

11 Y mae'r ll. yn hir o sillaf, oni chywesgir *o iâ*.

12 **gwden** 'Rhaff, ... magl, ... corden grogi', gw. GPC 1607. Ceir yr un ddelwedd mewn cywydd ar destun henaint a geir ymhlith cerddi apocryffaidd Siôn Cent, *Gwden anwydog ydwyf / Gwedy nerth, gwywa' dyn wyf*, gw. *Apocryffa Siôn Cent* (i ymddangos yng Nghyfres Beirdd yr Uchelwyr).

Y mae *-mh-* yn ail hanner y ll. yn ateb *m-* yn ei dechrau.

15–18 Er bod y tri chopi yn gytûn ar drefn y llau., ymddengys fod dychwelyd at thema oerni'r salwch yn doriad ar brif fynegiant y gerdd. Byddai llau. 15–18 yn sicr yn taro'n well pe deuent o flaen ll. 8.

15 **fal yr iâ daw** Y mae'r bardd yn cyfeirio ato'i hun yn y trydydd person: oherwydd ei oerni, daw'n debyg i iâ.

17 **yn gwrs** Gall fod y bardd yn cwyno oherwydd twymyn neu wres a ddaw yn helbul neu'n helynt iddo yn ei salwch, cf. 3.2n a GPC 648.

18 **achreth** Fe'i ceir yn yr ystyr 'cryndod', gw. GIG 69 (XV.5), ond gall hefyd olygu 'cryd, twymyn, clefyd', gw. GPC 9.

19–20 **y Grog ... / O Gaer** Ceir nifer o gerddi yn anrhydeddu'r 'grog o Gaer' yn y Gymraeg, ond ni ellir bod yn sicr ym mhob achos pa Gaer a olygir, a rhaid bod yn ochelgar cyn penderfynu. Yn awdl Gruffudd ap

Maredudd i grog o Gaer, cyfeiria'r bardd yn bendant at y Gaer ar lannau Dyfrdwy (*Chester*), gw. R 1195.1–2 *llys llaᴓr lleon gaᴓr*. Ceir dau gywydd gan Ieuan Brydydd Hir i'r grog yng Nghaer, a gellir amcanu o'r cyntaf ohonynt eu bod ill dau wedi eu canu er anrhydedd yr un ddelw, cf. GIBH 10.1–6 *Y Gŵr o Gaer—nid gair gau— / Lleon Gawr o'r llun gorau / ... / Dodaist ym, amcan didaer, / Ddal yng nghof Dy ddelw yng Nghaer*. Ond gwyddys mai fel 'Caer' yr arferid cyfeirio at leoedd eraill, megis Caerfyrddin a Chaernarfon, cf. G 95 a dangoswyd bellach mai i'r grog yng Nghaerfyrddin y canodd Dafydd ap Gwilym, gw. A. Parry Owen, 'Englynion Dafydd Llwyd ap Gwilym Gam i'r Grog o Gaer', YB xxi (1996), 15–16. Nid yw'n llwyr amhosibl mai'r grog yng Nghaerfyrddin eto oedd ffocws gweddi Guto'r Glyn (gw. GGl² 283 (CX.13–16)), sef cerdd a ganwyd dros noddwr sâl, os y Dafydd ab Ieuan ap Llywelyn a enwir yn y cywydd hwnnw oedd yr uchelwr y cofnodir iddo ddal tiroedd yn sir Gaerfyrddin yn hanner cyntaf y 15g., gw. R.A. Griffiths: PW i, 397 (er nad oes unrhyw sicrwydd ynglŷn â hyn, ac efallai fod *floruit* y Dafydd hwn ychydig yn gynnar ar gyfer gyrfa farddol Guto). Diolch i ymchwil Mr Barry Lewis (gw. ei adolygiad o GIBH yn LlCy xxiv (2001), 188), y mae'n ddiogel bellach mai yn Eglwys Sant Ioan Fedyddiwr, a oedd dan reolaeth cymuned o ganoniaid secwlar, ac nid yn abaty'r Benedictiaid, y safai'r grog nodedig a gyrchid gan y beirdd. Cyfeirir ati gan William Langland hefyd, gw. *William Langland: The Vision of Piers Plowman, A Critical Edition of the B–Text based on Trinity College Cambridge MS B.15.17*, ed. A.V.C. Schmidt (London, 1995), 85 (*passus V.460*) *bi the Rode of Chestre*, er bod nodyn Schmidt, sy'n cyfeirio at ynys y Roodee, yntau'n cyfeiliorni ynghylch lleoliad y grog; gw. ymhellach D. Jones, *The Church in Chester 1300–1540, Remains Historical and Literary Connected with the Palatine Counties of Lancaster and Chester, VII, 3ʳᵈ Series* (Manchester, 1957), 50–2. Eglwys Sant Ioan Fedyddiwr oedd eglwys gadeiriol y ddinas o'r flwyddyn 1075, pan drosglwyddodd Peter, esgob Caerlwytgoed, ei esgobaeth i Gaer, a sefydlu'r eglwys honno yn gadeirlan. Yn 1102, fodd bynnag, symudodd Robert de Limesey yr esgobaeth i Coventry. Er na châi'r esgobion eu hurddo yn Eglwys Sant Ioan Fedyddiwr wedi hynny, cadwent blas ger yr eglwys honno a dal y teitl 'Esgob Caer' hyd at y Diwygiad Protestannaidd, gw. *A History of the County of Chester*, iii, ed. B.E. Harris (Oxford, 1983), 2–3, 5–6, 34, 126–7, 174, 237 a'r cyfeiriadau; G. Ormerod, *The History of the County Palatine and City of Chester* (London, 1882), i, 93–4. Am gasgliad hwylus o rai o'r cerddi a ganwyd i'r grog yng Nghaer, gw. CBPM 294. Felly, er nad yw'n sicr pa Gaer a olygir yn y cywydd penodol hwn gan Ieuan ap Llywelyn, yn niffyg tystiolaeth bendant i'r gwrthwyneb, efallai y byddai'n fwy naturiol i fardd o sir Ddinbych feddwl yn nhermau

Caer (*Chester*) na Chaerfyrddin neu hyd yn oed Gaernarfon wrth ganu am y grog *o Gaer*.

Er mai eb. yw *crog* (cf. ll. 19 *Y Grog*), cyfeiria'r bardd ato fel eg. (llau. 19–20 *eurog Ei goron | ... af gar Ei fron*). Gellir rhoi cyfrif am hyn drwy ddeall *crog* yn gyfeiriad at berson y Crist croeshoeliedig Ei hun (Llad. *crucifixus*), yn hytrach nag at wrthrych y ddelw bren yn Eglwys Sant Ioan Fedyddiwr. Cadarnheir hyn gan arfer beirdd Cym. eraill yn eu canu crefyddol, cf. 16.23 *Y Grog yw'r Gŵr a garaf*.

21 Crych a llyfn.

22 **Sadwrn** Cymysgwyd cyltiau sawl sant wrth yr enw hwn, gw. LBS iv, 126–8; ond efallai mai'r cysylltiad â Henllan, sir Ddinbych, sydd fwyaf naturiol yma, ac nid yw heb arwyddocâd fod cwlt Sadwrn yn bennaf hysbys trwy fuchedd Gwenfrewy.

23 **cyffes cêl** Ai cyfeiriad yw hyn at y gyffes sagrafennol breifat?

24 **Mihangel** Sef yr archangel y credid y byddai'n amddiffyn Cristnogion rhag grym y Fall; dethlid ei wyliau ar 8 Mai a 29 Medi. Am drafodaeth bellach ar ei gwlt yng Nghymru'r Oesoedd Canol, gw. GBF cerdd 34 (Madog ap Gwallter). Tybed a ellid cysylltu'r cyfeiriad at Fihangel yn y cywydd penodol hwn ag eglwys Llanfihangel Glyn Myfyr, sir Ddinbych?

25 **Dewi** Yn neheubarth Cymru y ceir bron y cwbl o'r 86 o gysegriadau eglwysig i Ddewi. Yr unig gysegriad iddo yn y Gogledd oedd capel yn Wettenhall, Caer (esgobaeth Lichfield), ac yn dilyn y cyfeiriad at y grog yng Nghaer, efallai mai dyna oedd ym meddwl y bardd; ond gan ei fod yn dewis enwi saint yn y Canolbarth a'r De yn ogystal, diau nad oes rhaid bod yn bendant ynghylch pa sefydliad sydd ganddo mewn golwg.

28 **Elian** Ar Elian (neu Eilian), gw. TWS 240–45; E.R. Henken: WS mynegai d.g. *Elian*; LBS ii, 435–44. Yn ogystal â Llaneilian ym Môn, sefydlodd Elian, yn ôl traddodiad, eglwys yn Llaneilian-yn-Rhos, 6 milltir i'r de-orllewin o Abergele; ac oherwydd enwogrwydd y ffynnon, dichon mai'r eglwys honno a olygir yma.

30 **Cynbryd** Yn LBS ii, 228–9, nodir y traddodiad sy'n cysylltu Cynbryd â Llanddulas, sir Ddinbych, a thrafodir hefyd sylwadaeth ddiddorol William Salesbury mai Cuthbert o Lindisfarne oedd Cynbryd.

31 **Sain Siôr** Yn y 14g. disodlwyd Edward Gyffeswr gan Sain Siôr fel nawddsant Lloegr, efallai yn sgil gweld gweledigaethau o Sain Siôr adeg gwarchae Antioch yn 1098. Ar yr eglwysi yng Nghymru a gysegrwyd iddo, gw. M.D. Anderton, *History and Imagery in British Churches* (London, 1971, 1995), 12. Dichon mai Llan Sain Siôr ger Abergele sydd ym meddwl y bardd.

Yn y ll. hon, ceir *n.s* yn ateb *s.n.s.* Ond o ddiwygio *Siôr* yn *Siôrs*, sef amrywiad cyffredin ar yr e. hwn, ceid croes o gyswllt reolaidd.

32 **alwaf** Nid yw ystyr y ll. hon yn eglur, ac yn betrus dehonglir *alwaf* yn f. Ond tybed ai cyfeiriad at sant arall sydd yma? Ni cheir *Alwaf* ymhlith rhestrau'r saint, ond y mae cwlt *Eiliwedd* neu *Elwedd* yn hysbys ddigon, gw. LBS ii, 418–22. Ceid capel iddi yn Slwch, Aberhonddu.

34 **Asa'** Ar Asa neu Asaf (ceir gwahanol ffurfiau ar enw'r sant hwn), y cysylltid ei gwlt â Llanelwy, gw. LBS i, 177–85.

36 **ym Mwrog** Cf. yr ebd. *ym Duw*, 7.6n. Ceir cywydd i Fwrog gan fardd anh. yn Gwyn 3, 69ᵛ–70ʳ, a gopïwyd gan Jasper Gryffyth yn 1590; gw. *Gwyneddon 3*, gol. I. Williams (Caerdydd, 1931), 104–6; LBS iii, 505–7. Er mai'r cysylltiad â Llanfwrog, sir Ddinbych, sydd debycaf yma, ni ellir anwybyddu'r posibilrwydd, fel yn achos Elian, ll. 28n, mai'r cwlt iddo yn Llanfaethlu, Môn, a olygir.

37 **Dyfnog** Ar Ddyfnog a'i ffynnon yn Llanrhaeadr, gw. TWS 251–2; E.R. Henken: WS mynegai d.g. *Dyfnog*. Cysylltir Dyfnog â Llanddyfnog, sef Llanrhaeadr-yng-Nghinmeirch, ryw 5 milltir i'r dwyrain i gyfeiriad Dinbych, a cheir cywydd iddo gan Ddafydd ap Llywelyn ap Madog, gw. DLlM cerdd 2.

38 Twyll gynghanedd *d.*

40 **Marchell** Ar Farchell, gw. LBS iii, 437–8. Hi, yn ôl traddodiad, oedd nawddsant yr Eglwys Wen (*Whitchurch*), eglwys blwyf Dinbych ei hun. Gw. hefyd GDEp 3.25n. Am y posibilrwydd mai'r eglwys yn hytrach na'r sant a olygir yma, gw. ll. 35n.

41 **Ifan** Sef Ieuan ap Llywelyn Fychan ei hun, cf. ll. 48.

42 **Gwenfrewy** Trafodir Gwenfrewy a'i chwlt yn J. Cartwright: ForF, mynegai d.g. *Gwenfrewi* (*Winefride*); CBPM 399–408; LBS iii, 185–96; TWS 141–51, cf. E.R. Henken: WS mynegai d.g. *Gwenfrewi*; WCD 315–16. Ceir buchedd Lad. Gwenfrewy, yr honnid ei hysgrifennu gan ryw Elerius ac y gellir ei dyddio *c.* 12g., yn BL Cotton MS. Claudius A. v (cyhoeddwyd y testun yn W.J. Rees, *Lives of the Cambro-British Saints* (London, 1853), 198–209, cf. VSB 288–309). Ceir buchedd Lad. arall, a luniwyd gan Robert, Prior Amwythig, yn Bodleian MS Laud misc. 114 (*c.* 1139), gw. ymhellach *Acta Sanctorum* (Paris, 1887), 691–759. Golygwyd testunau eraill, yn ogystal â chofnodi tystiolaeth ddiweddarach i'r cwlt a dyfodd o gwmpas ffynnon Gwenfrewy, gan C. de Smedt SJ, 'Documenta de S. Wenefreda', *Analecta Bollandiana*, vi (1887), 305–52. Am drafodaeth ar y bucheddau Cym. a S., gw. J. Cartwright: ForF 83–4. Ceir golygiad newydd o fuchedd Gwenfrewy gan Lisa Eryl Jones, 'Golygiad o Fuchedd Gwenfrewy' (M.Phil. Caerdydd, 2000). Cyfeirir yn aml at Wenfrewy yng ngwaith y Cywyddwyr, a hynny mewn

gwahanol gyd-destunau: e.e. yng nghywydd Guto'r Glyn i Hywel o Foelyrch pan friwasai ei lin, *Gwen a dyrr gŵyn a dyrrwyf / Frewy achlân friw a chlwyf* (GGl² 120 (XLIV.53–4)), ac yng nghywydd Lewys Môn i ferch, *Gwenfrewy, gwn, a friwynt: / achos gŵr oedd ei chas, gynt* (GLM 342 (XCV.37–8), cf. TA 523 (CXXXIX.5–6)). Canwyd cerddi cyfan i Wenfrewy gan Dudur Aled, gw. TA 523 (CXXXIX); Ieuan Brydydd Hir, gw. GIBH 57–8 (cerdd 9); Siôn ap Hywel, gw. GSH 69–72 (cerdd 18) a chan fardd anh., IGE² 104–6 (XXXV).

43 **Mair** Y Forwyn Fair, mam Iesu.

48 **Ifan** Cf. ll. 41n.

Atodiad

Ceir y chwe llinell hyn mewn un ffynhonnell yn unig, sef BL Add 14997 [= RWM 24], 15ʳ, wedi eu codi gan law anhysbys oddeutu 1500. Y mae'r priodoliad i Ieuan ap Llywelyn Fychan i'w weld yn eglur ar odre'r gerdd, a chymerir mai'r chwe llinell olaf a gadwyd, a bod dechrau'r cywydd wedi ei golli.

Y mae'n debygol mai o gywydd serch arall y daw'r llinellau hyn, ac ymddengys fod y bardd yn cwyno eto am droeon serch, yn ôl defod y canu, fel y gwnaeth ar ddiwedd cerddi 3–5.

3 Llsgr: *a(?g?r)(?u)in te* [   ]. Ceir dotiau neu farciau ar ôl y ll. yn y llsgr., awgrym o bosibl na fedrai'r copïwr ei hun ddirnad ystyr y testun gwreiddiol a oedd o'i flaen. Dichon nad oes modd bellach ddehongli'r ll. ddiffygiol hon.

5 **cad** Ffurf amhrs.grff.myn. *cael*, gw. GMW 149.

Geirfa

a! *ebd.* 5.37

acen sain, nodyn, cân, cerdd 1.47

achreth 6.18n

achub ymosod (ar), rhuthro (ar), amddiffyn, diogelu 2.11

adwyth drwg, aflwydd, clefyd, anhwyldeb 3.13

addaw addo 6.25

afar tristwch, alaeth 5.21

angel 2.8n

angwaneg mwy, ychwaneg, yn rhagor 4.21

alaeth galar, gofid, tristwch 5.33

ail 2.48n

amwynt anhwyldeb, afiechyd, anffawd 3.13

anras anffawd, aflwydd, melltith 2.27

anrhaith 5.7n

anun 2.45n

ar lun 4.38n

asen S. *'rib' ll.* **ais** 3.30, 5.26 **asau** 5.30

awenyddiaeth 5.5

awenyddiaith 1.25n

bar 1.16n

bod *3 un.pres.myn.* **mae** 1.27n, 5.16n

braisg gwych 1.17

brau parod, hacl 6.42; *cmhr.* **breuach** 1.11

brawd *ll.* **broder** 1.37n

brig pen, copa, uchafbwynt, rhagoriaeth 2.9, 4.20, 5.13, 6.27

broch llid, cynddaredd, twrw, cyffro 1.11

bron 3.33n

bun merch 2.30, 33, 3.8, 4.1, 31, 52, 5.6, 23, 48

[bwrw] … [b]ar 1.16n

bwrw maen 1.16n

bwyall 2.31n

cadwyn 1.39n

cael cael, derbyn *amhrs.pres.myn.* **cair** 3.8, 5.9; *2 un.amhff.myn.* **caut** 1.8; *amhrs.amhff.myn./dib.* **caid** 1.10, 44, 2.47, 3.23, 45, 5.19, 6.39; *amhrs.grff.myn.* **cad** At.5n; *1 un.amhff.dib.* **cawn** 2.45n, At.1

cangen 4.45n

calon 1.21n

câr carwr, cyfaill, anwylyd 3.5

cares 3.2n

cariad 1.9n, 3.18n

carol 1.35n

carth cywarch, brethyn garw 1.44

caru *3 un.grch.* **cared** 3.7

cawr 1.7, 17n

cedenllaes â blewiach neu gudyn llaes 1.48

ceinach ysgyfarnog 1.53

ceinddoeth hardd neu wych a doeth 4.18

cêl 6.23n

celu *3 un.pres.myn.* **cêl** 3.26n

claer gloyw, gwych, mwyn, hynaws 4.1

coed ysgyrion 1.10n

coetio 2.40n

corf cynheiliad, ceidwad 1.9

cost pris, traul, darparwr, prynwr 5.17

crefydd 1.38n

crin gwywedig, wedi crebachu
6.10
Crog o Gaer 6.19–20n
crug 4.2n
cryd dychryn, twymyn, clefyd
4.7, 6.6n
curio dihoeni, gwywo, peri nychu
3.1, 5, 7; *3 un.amhff.myn.* **curiai**
4.32; *1 un.grff.myn.* **curiais** 6.9;
3 un.grff.myn. **curiodd** 4.4, 5.26
cwrel S. *'coral'* 4.32
cwrs 3.2n, 40, 6.17n
cwyredd 4.4n
cyffes 6.23n
cyd 1.17n
cydwedd 1.39n
cyfeirio cyrchu, anelu at, nesáu
at *1 un.pres.dib.* **cyfeirwyf** 6.29
cyfion cyfiawn, teg, cyfreithlon
4.39
cyfoed o'r un oed 1.48
cymynu trychu, hollti 2.5
cynnydd 4.27n
cynydd 1.55n
cywiro cyflawni addewid, cadw
oed *1 un.pres.dib.* **cywirwyf** 6.26
cywydd 1.49n
dau froder 1.37n
dawnair grasol ei hymadrodd
6.43
deubwys yn pwyso dau bwys 1.44
deugi dau gi 1.64
deuliw dwywaith tecach ei liw
3.42, 4.23
deurudd gruddiau, wyneb 4.6
dewrfab gŵr dewr 1.23
diburo llygru, dinerthu
1 un.grff.myn. **diburais** 6.9
difalch gostyngeiddig, heb fod yn
falch 1.24
digariad heb fod yn gariadus 6.7
dig'lonni *3 un.grff.myn.*
dig'lonnodd 4.8n

digofaint dicter, sarhad, tristwch,
gofid 4.48
digrifwaith dymunol ei waith neu
lafur 1.38
digroeso heb fod yn groesawgar
6.8
digus llidiog, anniddig, blin, cas
3.2
doedud dweud 3.38
dolen modrwy neu dorch mewn
cadwyn 1.51
dwyael aeliau, dwy ael 4.23
dwyn 6.5n
dyfáis 4.31n
dyfal dwys, poenus 3.27
dyfod dod *2 un.amhff.myn.* **doud**
1.11; *3 un.grff.myn.* **doeth** 3.13,
49
dygn 3.47n
dyn gŵr, merch 2.7, 46, 3.30–1n,
36, 45, 4.42, 5.27
dynabod adnabod, gwybod 5.35
eb heb 1.23, 3.50
Ebrill 5.14n
echrysaint haint peryglus, pla,
dinistr 3.16
eglur amlwg 3.29
eiliw golwg, gwedd, tebyg,
cyffelyb 5.36
eiriol erfyn, gofyn yn daer, ymbil
1.61
esgair coes 4.37
eurffein o aur coeth 4.52
eurglaer hardd neu wych a
mwyn, hynaws 4.12
eurog euraid, gwych, rhagorol,
hael 6.19
eurwedd hardd yr olwg 3.46
fal gw. **mal**
fegis 3.6n
ffris 1.45n
ffriw wyneb, gwedd, golwg 4.15
ffydd 5.41n

ffynnon 5.41n
gafael 1.17n
galawnt 5.15n, 24
gar ger 6.20
gefell *ll.* **gefelliaid** 1.43n
gloywfawr clir ac uchel neu
  hyglyw 1.46
gofeg meddwl, amcan, ymadrodd
  3.37
goglais clwyf, poen 3.29
goleulwys hardd a golau o wedd
  neu ymddangosiad 4.3
gordderch 3.50n
goreuo anrhydeddu, clodfori ar
  gerdd *amhrs.pres.myn.* **goreurir**
  1.6
gorfod 3.44n
gradd statws neu safle
  cymdeithasol 2.8, 28
grasol graslon, tirion, yn haeddu
  diolch 4.13, 22
grisial crisial, tryloyw 4.13, 22
gro 3.26n
grod 4.28n
grudd 3.26n
gwaisg 4.37n
gwas gwyn 1.45n
gwasgfain 4.36n
gwastadawl parhaus, parhaol,
  cyson 5.1
gwawd barddoniaeth, cerdd 6.27
gwawn 3.39, 42
gwawr gwawr, arglwyddes,
  merch hardd 4.33, 5.14n, 26
gwden 6.12n
gweddedd 4.33n
gweddusliw hardd neu olygus ei
  lliw, gweddaidd neu barchus ei
  hymddangosiad 4.25
gwen merch hardd, cariadferch
  2.10, 26, 43, 3.33n, 39, 5.4, 43
gwenferch merch hardd 4.11, 45
gwengaer 5.12n

gwenynen 4.34n
gwingost 5.12n
gwisgi sionc, hoenus, hoyw,
  parod 4.36
gwiwgorff corff hardd neu
  weddus 4.49
gwnïo rhwymo, clymu 1.53
gŵr 1.9n, 2.20n, 4.41n (weithiau
  am Grist ac am Dduw)
gwraidd 4.2n
gwrthiau gw. **gwyrth**
gwth ergyd, ymosodiad, trais
  3.44
gwybod *3 un.pres.myn.* **gŵyr**
  3.48n
gwychr tanbaid, hoyw, bywiog
  1.64
gŵyl gwylaidd, llednais,
  addfwyn, llawen, hael 5.46
gwyrth *ll.* **gwrthiau** 6.35, 37
haeach yn wir 1.7
henwi enwi *1 un.grff.myn.*
  henwais 6.31
hi 5.15n
hir mawr, tal 1.5
hug mantell, clogyn 2.1
hwyliwr 1.26n
i *ardd.* yn, mewn, i **i'm** 3.14, 27,
  28
iâ 6.15n
iawngamp gorchest odidog neu
  gelfydd 1.57
iraidd 4.1n, 35
irgoed coed ir, glas 1.41
irwayw 1.12n
lawnt 5.15n
lili 4.3n
lladrad 3.18n
llafur 5.8n
llais 1.40n
llariaidd mwyn, gwâr, rhadlon
  1.19, 4.35
llei lle y 6.29

lliw 4.3n
lloer 4.3n, 27n
lluddio rhwystro, cadw rhag,
　gwrthod *3 un.pres.myn.* lludd
　4.30
llus 4.25n
llwyn 1.40n
llyfr 5.8n
llyna dyna 5.7
Mai 6.1n
main prin, annigonol, gwasgedig
　3.19
mal fel 2.9, 3.32, 4.28, 5.36, 6.12
　fal 1.45, 50, 66, 2.31, 33, 4.5,
　5.39, 41, 6.15
mantell 2.25n
march 1.26n
masw hyfryd, difyr, llon 1.59
mau yn eiddo i mi 2.37, 3.1, 43
mawrgwyn cwyn fawr 3.43
mawrwyrthiog rhyfeddol, mawr
　eu rhinwedd 6.37
meddyges 4.46n, 49
meingul main a thenau 6.11
meinir merch osgeiddig a thal
　5.37
meinwych gosgeiddig a hardd
　5.23
Menni 5.10n
mis Menni 5.10n
'modir gw. ymodi
modd dull, ymddygiad 2.30n,
　3.35n, 4.7, 36, 49
muchudd agat, eboni 4.26
mwnwgl gwddf 4.1
mwy 6.2n
mynach *ll.* mynaich 1.56
mynud 3.38n, 4.29n
naddu *1 un.pres.myn.* naddaf 5.5n
nâg ateb negyddol, gwrthodiad
　3.41
nawaith naw o weithiau 3.17
nef 2.48n

neithwyr neithiwr 3.10
newidio newid, cyfnewid 2.15
nifer mintai, gosgordd 1.37
nos 2.41n
o os 1.11, 56, 2.41, 45n, 3.13, 48,
　5.5, 32, 47, 6.39 od 3.49, 6.32
obry islaw, isod 5.14
ochan gwae, och 3.12
ochenaid *1 un.amhff.myn.*
　ocheneidiwn 3.24
od[1] arbennig, gwych, rhyfeddol
　1.34
od[2] gw. o
ôd 4.13n
oerglwyf clwyf neu glefyd trist
　4.12
onn gwaywffon 1.9
organ 1.41n
paun 1.2n; *b.* peunes 3.46n
peri *3 un.pres.myn.* pair 3.14;
　3 un.amhff.myn. parai 4.2;
　3 un.grff.myn. peris 5.44
perwyl diben, amcan, gwaith
　1.33
peunes gw. paun
pibonwy clychau iâ 5.34
pin *ll.* pinnau 5.17n
plesant dymunol, hyfryd 5.18
priod addas, cymwys, gweddus
　1.1
pr'odwych 4.40n
pruddhau *1 un.grff.myn.*
　pruddhais 4.5n
pryd gwedd, ymddangosiad
　4.14n, 40
pwynt cyflwr, wyneb,
　ymddangosiad 3.14
pwyth gw. rhoi pwyth
rhinwedd 1.32n
rhiw 1.29n
rhoi *amhrs.grff.myn.* rhoed 4.24
rhoi pwyth *1 un.pres.myn.* rhof ...
　bwyth 1.67–8n

rhwth gwag, helaeth, cynhwysfawr, barus, trachwantus 2.5

sefyll *3 un.pres.myn.* **sai'** 3.27

sein 4.14n

sir 3.19n, 5.20n, 38

som 3.49n

soriant tymer ddrwg, pwd, sarugrwydd 3.46

swyn meddyginiaeth hudol, swyn iachaol, bendithiad 3.15

syched 2.41n

syml ffôl, naïf, anwybodus 2.11

tâl[1] taliad 4.47n

tâl[2] talcen, pen 4.22

teirs 5.20n

temples *ll.* **templesau** 5.18n

tewynddydd 5.11n

tradeg 4.37n

trem golwg, llygaid 4.12

trigo parhau *3 un.pres.myn.* **trig** 5.4

uchel 2.41n

uchod 3.23n

unair o'r un farn, cytûn, unfrydol 1.63

unlliw o'r un lliw 1.48

unradd o'r un statws neu safle cymdeithasol 2.27

urael 2.1n

uwch coed 1.27n

wybrwynt 2.19n

ŵyr 1.6n, 7

yngod yno 6.24

ymafaelgar chwannog am afael (mewn prae) 1.28

ymaros aros 6.36

ymlyniad ymlidiwr, helgi *ll.* **ymlyniaid** 1.30n

ymodi *amhrs.pres.myn.* **'modir** 5.47n

ysgwîr 1.10n

ysgyrion 1.10n

ysmonaeth 5.10n

ywch ichwi 1.64, 67

Enwau personau

Anna 4.15n
Asa 6.34n
Brychan Brychan Brycheiniog
  1.18n
Cai Cai Hir 1.7n
Celi gw. Duw Geli
Cynbryd 6.30n
Deio gw. Madog ...ab Deio
Dewi 6.25n
Duw 3.48, 4.9, 6.47, At.6 Duw
  Geli 1.21n Duw Iôr 6.21 Duw
  Nêr 6.13
Dyfnog 6.37n
Elen 1.66n
Elian 6.28n
Ffelis 2.34n
Ffraid, Sain 4.14n
Gei, Syr gw. Gei o Warwig
Gei o Warwig 1.12n Syr Gei
  2.34n
Gwenddydd 4.6n, 10, 18, 26, 30,
  5.11n
Gwenfrewy 6.42n
Hywel ... Coetmor 1.7–8n
Ierwerth [Madog ap Deio ab]
  Iorwerth ap Cynwrig 1.6n
Iesu 3.16 (gw. hefyd y Mab
  Rhad)
Ieuan Ieuan ap Llywelyn Fychan

1.25n, 5.8n Ifan 5.21n, 28n,
  6.41n, 6.48
Ifan gw. Ieuan
Ifor ?Ifor Hael 1.20n 50n
Llŷr Llŷr Llediaith 2.31n
Mab Rhad, y (gw. hefyd Iesu)
  1.65n
Madog ... Mab Deio 1.3–5n
Mair Mair Forwyn 3.14n, 4.38n,
  6.43n
Marchell 6.40n
Marged Marged ferch Richard
  ab Ieuan 1.62n
Merddin Myrddin 2.13n
Meudwy 1.34–6n
Mihangel yr Archangel 6.24n
Mwrog 6.36n
Nudd 1.21n, 25
Nyfien 2.13n
Ofydd 2.25n, 5.8n
Pab, y 5.35n
Palmer 1.34–6n
P'redur Peredur fab Efrog 1.1n
Sadwrn 6.22n
Simon ... Magws 2.9–10n
Siob 1.66n
Siôr, Sain 6.31n
Tegau 1.64n, 3.2n
Tysilio Sant 2.3n

Enwau lleoedd

Berwyn 6.2n
Caer 6.19–20n
Diserth 1.29n
Ffrainc 1.45n
Gwlad yr Ha' 4.16n
Gwanas 1.14n

Gwynedd 1.14
Maelawr 1.15n
Mars, y 1.4n
Tern, y ?Afon Tren 1.22n
Warwig gw. **Gei o Warwig**
Yri, yr 6.4n

GWAITH
IEUAN LLWYD BRYDYDD

Rhagymadrodd

Bywgraffyddol

Ni wyddys odid ddim am fanylion bywgraffyddol Ieuan Llwyd Brydydd ac ni chanfuwyd unrhyw gyfeiriadau allanol sicr ato. Ysywaeth, ni cheir hyd yn oed yn ei gerddi y math o gyfeiriadau at ei gynefin a'i dylwyth y byddid yn gobeithio amdanynt, a chan fod yr enw 'Ieuan Llwyd' mor gyffredin yn yr achresi, ofer fu pob ymgais i ddod o hyd iddo. Mewn rhestr faith o enwau'r sawl a ymostyngodd i'r brenin yng nghwmwd Dindaethwy yn 1406, enwir *Jem* [= *Ieuan*] *lloyd brydydd*.[1] Serch hynny, cesglir o'r cwbl sy'n hysbys am gylch clera Ieuan Llwyd ac am y noddwyr y canodd iddynt mai yn ail hanner diweddar y bymthegfed ganrif y bu'n weithgar, ac y mae 1406 yn sicr yn rhy gynnar iddo.[2] Ond ceir nodyn diddorol yn *Bye-Gones*, lle y cofnodir am Ieuan Brydydd Hir, bardd o Feirionnydd yn ail hanner y bymthegfed ganrif:

> I have recently come across, in a 17th century MS. of Welsh poetry, which contains a list of Welsh bards, opposite the name 'Jevan Brydydd Hir,' the following gloss … '*oedd y*[*n*] *Byw ymhen ycha ro Llanelwy*.' There are to-day two tenements called Pen Ucha'r ro, situated in the township of Wigfair, and parish of Cefn Meiriadog.[3]

Ac er yr ymddengys ddarfod i'r Ieuan hwnnw dreulio cyfnod yn sir y Fflint ar un adeg,[4] cymysgwyd rhwng y Prydydd Hir ac Ieuan Llwyd Brydydd yn achos un gerdd o leiaf, sef y cywydd yn gofyn tarw gan Hywel ab Ieuan ap Rhys Gethin dros Ddafydd ap Hywel.[5] Nid yw'n annichonadwy, felly, mai'r bardd a gofnodir yn *Bye-Gones* yw Ieuan Llwyd ei hun, yn hytrach na'r Prydydd Hir.

Gogleisiol hefyd yw'r cyfeiriadau at *Ieuan* neu *Ifan Llwyd* a geir gan Dudur Aled yn ei englynion yn dychanu deon Bangor a'i feirdd:

---

[1] Glyn Roberts, 'The Anglesey Submissions of 1406', B xv (1952–4), 54.

[2] Y mae, wrth reswm, yn gwbl bosibl mai at fardd arall y cyfeiria [*Ieuan*] *lloyd brydydd*, megis Ieuan Llwyd ab Y Gargam, un o'r olaf o'r Gogynfeirdd diweddar ac un a oedd yn ei flodau tua diwedd y 14g., gw. ByCy 389 a cf. Dafydd Wyn Wiliam, 'Nodion am Fagad o Feirdd Cynnar Môn', AAST, 1985, 106; ac am olygiad o'i waith, gw. GDC cerdd 12. Fodd bynnag, y mae digon o gyfeiriadau at Fôn yng ngherddi Ieuan Llwyd Brydydd i beri credu ei fod yn gyfarwydd â noddwyr yno, hyd yn oed os nad oddi yno yr hanai yn wreiddiol. Ond a oedd tad Ieuan Llwyd yntau'n fardd, ac efallai yn un a hanai o Fôn?

[3] *Bye-Gones*, second series, vii (1901–2), 178–9.

[4] Gw. GIBH cerdd 1.

[5] *Ib*. td. 23 a gw. cerdd 12 isod.

Galwer, ymholer am wehilion—byd,
        Wrth eu bod yn ffeilsion;
        Galw Ieuan Llwyd, golwyn[6] llon,
        Galw Lewys gul o Liwon.[7] ...

Mae'r wyd, Ifan Llwyd, gylla eidion—melin,
        A'r cymalau brithion?
        Y cas du, ffol, cais dy ffon—
        Pwy yw'r deuddeg prydyddion?[8]

Mewn cywair tebyg, ceir englynion gan Gutun Owain yntau yn dychanu tri
phrydydd, sef Hywel Cilan, rhyw Hywel arall (Hywel Rheinallt, o bosibl) a
bardd o'r enw *Ifan*:

Ifan deileran,[9] dal eiriav   postvs,
        pastwn ffair y gwleddav,
        Barkvtan ne gigfran gav,
        Bwiall ar gwbl o'r beiav.[10]

Er nad oes modd gwybod i sicrwydd, y mae'n rhesymol gofyn ai'r un dyn
yw'r ddau *Ieuan* neu *Ifan* a ddychenir gan Dudur Aled a chan Gutun
Owain; ac os felly, ai Ieuan Llwyd Brydydd ydoedd? A barnu wrth leoliad
ei noddwyr, sir Ddinbych a Gwynedd a ffurfiai gylch clera Ieuan. Gesyd
Tudur Aled yr Ieuan a ddychenir ganddo gyda beirdd cylch deon Bangor;
ac yng Ngwynedd, canodd Ieuan Llwyd Brydydd gerddi i ddau o wyrion
Hywel Coetmor o Benmachno a Llanrwst, sef Hywel ab Einion o Glynnog
(cerdd 7). Canodd hefyd gywydd yn gofyn tarw gan Hywel ab Ieuan, sef
ŵyr Rhys Gethin, brawd Hywel Coetmor (cerdd 12), a marwnad i Rys ab
Gwilym, ŵyr i chwaer Hywel Coetmor, Marged ferch Gruffudd Fychan
(cerdd 11). Cysylltir Gruffudd Fychan, tad Rhys Gethin a Hywel, â
Nanconwy; ac er mai ym Mhenmachno yr ymgartrefai Rhys Gethin ei hun,
claddwyd Hywel Coetmor yn eglwys Llanrwst.[11] Cysylltir Rhys ap Gwilym,
fel ei daid, Ieuan Llwyd, â Gorddinog, Llanfairfechan, Arllechwedd Uchaf.

---

[6] Math o sbaniel neu gi arffed yw *colwyn*.
[7] Sef, yn ôl pob tebyg, Lewys Môn.
[8] TA 532 (CXLI.33–6), 536 (CXLII.45–8). Fodd bynnag, fel y nododd T. Gwynn Jones, y
mae rhywfaint o ansicrwydd ynghylch y priodoliad hwn i Dudur Aled.
[9] Ystyr ddirmygus sydd i *teileran* yma, sef 'töwr bach di-nod/sâl', gw. GPC 3465. Onid yw'n
gyfeiriad ffeithiol at ei waith, ergyd y dychan, y mae'n ddiau, yw pwysleisio diffyg crefft farddol
yr 'Ieuan' a gyferchir.
[10] GO 331 (LXIV.13–16), gw. hefyd y nodiadau ar d. 331–3.
[11] Ar y ddeuddyn hyn, gw. 1.7–8n.

Cydberthynas rhai o noddwyr Ieuan Llwyd Brydydd

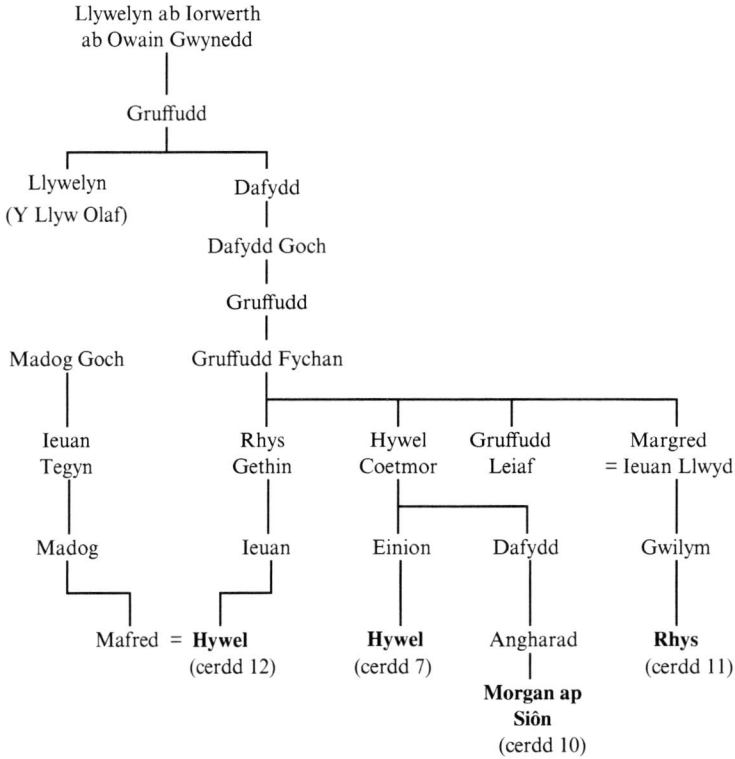

Llywelyn ab Iorwerth
ab Owain Gwynedd
|
Gruffudd
|
Llywelyn (Y Llyw Olaf) — Dafydd
|
Dafydd Goch
|
Gruffudd
|
Madog Goch — Gruffudd Fychan
|
Ieuan Tegyn — Rhys Gethin — Hywel Coetmor — Gruffudd Leiaf — Margred = Ieuan Llwyd
|
Madog — Ieuan — Einion — Dafydd — Gwilym
|
Mafred = **Hywel** (cerdd 12) — **Hywel** (cerdd 7) — Angharad — **Rhys** (cerdd 11)
|
Morgan ap Siôn (cerdd 10)

Gwelir o'r ach hon fod Rhys Gethin a Hywel Coetmor yn ddisgynyddion i Ddafydd Goch, mab anghyfreithlon Dafydd ap Gruffudd (*ob.* 1283), brawd Llywelyn ap Gruffudd, y Llyw Olaf, ac yr oedd Ieuan Llwyd Brydydd, yn ôl pob tebyg, yn ymwybodol o'r ddisgynyddiaeth hon.[12] Yn yr un cyffiniau canodd Ieuan Llwyd Brydydd foliant Dafydd ab Owain, abad Maenan (Aberconwy) ac esgob Llanelwy yn ddiweddarach; ond ymddengys iddo ganu yn sir Ddinbych hefyd, oherwydd cedwir marwnad ganddo i Ieuan ap Tudur (un o hynafiaid Catrin o Ferain[13]) o blwyf Henllan yn ogystal â cherddi i ffynnon Doged a'r grog yn Llanrwst, ac i Forgan ap Siôn ap Hywel Holand, o Bennant Ereithlyn, ar achlysur ei briodas ag Elsbeth ferch Huw Conwy Hen ap Robin, o Fryneuryn, Llandrillo-yn-Rhos (cerdd 10). Tybed felly nad yw'r cyfeiriad uchod sy'n cysylltu bardd a elwid

---

[12] Gw., e.e., 12.6n.
[13] Gw. M. Paul Bryant-Quinn, 'Tair Marwnad i Hynafiaid Catrin o Ferain', *Dwned*, iv (1998), 107–123.

Ieuan Brydydd â Llanelwy yn atgof dilys o gylch daearyddol Ieuan Llwyd Brydydd?

Prin yw'r cyfeiriadau yn y cerddi sy'n ein galluogi i wneud mwy na bwrw bras amcan ynghylch *floruit* Ieuan. Rhoddir *c.* 1460–90 iddo gan John Davies, Mallwyd, a dilynir yr awgrym hwnnw yn *Y Bywgraffiadur Cymreig*.[14] Y mae pob lle i gredu bod y cywydd yn dathlu cadw einioes Hywel ab Einion ap Hywel Coetmor (cerdd 7) wedi ei ganu yn weddol fuan ar ôl brwydr Banbri (24 Mehefin, 1469[15]). Os yn gynnar yn ystod abadaeth Dafydd ab Owain ym Maenan y canodd Ieuan Llwyd Brydydd iddo, byddai rhywdro *c.* 1495 yn sicr yn gweddu. Tueddir i gysylltu'r cywydd a ganodd Ieuan ar destun y grog newydd yn Llanrwst (cerdd 16) â'r gwaith adeiladu mawr a wnaed yn eglwys y plwyf hwnnw tua diwedd y bymthegfed ganrif, er na wyddys yn union pryd y codwyd y grog honno. Yn ei gywydd darogan (cerdd 13) ceir gan Ieuan gyfeiriad lled dywyll at *Deuddeg ... / Ac un* (13.13–14). Gan fod nifer o gerddi darogan wedi eu canu ar ôl 1485, y dehongliad symlaf yw mai'r flwyddyn 1513 a olygir, er ei bod hefyd yn rhesymol casglu mai edrych ymlaen y mae'r bardd, ac nid oes modd gwybod a gafodd fyw i weld teyrnasiad Harri VIII (sef 22 Ebrill, 1509).[16] Nid oes dim arall yng ngwaith Ieuan Llwyd Brydydd y gellir ei ddyddio i sicrwydd. Ceir traddodiad iddo gael ei gladdu yn Llanuwchllyn,[17] ond y mae'n anodd gwybod faint o goel i'w roi ar hynny.

Y cerddi

Cwta ddeg o gerddi dilys a ddiogelwyd o waith Ieuan Llwyd Brydydd, ac er na ellir dadlau bod y rhain yn ei osod yn rheng flaen beirdd ei gyfnod, ceir yn yr ychydig gerddi hyn ddigon o amrywiaeth testun a chywair ar brif agweddau'r traddodiad barddol. Fel y nodwyd eisoes, canodd Ieuan gywydd trawiadol yn dathlu dianc Hywel ab Einion ap Hywel Coetmor o frwydr Banbri yn 1469 (cerdd 7). Am y frwydr hon—un alaethus o safbwynt y Cymry—ac ar ôl y pendefigion Cymreig a laddwyd, canodd Guto'r Glyn:

> Duw Llun y bu waed a lladd,
> Dydd amlwg, diwedd ymladd.
> Duw a ddug y dydd dduw Iau
> Iarll Dwywent a'r holl Deau.
> Marchog a las dduw Merchyr,
> Mwy ei ladd no mil o wŷr;

---

[14] Ceir rhestr John Davies o feirdd a'u dyddiadau yng nghefn D; gw. hefyd ByCy 389.
[15] W.G. Lewis, 'The Exact Date of the Battle of Banbury, 1469', *Bulletin of the Institute of Historical Research*, lv (1982), 194–6.
[16] Ond gthg. 14.67–8n.
[17] ByCy 389.

> Syr Risiart, ni syr Iesu
> Wrtho, er lladd North a'r llu.
> Duw-Mawrth, gwae ni am Domas,
> Duw Llun gyda'i frawd y llas.
> Dwyn yr iarll a'i bedwarllu,
> Dydd farn yr anrhydedd fu.
> Arglwydd difwynswydd Defnsir
> A ffoes, ni chafas oes hir.
> Bradwyr a droes brwydr a drwg
> Banbri i'r iarll o Benbrwg.
> Cad drycin am y drin draw,
> Carliaid a wnaeth y curlaw…[18]

Yn ei gywydd yntau cyfeiria Ieuan Llwyd Brydydd at Hywel ab Einion fel *cotymwr*, sef un sy'n rhoi dillad i feirdd (7.4n). Â ymlaen i ddisgrifio'r ddwbled (math o wasgod) yr oedd ei noddwr yn ei gwisgo yn ystod y frwydr, gan honni mai hi a oedd yn gyfrifol am gadw einioes Hywel a sicrhau ei ddihangfa o faes y gad. Disgrifir mewn modd bywiog ofnau a phryderon ei deulu a'i fardd amdano, ac wedyn eu llawenydd o glywed ei fod yn fyw:

> Da iawn, y mur diwan mau,
> Y diengaist rhag d'angau;
> Mi a wyddwn, O drŵn drud!,
> O dôi ing, y diangud …
> Chwerddais, mi a genais gainc,
> Ym Duw, ddoe, am dy ddiainc. (7.13–16, 19–20)

Awgryma'r bardd fod nawdd Duw a'r saint a gweddïau'r werin wedi eu hymgorffori yn y ddwbled a wisgai Hywel ac wedi ei achub.

Ceir gan Ieuan Llwyd hefyd gywydd moliant i un o brif noddwyr y byd eglwysig yng Nghymru, sef Dafydd ab Owain, abad Maenan (neu Aberconwy). Fel ym mhob cerdd a ganwyd i Ddafydd, pwysleisir ei waith yn ailadeiladu'r fynachlog y daeth yn abad arni:

> Ban ddaethost, buan ddoethair,
> Bu les mawr i balis Mair;
> Daeth llawenydd a dydd da
> I'r deml a oedd drist yma.
> Oni bai, ddifai Ddafydd,
> Dy ddyfod di, deddf oed dydd,
> Aethoedd o fewn i wythawr
> Fynachlog Lechog i lawr. (8.13–20)

---

[18] GGl² 142 (LIII.5–22).

Ond sicrha'r bardd hefyd ei fod yn pwysleisio'r gydberthynas rhwng
Dafydd ab Owain a'r brenin y safodd yr abad yn ddigymrodedd o'i blaid:

> Rhout arian yn rhaid Harri;
> Rhoddut aur (rhyw oedd i ti)
> Y dydd drud yr ydoedd drin
> Y bu'r anap i'r brenin.
> Gwyddych chwi a'r ych o Rôn
> Y câi'r gŵr acw'r goron ...
> Da fu *i* Harri, dŵr hirwyn,
> Dyly 'mhwyth, dalu am hyn. (8.39–44, 47–8)

Ceir awgrym hefyd y byddai nawdd Harri VII yn sicrhau esgobaeth i
Ddafydd ab Owain ymhen hir a hwyr, a hynny er gwaethaf unrhyw wrth-
wynebiad. Gwireddwyd y dymuniad hwn pan benodwyd Dafydd yn esgob
Llanelwy ar 18 Rhagfyr, 1503.

Cerdd foliant arall gyda'r fwyaf diddorol yn y casgliad yw'r cywydd a
ganodd Ieuan Llwyd Brydydd i ddathlu priodas Morgan ap Siôn ap Hywel
Holand, o Bennant Ereithlyn, ac Elsbeth ferch Huw Conwy Hen ap Robin,
o Fryneuryn, Llandrillo-yn-Rhos (cerdd 10). Credid, y mae'n amlwg, y
byddai'r briodas hon yn uno dau deulu grymus a dylanwadol. Yr oedd
gwahanol ganghennau'r Holandiaid ymhlith teuluoedd mwyaf grymus
gogledd Cymru—er eu bod, fel y nododd R.T. Jenkins, yn 'anhoffus' yng
ngolwg llawer.[19] Ar ochr ei mam, gallai Elsbeth hithau ymfalchïo yn ei
chysylltiadau teuluol, gan ei bod yn perthyn i Domas Salbri Hen o Leweni
a theulu Dytwn o Gaer. Ceir yn y cywydd hwn hefyd gyfeiriad annisgwyl at
gymeriad tywyll o'r enw 'Y Penwyn', sef gŵr y cyfeirir ato yn yr achresi fel
Iorwerth, ac yr amheuid mai ef a fradychodd Ddafydd ap Gruffudd, brawd
y Llyw Olaf.[20]

Ceir dwy farwnad gan Ieuan Llwyd Brydydd, y naill yn coffáu Ieuan ap
Tudur ap Gruffudd Llwyd, hendaid Catrin o Ferain (cerdd 9),[21] a'r llall yn
coffáu Rhys ap Gwilym ab Ieuan Llwyd, sef gor-nai i Rys Gethin a Hywel
Coetmor (cerdd 11). Ond un o gerddi difyrraf Ieuan yw ei gywydd yn gofyn
tarw du gan Hywel ab Ieuan—ŵyr i Rys Gethin—ar ran Dafydd ap Hywel,
sef aelod arall o deulu Holandiaid Pennant Ereithlyn:

> Hywel, pâr ym help o rodd
> (Hi a'i medr a'i hymadrodd)!
> Dafydd, gynnydd datgeiniaid,
> Fab Hywel wyf, fwya' plaid

[19] Gw. ei sylwadau yn 'Holland (teuluoedd)', ByCy 338–9.

[20] Gw. 10.16n.

[21] Cf. Enid Roberts, 'Teulu Plas Iolyn', TCHSDd xiii (1964), 39–41. Ymddangosodd rhan o'r
cywydd hwn yng ngolygiad T. Gwynn Jones o waith Tudur Aled, gw. TA 369 (XCIII) ' "Ein
calon oedd a'n coel ni": Marwnad Ieuan ap Tudur ap Gruffudd Llwyd ap Heilyn Frych o
Lannefydd'. Gellir bellach ailbriodoli'r penillion hyn i Ieuan Llwyd Brydydd.

> A rhywolwr ar Hwlant,
> Oreufwrdd gwin i feirdd gant.
> Hefyd, mae ym hafod, ŵr,
> O fân wartheg, fy nerthwr;
> Ond drwg yw nad rhywiog un
> Y mae hyn ym ohonyn'.
> Myn yr aur, mae 'n yr Yri
> Wartheg rhywiog teg i ti:
> Rhaid ym gael, nid gafael gaeth,
> Rhyw egin o'u rhywogaeth … (12.26–38)

Er gwaethaf y cyflwyniad ffurfiol, ceir elfen gref o hiwmor bras yn y gerdd, yn ogystal â'r wedd economaidd a nodweddai ymwneud uchelwyr â'i gilydd mewn cymdeithas amaethyddol a geisiai bob ffordd o sicrhau cynnydd.

Ceir yn y casgliad gywydd darogan sy'n ymddangos yn *pastiche* ar y patrwm (cerdd 13). Er na ellir bod yn sicr, o ran amseru cerddi Ieuan Llwyd Brydydd, y mae'n gwbl bosibl mai ar ôl esgyn Harri VII i'r orsedd yn 1485 y canwyd y gerdd hon; ac os felly, y mae'n perthyn i'r dosbarth diddorol hwnnw o gerddi darogan diweddar a ganwyd wedi i'r 'mab darogan' gael ei goroni. Yn olaf, y mae gan y bardd ddwy gerdd, yn awdl a chywydd, sy'n cyfeirio at anaf i'w lygaid a achoswyd pan syrthiodd oddi ar ei geffyl (cerddi 15 a 16). Datgenir yn yr awdl ei fwriad i fynd i ffynnon Doged Sant er mwyn ceisio gwellhad:

> Y mae ffynnon lon o lin—y dugiaid
> (Hwn yw Doged Frenin)
> A dŵr gwell no dau o'r gwin
> A wna gwared i'n gwerin.
>
> Gwerin a glybu guriaw—fy ngolwg
> O'm lledwg a'm llidiaw;
> Gwirion a fynnai g'weiriaw:
> Gwared gan Ddoged a ddaw.
>
> Ef a ddaw o'i law lewych—i'm golwg,
> Ymgeledd os chwennych;
> Af adref, ef a edrych
> Afal y drem fal y drych. (15.9–20).

Ond y mae'n ymddangos na chafodd Ieuan ei wella, oherwydd yn y gerdd olaf yn y casgliad y mae'n troi at y ddelw o Grist yn eglwys Llanrwst. Mewn cerdd urddasol, cyfuna Ieuan fyfyrdod ar ei ddallineb â delweddau sy'n troi o gwmpas y gweladwy:

> O myn iawn ym, mi a wna'
> I'w loyw deml weled yma;

O gwnaid amod, gwnaed ymy
Weled yn fraisg wlad nef fry,
Nid drwg, lle f'enaid rhag llaw,
Na'i dreigl yno i drigaw.
Nerth y grog, eurog wryd,
Newydd fo fy *ann*edd fyd;
Ni weler mwy o alaeth
Na dydd ym, na diwedd waeth. (16.65–74)

Crefft y cerddi

Nid oes unrhyw amheuaeth na ddylid ystyried Ieuan Llwyd Brydydd yn ŵr ac iddo reddf farddol amlwg. Ond yn niffyg gwell tystiolaeth, ac er gwaethaf yr epithet *Prydydd* a geir wrth ei enw, nid oes modd gwybod, fel y gwelir yn achos y ddau fardd arall y golygwyd eu gwaith yn y gyfrol hon, sut addysg farddol a gafodd Ieuan. Diogelwyd o'i waith naw cywydd deuair hirion ac un awdl, a rhydd hyn inni gyfanswm o 674 o linellau cyflawn.[22] Er nad yw'r corff o gerddi a ddiogelwyd yn fawr, gellir yn weddol hyderus sylwi ar rai o nodweddion ei ganu. Ac ystyried ei gywyddau yn gyntaf, gyda chyfanswm o 63.60%, y mae'n ddiamau mai'r groes yw hoff gynghanedd y bardd hwn, a sylwer bod canran arwyddocaol o'r llinellau hyn yn groes o gyswllt.[23] Y sain a ddaw nesaf, gyda 16.13%; a'r draws, gyda 12.39%. 6.24% yn unig o linellau llusg a geir. Ceir 1.28% o linellau ansicr neu anghyflawn, ac y mae lle i amau bod rhai llinellau ar goll. Rhywfaint yn wahanol yw cynganeddiad ei unig awdl (cerdd 15): o'r 76 llinell, ceir 40 a ganwyd ar y gynghanedd groes, ond y mae cynifer â 24 yn gynghanedd sain.

Ceir y goddefiadau arferol gan Ieuan Llwyd Brydydd ynghylch y cytseiniaid gwreiddgoll, canolgoll a pherfeddgoll nad yw'n cael eu hateb (*f, m, n, r*), a thynnir sylw at y rhain yn y nodiadau, yn ogystal ag at nodweddion eraill y cynganeddion. Methir â chaledu -*d d*- yn 10.4, -*d* o flaen *h*- yn 12.68 ac *g* o flaen *h* yn 11.59; ac nid yw'n ateb cytseiniaid ar ddechrau llinell ar brydiau (cf. *c* (10.47); *b* ac *r* (11.10); *dd* (15.46)). Hefyd, ceir *m* ac *n* yn ateb ei gilydd yn 11.71, 13.50, 14.33 a 16.73, ac anwybyddir ateb *h* yn gyson. Y mae rhai llinellau afreolaidd eu hyd, gw. 10.23, 11.10, 12.13, 13.27, 15.65, 69, 16.4, a cheir yn ogystal rai llinellau digynghanedd (neu lwgr), neu linellau nad yw'r gynghanedd yn foddhaol ynddynt, gw. 10.44, 12.48, 13.17–18, 34, 51, 15.7, 45, 55, 16.63 (gall, wrth reswm, mai cyflwr y copïau a gadwyd o waith Ieuan Llwyd Brydydd sydd i gyfrif am y diffyg hwn). Dylid nodi hefyd nad yw ei gynganeddiad heb gywreinrwydd ar brydiau, fel

---

[22] Fel y gwelir, y mae lle i amau fod rhai llau. wedi eu colli o'r cerddi a erys.

[23] Dadansoddwyd y cynganeddion hyn hyd at y ddau bwynt degol agosaf. Dylid nodi yr amrywia'r ystadegau ynghylch y gynghanedd groes o 45.83% yng ngherdd 11 i 71.05% yng ngherdd 14.

y gwelir o'r gynghanedd sain a geir rhwng y gair cyrch ac ail linell ym mhedwerydd englyn ei awdl (gw. 15.13–14), a'r sain odl gudd yn 15.59.

Cerddi annilys

Gwrthodwyd pedair cerdd a geir yn y llawysgrifau ar enw Ieuan Llwyd Brydydd.

Credaf i Naf o nefoedd
Cywydd yw hwn y ceir nifer o wahanol fersiynau ohono, ac un a briodolir i nifer o wahanol feirdd. Dadleuir gan Mr Owen Thomas mai gwaith Dafydd ap Gwilym ei hun ydyw.[24] Oherwydd natur ddigon carbwl y ddau destun a geir yn llawysgrifau Card 4.10, 585 a Llst 117, 20, ynghyd â'r ffaith eu bod yn amlwg yn tarddu o'r un gynsail wallus wreiddiol, y mae lle cryf i amau'r priodoliad i Ieuan Llwyd Brydydd.

Rhys a gynnail rhwysg Einion
Fel y nododd Islwyn Jones,[25] i Ieuan Deulwyn y priodolir y cywydd hwn yn y mwyafrif o'r llawysgrifau, ac y mae'n sicr yn ymdebygu i'r cerddi eraill a gadwyd inni o waith Ieuan Deulwyn. Gwrthrych y cywydd yw Rhys ab Einion o gwmwd Mabudryd yn y Cantref Mawr, Ystrad Tywi;[26] a chan na cheir yr un gerdd arall i noddwr yn ne Cymru ar enw Ieuan Llwyd Brydydd, ymddengys yn annhebygol mai iddo ef y dylid priodoli'r cywydd hwn.

Y bryn a llwybr i'w annedd
Y mae tystiolaeth bron unfryd y llawysgrifau yn ategu'n gryf y dyb mai Gutun Owain a ganodd y cywydd moliant hwn i Huw Conwy o Fryneuryn, gw. GO 251–5 (XLVII).

Yr eogwas o'r eigiawn
Cysylltir y cywydd poblogaidd hwn ag enwau nifer o feirdd megis Dafydd ap Gwilym, Dafydd Epynt, Gwilym Tew, Ieuan Tew Brydydd Hen o Gyd-weli a Lewys Môn. O ddarllen Ie[u]an[   ]prydydd uwchben y testun anghyflawn a bylchog o'r cywydd a geir yn BL Add 14998 [= RWM 33], 2ᵛ, awgrymodd Gwenogvryn Evans ci bod yn debygol mai i Ieuan Llwyd Brydydd y priodolwyd y cywydd yn wreiddiol yno. Ond y mae'n fwy tebyg-ol y dylid cysylltu'r copi hwn â'r cylch o lawysgrifau yr enwir Ieuan Tew

---

[24] Y mae erthygl ganddo ar awduraeth y cywydd crefyddol hwn i ymddangos.
[25] Gw. GHC xxi
[26] Cf. hefyd ID 85 (XLV).

ynddynt,[27] ac y mae Mr Owen Thomas, golygydd gwaith Dafydd Epynt ac Ieuan Tew, yn tybio y gall mai Ieuan Tew a'i piau.[28]

O gerddi hysbys Ieuan Llwyd Brydydd y daw'r darnau neu'r drylliau eraill a restrir yn y mynegeion wrth ei enw.

---

[27] Gw. ymhellach DGA 99 (37) a cf. sylwadau D. Johnston yn ei adolygiad o gyfrol Helen Fulton, LlCy (1998), 202–6; DGG 44 (XXIX); GDG cxc; Glam Bards 127.
[28] Gw. GDEp 24.

Dathlu dianc Hywel ab Einion ap Hywel Coetmor o frwydr Banbri

Hywel, wyd fyw, hael hyd fedd,
Hil Einion hael o Wynedd;
Hywel wyngadr, hael wingost,
4   Cotymwr beirdd, Coetmor bost.
Bu ofnog, oludog wlad,
Ym Duw, Wynedd amdanad;
Bu drist eu bywyd i rai
8   O'th geraint aml a'th garai
Pan fuost, daethost o'r daith,
Yn y frwydr anhyfrydwaith
Wrth glywed y caledi,
12   Furn tost, a fu arnad ti.

Da iawn, y mur diwan mau,
Y diengaist rhag d'angau;
Mi a wyddwn, O drŵn drud!,
16   O dôi ing, y diangud.
A ddiango'n beiddio byddin,
Ni bu drwch, wyneb y drin!
Chwerddais, mi a genais gainc,
20   Ym Duw, ddoe am dy ddiainc.
Nid oedd ryfedd, cydwedd ced,
Da oedd ddyblau dy ddwbled.
Ni ddoded ynddi edau
24   Na llywion bras, na llin brau,
Na gwlân rhag ofn gelynion,
Nac er mwyhau gwrymiau hon,
Ond bendithion gwirioniaid
28   O'th sir, ac o dir dy daid,
A luniwyd rhag gelyniaeth
Yn bais dew—ni buost waeth!

Duw a elwaist yn daeliwr,
32   A da 'r âi waith Duw ar ŵr.
Diwallodd Duw â'i wellau
Heb le twn y ddwbled dau.

Erchaist, di a haeddaist hedd,
36 I Fair edau gyfrodedd
A'i rhoi yn llaw raglawiaeth
Beuno i wnïo a wnaeth.
Pawb o'r plwyf, pybyr eu plaid,
40 A roes dwbl, ŵyr Rys dewblaid,
Y dyblau gorau i garwr
Ym mhwys a gaid ym mhais gŵr.

Llawer bendith, ŵyr Ithel!
44 Yn dy wisg, ŵr, nid oes gêl;
Nid anesmwyth ei phwythau,
Ni chêl na'i gwisgo na'i chau.
Nid eiddil wnïedyddion
48 Yn nydd haf a wnïodd hon;
Nid disgyblion byrion bach:
Disgyblion Duw sy gwblach.
Gwnaeth deuddeg, yn waith diddos,
52 Abostol yt yn bais dlos.
Erioed ni chad na bradwy
Na thwyll yn eu henwaith hwy;
Nid rhaid yt ofal malais,
56 Na phen saeth, na ffonwayw Sais.
Ni chad arfau, plad pleidwych,
Na gwisg well i gadw gwas gwych.
Swyn o lurig, dda ddigon,
60 Siarlys hael sy ar lewys hon.

Y mae sôn mwy, os henwir,
Am y bais hon ym mhob sir.
Da y lluniwyd ei lleiniau,
64 Dawn Duw oedd ei bod yn dau.
Dirytbais wyd, ŵyr Rotbert,
Dysged pawb dy wisgiad pert.
Tro i ennill tair einioes:
68 Treulia'r wisg trwy lawer oes!

Ffynonellau
A—Bangor 7288, 249 B—Bodley Welsh e 1, 160^v C—BL Add 14866 [=
RWM 29], 179^r D—BL Add 14882 [= RWM 31], 130 E—BL Add 14965,
49^r F—BL Add 14966, 128^v G—BL Add 14969, 161 H—BL Add 14971
[= RWM 21], 51 I—BL Add 14977, 86 J—BL Add 14978, 102 K—BL
Add 24980 [= RWM 39], 110 L—Brog (y gyfres gyntaf) 2, 193 M—Card

2.68 [= RWM 19], 388 N—Card 3.4 [= RWM 5], 43   O—Card 3.37 [=
RWM 20], 242 P—Card 4.10 [= RMW 84], 1016 Q—Card 4.101 [= RWM
83], 2ʳ, 4ʳ R—Card 5.44, 181 S—CM 5, 210 T—CM 10, 326 U—CM 23,
107 V—Gwyn 4, 25 W—J 101 [= RWM 17], 264 X—LlGC 970E [=
Merthyr Tudful], 369 Y—LlGC 1578B, 95 Z—LlGC 3050D [= Mos 147],
2 a—LlGC 3051D [= Mos 148], 88 b—LlGC 3057D [= Mos 161], 424 c—
LlGC 6681B, 351 d—LlGC 9166B, 25 e—LlGC 13062B, 471 f—LlGC
16129D [= copi ffotostat o Harvard MS. Welsh 8], 108 g—LlGC 17114B
[= Gwysanau 25], 221 h—LlGC 21290E [= Iolo Aneurin Williams 4], 196
i—Llst 35, 87 j—Llst 48, 60 k—Llst 53, 361 l—Llst 133, 457, 665 m—
Llst 134, 221 n—Llst 155, 128 o—Llst 156, 326 p—Pen 64, 24 q—Pen 93,
273 r—Pen 221, 170 (*y ddwy linell gyntaf yn unig*)

Ni cheir ond ambell gylch o lawysgrifau, megis RXehjm (naill ai yn llaw
Llywelyn Siôn, neu'n gopi o un o'i lawysgrifau), sydd yn waith yr un copïwr
neu y gellir bod yn ffyddiog eu bod yn tarddu o'r un gynsail. Y mae cryn
amrywiaeth yn nhrefn llinellau'r gerdd hon: arwydd, yn ddiau, o
drosglwyddiad llafar.

Amrywiadau
1–19 [*Q*], 1–56 [*j*]. 1 *O* [fyw], *U* fwyn; *E* wiw wyd heilwyd medd, *N* wiw
heiliwyd wedd, *S* hyd fyw hayla hyd, *b* wiw (wyd) hael (hyd v–) o wedd. 3–
68 [*r*]. 3 *EFMNZab* hil, *G* hilio, *O* hiliwn; *ARXYehm* win gadr, *BHJKLPWb*
wngadr, *EV* wyngar, *FMSTUai* ungadr, *O* gadr, *q* angerdd; *EGMOUZab*
howel, *V* hil. 4 *B* cyttumwr, *DJRXbehm* gotymwr, *H* kottynwr, *I*
kotymwrdd, *V* kotymai 'r; *DJRXbehm* goetmor, *I* kotmor; *O* kost. 6 *A* im,
BEGIJL–PUVWZabikq myn; *Y* dwy wynedd oll. 7–8 [*FGIMOTVk*]. 7 *H* y
bywyd. 11–12 [*DIJil*]. 9 *J* pen, *KP* ban; *J* aethost; *J* ar daith. 10 *J* o frwydr.
11 *V* y [ ]edi. 12 *AEHNRWXZbehm* ar furn tost, *G*(*P*) fwrn tost;
EHNRWXZbehim [a]. 13 *AHY* ym wr, *BW* yn wir, *O* [y] murn, *Ua* y modd, *V*
ym y. 14 *J* o dy angau, *KP* rrac ofn dy angau, *Y* rhag y dü angaü. 15 [*q*]. 15
Zp da i gwyddwn; *BW* ar dwrn, *EFGHNRXehim* or drwn, *I* odrwn, *OSUa* o
dwrn; *U* i doyd; *k* mi a wyddwn drwy wndwn drud. 16 *H* o doe drin. 17–18
[*IWZ*]. 17 *CEGNSbik* diango, *JK* a ddiengo, *MO* diengo *Ua* diengodd, *Y*
diengaist; *RXehim* n byddio, *Y* beiddiaist, *k* buddio; *K* i byddyn; *Ua* fo
feiddiodd fyddin; *p* diangud ymhob byddin. 18 *BW* ni by / n / drwch,
CEGMNOSi ni bo trwch, *Hp* ni bu drist, *k* na bo trwch; *BWbq* yn wyneb y
drin, *ENSik* yn wyneb trin, *GO* o wyneb trin, *ap* yn wyneb drin. 20–58 [*c*]. 20
BEGIJLNOPSUVWZiq myn duw ddoe, *K* myn da dduw, *k* ymai dduw. 21 *M*
nid oes, *P* nid oed; *A* cyfedd. 23 *K* ni ddadwyd. 24 *Z* llien, *ap* llin; *ENRXehm*
lliain, *Zap* llowion. 25–6 [*DJil*]. 25 *CEFHPQZabpq* er ofn. 26 *Y* ag er; *O*
mawrhau. 27 *EN* [ond]; *EN* y gwirioniaid. 28 *A* on sir, *BW* or sir, *M* o sir.
29–30 [*AIT*]. 30 *P* ag ni buost. 31 *H* y daeliwr. 32 *RXehmabp* [A]; *B* a da roi, *I*

a da yra, *MT* a da i rai, *Q* a da yrai, *W* a da rai. 33 *CEHINSZbpq* diwylliodd; *BW* ei wellau, *O* i wellau. 34 *G* or ddwbled, *M* dy ddwbled, *RXehm* y dwbled. 35 *P* gofynnaist; *A* ti haeddaist, *I* [ti]. 36 *q* [Fair]. 37 *M* yw roi; *G* oth raglawiaeth, *M* dy raglawiaeth, *O* ddrymglawiayth, *P* ryglyddiaeth (ragluniaeth, rhagdrylawiaeth), *RXehm* o ran llywiaeth, *Ya* o raglawiaeth, *Zp* rac dryclawiaeth; *BW* ai rhoi glo oi raglawiaeth. 38 *BW* i veyno; *P* ei wnio, *V* ae wnio, *Zp* yw wnio; *P* a beuno i gwnio foi gwnaeth. 39 *G* or blaen, *O* oi blwy; yw plaid, *O* yw blaid; *M* pawb ar i blwyf pybyr blaid. 41 *RXYehm* [Y], *P* or dyblau; *AC* [i]. 42 *ACDFIJKV(b)pq* ym hoes, *H* ym h-o-wys (*dilewyd yr* o); *M* y gâd, *O* ai gad, *PQ* y gêd, *S* agad, *Yp* a gad. 43–4 [*CLo*]. 43 *BW* yn dais a gaid, *K* yn dy fettel; *H* hwnt, *PY* gwn; *I* llawer[ ]. 44 *I* yn dywisc[ ]. 45–6 [*O*], 45–50 [*RXehm*]. 45 *GM(P)* anystwyth; *Z* ffrwythau; *I* nid anesm[ ]. 46 *CEGNPV* i gwisgo, *q* nai gori; *I* ni chel nai gw[ ]. 47 *BW* winadyddion. 48 *BW* yn nudd; *A* hap, *EN* yn nydd o haf. 49 *KS* burion. 51 *BW* o waith diddos, *H* gyfaeth diddos, *M* yn gaeth diddos. 52 *JMSVY* y bais. 53–4 [*RXehm*]. 53 *J* oherwydd; *ik* ni bu erioed, *A* ni chad barnadwy, *BWL* ni by fardwy, *CHZp* ni bu fyradwy, *DFGZ* ni chad byradwy, *ENb* ni bu ar adwy, *I* ni chafad bradwy, *K* ni chad mor bradwy, *M* ni châd baradwy, *OP* ni chaed bradwy, *P* ni chaed baradwy, *V* ni chad un bradwy, *q* ni chad bradwy; *S* ni bu erioed na bradwy, *Ua* ni bu rioed ofn na bradwy, *Y* ni bü erioed un bradwy. 54 *AC–FJKMRXZaehmp* na thwn; *GMOS* ar i. 55–6 [*BILOVWnp*]. 55 *BW* ym ofal. 57–8 [*bc*]. 57 *BW* ni cheid; *BW* blaid bleidwych, *P* [ ]wych, *RXehm* blad bleidwych. 58 *HOPY* [Na], *p* a gwisg; *EN* i guddiaw. 59–60 [*FGMTZk*]. 59 *JY* swrn, *q* llwyn; *O* brig o, *BW* [o]; *V* da digon. 60 *a* siarllys; *AHZ* [hael], *ENPb* siarlys hir, *Y* siarlys hardd; *BHW* sydd; *SU* lawes. 61–3 [*I*]. 61 *q* mae son; *A* o sonnir, *O* henwyr, *q* i sonir; *J* may o swn mwy o sonnir. 62 *O* [hon]. 63 *MO* daüed; *p* da lluniodd duw; *KUVbi* llieiniau 64 *A* da duw; *A* yn dy dy dau; [ ]dau. 65 *A* rhybydd pais, *CEGMNOZp* dirwydbais, *Uq* drudbais, *a* drodbais ydiw, *b* di rwd pais; *S* da wyr; *I* [ ]wyt wyr rhobert, *O* wyr mur robert. 66 *KSUV* wisgad. 67 *GHMOPUY(b)* taria; *C* [i]; *Si* y tair, *b* trwy; *A* trwy ynnill it draill einioes; *I* [ ]nill y tair einioes.

Teitl

[*GINPQcdfinopr*], A Cywydd Pais fendithion Hywel Gwynedd ab Einion ab Hywel Coetmor pan ddihangodd ef (wedi gwrthod arfogaeth) yn groen gyfan or maes ym Mansbiwri (*ychwanegwyd mewn llaw ddiweddarach: h y.* Banbury, yn y fl. 1469) lle lladdwyd tros 5,000 o 7,000 ac y daliwyd Iarll Penfro a Syr Risiard Herbert ei frawd ac y torwyd eu pennau wedi'r maes., *BLPW* moliant Howel Coetmor, *C* ir ddwbled o fendithion, *D* Kowydd i bais howel koytmor o glyn [ ] yn arfon, *EN* Cowydd moliant howel ap einion ap ho koetmor, *F* (i) Cow: i bais Howel Gwynedd ap Einion ab Howel Coetmor, rhyfelwr (ii) i bais Howel Coetmor o Glynog yn Arfon (iii)

Howel Gwynedd ap Eingan ap Howel Coetmor ap [ ] Goch ap d̶d̶ ap Gr:
[ ] ap ll•n ap Iorwerth Drwyndwn ap Owain Gwynedd ap Gruff: ap
Cynan, *H* kywydd y ddwbled, *Ja* kowydd y bais, *K* i Howel ap Einion, *M*
kywydd yma yw kywydd i howel gwynedd ab eignion ab hywel coetmor ab
gruffydd goch ab davydd ab gruff' ab dafydd ab llywelyn ab Jerwerth
drwyndwn ab Owain gwynedd ab gruffydd ab kynan, *O* Kowydd i Howell
ap Eingan ap Howell coytmor, *RXehm* llyma gywydd y bais dew, *S* (i)
Kowydd yr bais dew (ii) I Bais Howel Coytmor, *T* Cywydd i Hywel
Gwynedd ab Eingian ab Hywel Coetmor ab Gruffydd Gôch ab Dafydd ab
Owain Gwynedd ab Gruffydd ab Cynan. I.Ll.B., *U* (i) ir ddwbled (ii *(mewn
llaw ddiweddar)* Co. i Hywel Coetmor, *V* (i *(mewn llaw ddiweddar)* Rhys
Penardd (ii) Cowydh y bais *(mewn llaw ddiweddar)* a gant Rh Pennardh, *W*
moliant howel coetmor, *Y* Cywydd y bais fendithion, *Z* kowydd y bais o
vendithion, *b* kowydd i *(mewn llaw ddiweddar* bais Howel Coetmor), *k* kow:
y bais i howel koetmor o wynedd esgwier, *l* Cywydd pais fendithion Hywel
Gwynedd ab Einion ab Hywel Coetmor, yr hwn (wedi gwrthod Arfogaeth)
a ddianghangodd yn ddiglwyf o faes Manbri lle lladdwyd 5,000 o 7,000 ac y
daliwyd Iarll Penfro a Syr Rissiard Herbert ei frawd ac y torrwyd ei
penneu, *q* ko: i howell.

Olnod
[*KTajpqr*]. *A* Ieuan Tew brydydd *(mewn llaw diweddarach:)* hinc falli
videntur Davisius et alii, qui hunc poetam floruisse dicunt circa ann. 1400
nisi malit lector hoc poema J. Ll. B. ascribere' auctore' Davis's in urbo
<u>Edau</u>, *BLWP* ifan llwyd brydydd ai kant, *BCEHNOQSUbcd* Jeññ lloyd
brydydd ai kant, *DJ* Howel Kilan ai kant 148[ ] *FMfgo* Ifan llwyd brydydd
ai kant, *Gj* Jeññ llwyd brydydd, *I* ssowd wal ai kant, *Jln* Jeuan llwyd
brydydd ai kant *(mewn llaw ddiweddarach* A.D. 1480, *N* Ieuan Tew
brydydd, *P* Evan Lloyd Brydydd, *RXehm* Howell ap Rainallt ai kant, *V* Rh
Pennardh, *Y* Ieuan Llwydd, *Z* (i) rys goch glyndyfrdwy ai kant (ii *(mewn
llaw ddiweddarach)*) medd arall, Ieuan Tew ai kant, *ik* Jeuan lloyd ai kant

Trefn y llinellau
AT 1–8, 11–12, 9–10, 13–28, [29–30], 31–42, 44–3, 45–54, 59–60, 55–8, 61–
   68.
BIL 1–54, [55–6], 57–68.
CLo 1–14, 17–18, 15–16, 19–42, [43–4], 45–54, 59–60, 55–8, 61–8.
Dil 1–10, [11–12], 13–15, 17–18, 19–20, 15–16, 21–4, [25–6], 27–42, 44, 43,
   45–54, 59–60, 55–68.
ENdf 1–14, 17–20, 15–16, 21–40, 44, 43, 41–2, 45–54, 59–60, 55–8, 61–8.
FMTk 1–6, [7–8], 9–14, 17–18, 15–16, 43–4, 41–2, 44–58, [59–60], 61–8, + i.
G 1–6, [7–8], 9–14, 17–20, 15–16, 21–40, 44, 43, 41–2, 44–58, [59–60], 61–8,
   + i.

H 1–54, 57–60, 55–6, 61–68.

I 1–6, [7–8], 9–10, [11–12], 13–16, [17–18], 19–28, [29–30], 31–60, [61–3], 64–8.

J 1–10, [11–12], 13–14, 17–20, 15–16, 21–4, [25–6], 27–68.

K 1–14, 17–20, 15–16, 21–40, 43–4, 41–2, 45–68.

O 1–6, [7–8], 9–14, 17–20, 15–16, 21–40, 43–4, [45–6], 41–2, 47–54, [55–6], 57–68, + i.

P 1–54, 57–60, 55–6, 61–8, + i.

Q [1–19], 20–50 (*wedyn ceir rhai ymadroddion yn unig o weddill y gerdd*) + i.

RXehm 1–6, [7–8], 9–14, 17–20, 15–16, 21–34, 51–2, [53–4], 35–42, [43–50], 57–60, [55–6], 61–8.

Sfgkl 1–4, 7–8, 5–6, 9–14, 17–20, 15–16, 21–40, 43–4, 41–2, 45–60, 63–4, 61–2, 65–8 + i.

Ui 1–4, 7–8, 5–6, 9–14, 17–20, 15–16, 21–40, 43–4, 41–2, 45–60, 63–4, 61–2, 65–8, + i.

V 1–6, [7–8], 9–14, 17–20, 15–16, 21–42, 44, 43, 45–54, 59–60, 55–8, 61–8.

W 1–16, [17–18], 19–40, 43–4, 41–2, 45–54, [55–6], 57–68.

Y 1–54, 57–60, 55–6, 61–8.

Z 1–16, [17–18], 19–40, 44, 43, 41–2, 45–58, [59–60], 61–68.

a 1–4, 7–8, 5–6, 9–14, 17–20, 15–16, 21–40, 44, 43, 41–2, 45–54, 59–60, 55–8, 63–4, 61–2, 65–8, + i.

bc 1–14, 17–20, 15–16, 21–40, 43–4, 41–2, 45–6, [57–8], 59–68.

j [1–56], 57–60, 63–4, 61–2, 65–8, + i.

np 1–16, (17–18), 19–40, 43–4, 41–2, 45–54, [55–6], 57–68 + i (*y mae ail hanner yr amrywiad hwn yn eisiau oherwydd traul ar y ddalen*).

q 1–8, 11–12, 9–10, 13–14, 17–18, [15], 16, 19–42, 44, 43, 45–54, 59–60, 55–8.

r 1–2, [3–68].

i
ai chau n glos[a] i chwi[b] yn gled
ai chynfydd[c] ar i chanfed

[a] *O* ichwi gloss, *S* achau yn gloss
[b] *O* ai chau / n /, *S* o chei / n /, *P* o chlowai
[c] *FGMO* ach enfys, *P* a chenfydd

Moliant Dafydd ab Owain, abad Maenan (Aberconwy)

Y glanaf o Gelynnin
A'i rywiau gwaed i roi gwin;
A rhyw oedd gael rhodd a gaid
4   O'r Gwennwys i rai gweiniaid.
Dofydd obr, Dafydd abad,
Dydd daed, ŵr! Da oedd dy dad.
Diwyd yng nghôr Duw ydych,
8   Diwan o waed Owain wych.
Dysgaist, mudaist ramadeg,
Dewis gân Duw, dysgu'n deg;
Dilyd hyn, dêl yd henaint,
12   Doctor o sêl, dectai'r saint.

Ban ddaethost, buan ddoethair,
Bu les mawr i balis Mair;
Daeth llawenydd a dydd da
16   I'r deml a oedd drist yma.
Oni bai, ddifai Ddafydd,
Dy ddyfod di, deddf oed dydd,
Aethoedd o fewn i wythawr
20   Fynachlog Lechog i lawr.
Doe yr ydoedd yn drwydoll
Hyd lawr, wedi hadlu oll;
Heddiw 'r wyd, wahoddwr iach,
24   Yn ei hurddo yn harddach
O ben a mur, heb un man
Dan gof onid yn gyfan;
O lyfrau da, lafar dôn,
28   Ac organau, gwŷr gwynion;
O grefydd y ffydd a ffawd
Ac o wisgoedd a gwasgawd;
O gywirgerdd ac organ
32   A cherygl aur a chwyr glân.
Bid mil o ebyd a mwy,
Brigwynion gar bro Gonwy,
Nid âi'r un, er dymunaw
36   Uchod o lên, uwch dy law.

Gorau o abadau'r byd
Wyd tra fych: hytraf iechyd!

40 Rhout arian yn rhaid Harri;
Rhoddut aur (rhyw oedd i ti)
Y dydd drud yr ydoedd drin
Y bu'r anap i'r brenin.
Gwyddych chwi a'r ych o Rôn
44 Y câi'r gŵr acw'r goron.
Dewin oeddud dan weddi;
Duw deg a'th wrandawai di!
Da fu *i* Harri, dŵr hirwyn,
48 Dyly 'mhwyth, dalu am hyn;
Rhoi a wnaeth abadaeth byd
I'w chynnal i chwi ennyd
Ac ar fedr, ag aur fodrwy,
52 Herwydd y maes, roi rhodd mwy.

Pe clywid, cenid mewn cob,
Fawr ei rwysg, farw rhyw esgob,
Cydwedd Ifor, caud, Ddafydd,
56 Ei rent fawr a'i ariant fudd.
Paun gloywsain, pen eglwyswr,
Pan fo dysg, pennaf wyd, ŵr;
Parch arlwydd, perwch erlyn
60 Pardwn aur rhag purdan ynn.
Pwyntiwyd yt ddydd, Ddafydd ddoeth;
Pe bai drin, medd pawb, drannoeth,
Pa ŵr a'i ofn ym mhob pryd?
64 Pwy heb faddau? Pab fyddud!

Ffynonellau
A—BL Add 14901, 28ʳ B—Llst 133, 152 C—Pen 100, 482

Y mae'r tri chopi o'r cywydd hwn yn bur debyg i'w gilydd. Copi union-gyrchol o C yw A, ac nid yw'n amhosibl mai'r un gynsail sydd y tu ôl i'r tri. Ymhellach ar y llawysgrifau, gw. isod, td. 199–204.

Amrywiadau
18 A deddfoed (*dilewyd yr ail* e). 22 C wedï. 27 B lafur dôn. 28 AC gwyr gwnion. 30 A a wisgoedd. 34 AB gor. 47 A 'dŵr, C dwr (dwf). 53 AC clowyd. 59 C parch arglwydd (*dilewyd yr* g); AB parch arglwydd perwch erbyn.

Teitl
ABC Cywydd i Ddafydd ab Owain abad.

Olnod
ABC Ieuan llwyd brydydd ai kant.

Trefn y llinellau
ABC 1–64.

Marwnad Ieuan ap Tudur ap Gruffudd Llwyd

Am ŵr â grym y mae'r gred
I'n oes wylo 'n Is Aled.
Eryr Llan—a rôi'r lluniaeth—
4   Ufydd, i nefoedd a aeth,
Ac ef oedd orau hefyd
I roi barn ar wŷr y byd.
Ieuan ydoedd ni wadai
8   Ei aur a'i fedd, er a fai,
Ei gan a'i rost, gwn ei raid,
Ar ginio i rai gweiniaid.
Tëyrn oedd tir yn eiddaw,
12   Tudur a'i win o'r tai draw.
Truain feirdd, buom heirdd, hy,
Troes Duw annawn trist ynny;
Troes wylo tros heolydd
16   Am ei roi 'nghôr Mair ynghudd.

Bu oer nos, fal Berwyn wedd,
Tra chwerw i'r tair chwioredd.
Bu oerach am y barwn,
20   Bore tes, i briod hwn:
Gweddw ydyw hi, Gwenllïan,
Gwayw oer a glyw o'i gŵr glân.
Gwan ei gweiddi pan guddiwyd
24   Gorhoffedd llin Gruffudd Llwyd
Ap Heilin, diodwin dad,
Frych ddilesg, fraich y ddwywlad.
Llawn y caid, yn llenwi can,
28   Llysieuoedd yn llys Ieuan
Lle 'r oedd Wen—â llaw roddiad—
Llïan yn rhoi llyn yn rhad.
Llawn fawredd (llyna farwn!),
32   Lluniaidd, hael, llawen oedd hwn.
Bu yno—bwy oedd *bennach*?—
Beunydd nêr ban oedd yn iach.
Ni bu bren o bybyr wŷdd,
36   Ni bu lwyn heb lawenydd;

Ni byddai, ban welai'i wên,
Neb o'i lu na bai lawen:
Ni bydd weithian amdano
40   Heb wylo fan o'i blwy' fo.

    Llifodd o'i serch, llai fydd sôn,
Llanufydd oll yn afon;
Llanwai fâl llyn y Felallt,
44   Llanw gweilgi â heli hallt.
Wylofus yn ôl Ifan
Yw grudd merch ac irwydd mân;
Ni wŷl neb yn nwyael nant
48   Edn na dail hyd nad wylant.
Bed âi wylaw fal Tawy,
Wylwn faint Alun neu fwy;
Pawb a wylan' o'r glân glêr:
52   Peidi*ent*! Gwell canu pader.
Pand oes o'm paun dewisol,
Polion trin, plant ar ei ôl?
Mae o un rhyw, nid mewn rhaib
56   Yn dromwedd, i hwn drimaib
A ddaliant, ni wnân' ddolef,
Ei dai a'i rwysg a'i dir ef.
Tir rhadfawr hir hyd fôr hallt,
60   Tri'n rhannau, tri nai Rheinallt:
Tudur a Robart ydyn',
A Gruffudd Llwyd ddedwydd ynn.
Na bôn' (hir ddalion' ddwywlad!)
64   Weithian i'w tir waeth no'u tad.

    Ŵyr Heilin aeth i ffiniaw,
Frych, i lys Fair uwch ei law
I gael annwyl galennig,
68   Enaid rhydd, ac yno y trig.
Mair a geidw ym mro Gadell
Ei ddewr gorff dan ddaear gell;
A chadw nêr, ni cheidw yn wan,
72   A wna Duw, enaid Ieuan.

Ffynonellau
A—LlGC 6495C [= copi ffotostat o Christ Church MS. 184], 91ᵛ B—Llst
124, 357 (*llau. 1–18*) C—BL Add 31102, 158ʳ (*llau. 1–18*)

Amrywiadau

2 *C* wylo yn. 3 *BC* a roe lliniaeth; *A* llunaeth. 5 *BC* ef aeth. 6 *C* i barn ar wyr; *B* i wyr. 8 *C* er ei fai. 11 *BC* teuyrn. 13 *BC* buan. 17 *BC* bu oes. 23 *A* gwa ni gweiddi. 27 *A* y llenwi. 29 llei. 33 *A* ba̧[e](?u?n)nach. 49 *A* be da. 52 *A* peidian. 55 *A* mau. 64 *A* weithion.

Yn llawysgrif *A* yn unig y ceir yr unig gopi cyflawn o'r cywydd hwn; trafodir y problemau llawysgrifol a'r cymysgu testunol a geir yn TA 369 (XCIII) isod td. 124. Ymhellach ar y llawysgrifau, gw. isod tt. 199–204.

Teitl

A kowydd mar[w]nad am ifan ap tudur ap gruff llwyd ap heilin frych. *B* cyw. mar. ifan ap tudur ap gruff: llwyd ap heilin frych (llan ufydd). *C* mar: ifan ap tudur ap gruff: llwyd ap heilin frych (llan ufydd).

Olnod

A ie[ua]n llwyd brydydd, *BC* tudur aled ai cant.

Trefn y llinellau

A 1–72.
BC 1–18, [19–72].

Dathlu priodas Morgan ap Siôn ap Hywel Holand
ac Elsbeth ferch Huw Conwy Hen

       Y carw bonheddig gwrol,
       I'r llan y daw'r llu yn d'ôl;
       Ac o'r llan enwog i'r llys
4   Y daw enaid dwy ynys
       I gael ar fwrdd eglur faeth
       Ei lle yno a'i lluniaeth.
       Tydi, Forgan ddianair,
8   Tyciant y Pennant a'i pair;
       Aer Siôn a'i ras o Wynedd,
       Ŵyr Hywel, mur hoywal medd;
       Hil orwyr Hywel arall,
12   Caid da mawr gynt, Coetmor gall.
       Un o anian *e*nynnwyd,
       Rholant at yr Hwlant wyd;
       Rhout dy win; rhyw yt a oedd,
16   Ŵyr y Penwyn, roi punnoedd.
       I'n dwy sir nid oes eryr
       Uwch ei waed na chwi o wŷr:
       Yr wyd fur, euraid ei farn,
20   O frig coed Efrog cadarn;
       Gwalch hefyd o gylch Afon
       Glwyd fawr, â milwyr gwlad Fôn.

        *Y*s aml, walch, ddisyml wedd,
24   Dy genedl, blodau Gwynedd.
       Dau amlach wrth dy deimlaw,
       Duw nef a'th lwydd, dawn o'th law!
       Penaig y tir, pan gaud ti
28   Borthoriaeth ar byrth Harri,
       Ac ar dref Lundain hefyd,
       Ac ar gaer y gŵr i gyd,
       E'th ŵyl Duw, ac ni'th wŷl dyn
32   Drwg ei olwg o elyn.
       Mae wrthyd, llawenfyd llu,
       Gannwr yn cenfigennu:

Wellwell ydd ai, ddi-fai faeth,
36   Ynt-wy, hwythau, aent waethwaeth.
Tyn o'r blaen i bob maenol
Trwy gan tref, trigaint ar ôl.
Gad eu lladd yn goed â llu,
40   Gad i Loegr ymgydlygru;
Dyred rhag methl *E*rethlyn,
Dyro glo ar dir y glyn.
Ffynnu 'r wyd, a phen yr oes,
44   Ffynny dra geffy e*i*nioes.

Cael cariad, yn anad neb,
Dy frenin, difri' wyneb,
Ac o ryw coed i roi can
48   Y tyf irgoed yt, Forgan;
Cael merch Huw (da gan Dduw ddoeth)
Conwy, ac nis câi annoeth,
Elsbeth, fwyn eurbleth fawrblaid,
52   Fechan, rhoes feichiau i'n rhaid,
Ŵyr Domas, a roed yma,
Salbri, yn ddyweddi dda,
Ŵyr Dytwn, hwn a henwir,
56   A'r Dôn, oedd wrda yn wir.

Marchogion, urddolion ddeg
Yw eich hynaif ychwaneg;
Ys tâl hir yw'r ystîl hon
60   I chwi aros eich wyrion.
Oes, cad teiroes caterwen:
Oes byth ywch ac Elsbeth wen!

Ffynhonnell
LlGC 3051D [= Mos 148], 674

Ymhellach ar y llawysgrif, gw. isod td. 202.

Darlleniadau'r llawysgrif
13 anynwyd. 14 att yr. 23 oss. 38 trigant. 41 i rethlynn. 44 geffych (*croeswyd*
ch *allan a gosodwyd dot neu farc uwchben* y) enioes. 60 iaros.

Olnod
Ifan llwyd brydydd.

Marwnad Rhys ap Gwilym

O Dduw draw, fo'n gwanhawyd,
Hawl i'n lladd, hil Ieuan Llwyd.
Doe'n gryfion, dwyn goreufys,
4 Dyna'n rhoi'n wan, a dwyn Rhys.
Gwae ynn, Bedr, am ddiledryw,
Galw am fab Gwilym yn fyw!
Dorau'n dwyn porth am darian;
8 Trais o nef a'n troes yn wan.
Bwrw nen, briwo'n ynys,
Bwrw bar trin, bwriwyd Rhys.
Duw a'n oeres dan araul:
12 Dwyn Rhys megis dwyn yr haul;
Dwyn gwaed ieirll, dwyn gwayw dur,
Dwyn urddas dynion Iarddur.
O dôi'r ymgais ar dromgad,
16 Eisiau gŵr ar ddrws y gad;
Aethpwyd, a chladdwyd, â chledd
Orddinog a'r dd*wy* Wynedd
A thariodd *r*hwyf yn glwyfus:
20 Nid o'm bodd y rhannodd Rhys
Duw fawr, yn Ei dŷ a fu,
Aeth â'r enaid wrth rannu
A rhoddi'r corff dan *b*orffawr
24 I ddaear Lan Fodfan fawr.

Nid drygan, cyfan bob câr,
O'r gwae wylo a'r galar.
A fu wylo am filwyr
28 Fwy erioed na fu ar wŷr
A waedden', ofer fyddai,
Wrth y dydd yr aeth o'i dai?
Bore croch fal y bu'r cri
32 Am ŵr o Lyn Mieri;
A thrueni gweiddi gwŷr
Wrth arwain diwarth eryr.
Truain ydoedd, trin udfawr,
36 Y twrw o fewn tyrfa fawr;

Cof yw hyd nef ein llefain,
Twrw'r môr pan fai'n torri'r main
A gwŷr â chlych, garw-wych lu,
40   Eglwysig, yn galw Iesu.
Mynd i gyd, ni mendia gwan,
I fwrw udfa ar Fodfan;
Dyfod Ifor i orwedd,
44   Dynion byw dano 'n y bedd.

Pes caid er pwys dau cannwr,
Nid âi nâg, er wylo dŵr.
Dirwy ran, aeth drwy'r ynys,
48   Drom am roi daear am Rys.
Amlach brigawns *ac ymlau*
Dur i'w gylch na daear gau.
Uchel beunydd yr ochwn,
52   Och Dduw! tost o chuddiwyd hwn.
Gwae Forfudd o'r gorchuddiad,
Gwae'r meibion dewrion am dad;
Gwae'r merched o'r dynghedfaen,
56   Galw am wisg alar y maen';
Gwae'r brodyr, dewrwyr, o'r dydd,
Och wŷr! a gwae chwiorydd;
Gwae'r *ewyrthrydd* rhag hiraeth
60   [   ]

Ei holl *genedl* all gwynaw
Ym Môn ei ddydd am na ddaw;
Gwlad Feirion, dynion nid iach,
64   A Swydd *y* Waun sydd wannach.
Gŵr enwog o geirw'r ynys,
Gwrol ei rwol fu Rys;
Cymryd blin bereriniaeth,
68   Cartref yn y nef a wnaeth.
Ni ddylai am urddoliaith
No *phoena* na *chulpa* chwaith;
Yna 'dd aeth am ei ddethol,
72   I'r ne' 'r aeth: awn ar ei ôl.

Ffynhonnell
Llst 125, 435

Ymhellach ar y llawysgrif, gw. isod td. 203.

Darlleniadau'r llawysgrif
1 Duw. 8 o ne. 18 ddau. 19 i thariodd hwyf. 23 fforffawr. 43 orfedd. 49 a gemau. 59 wrthrydd. 60 *y mae gwaelod y ddalen yn eisiau; ceir lle yn y llawysgrif ar gyfer 3 ll. arall.* 61 fonedd. 64 swydd waen y sydd. 68 cartre yn y ne. 70 no phena na chwlpa.

Teitl
cyw: mar: rys fab gwilym.

Olnod
ifan llwyd brydydd.

12
Gofyn tarw gan Hywel ab Ieuan ap Rhys Gethin
dros Ddafydd ap Hywel

Hywel ewybr, hil Ieuan,
Hwde glod, hy wyd a glân;
Glain Rhys—o galon rhyswr—
4 Gethin, well nog wyth yn ŵr;
Hil dau Ruffudd, hwyl Dryffin,
Hil dau Ddafydd, dromwydd drin,
Hen dwysogion Uwch Conwy,
8 Hanwyd ti o'u henwaed hwy;
Hanwyd, Hywel, o Feli,
Hendaid ein hynafiaid ni.
Gwn fonedd y tuedd tau,
12 Hwn fonedd hanwyf innau;
Aml arwyddion bonedd
Arnad, ŵr eurnod ei wedd.
Hy cefaist, hwya' cyfoeth,
16 Hael, dewr wyd, Hywel, a doeth,
Pan gefaist, penna' gafael,
Bu o rad Duw, briod hael,
Morwydd yw, mawr weddïau,
20 Marfred, em ar y fro dau:
Bun o Fadog, ddoniog ddyn,
Bwynt Eigr, ab Ieuan Tegyn,
Ŵyr Fadog Goch, arfog Gai,
24 Aur faneg, a rôi fwnai.

Hywel, pâr ym help o rodd
(Hi a'i medr â'i hymadrodd)!
Dafydd, gynnydd datgeiniaid,
28 Fab Hywel wyf, fwya' plaid,
A rhywolwr ar Hwlant,
Oreufwrdd gwin i feirdd gant.
Hefyd, mae ym hafod, ŵr,
32 O fân wartheg, fy nerthwr;
Ond drwg yw nad rhywiog un
Y mae hyn ym ohonyn'.

Myn yr aur, mae 'n yr Yri
36 Wartheg rhywiog teg i ti:
Rhaid ym gael, nid gafael gaeth,
Rhyw egin o'u rhywogaeth.
Tarw a phennaeth tri ffyniant
40 Tair blwydd—rhad Duw ar ei blant!—
Trwm rhawndew, try i'm rhandir,
Tŷ blew clyd, to blac-o-Lir,
Trwm llong yn troi ymhell iawn
44 Tros friger, tros fôr eigiawn.
Y pwn buchydd, pan becho,
Helaeth y pair llaeth a llo;
Torri ar fyr tua'r fen,
48 Trwy'r fuches tarfu'r ychen.
Beili buarth y gwartheg,
Bwla, tad bualiaid teg;
Boliog ŵr nerthog o'r North,
52 Bwmbart, ni bydd heb ymborth.

Dodes, da les, Duw â'i law
Dau o gyrn yn deg arnaw;
Diymgel, dau o emgyrn
56 Duon ar y gwynion gyrn.
Deulain ydyw ei olwg,
Duloyw eu gwedd, yn dal gwg;
Fal cymaint, foliog gamel,
60 Ydyw ei bwrs â dwy bêl
Ac wrtho, ar lun gwerthyd,
Lyweth hardd o lath o hyd.
Arth yw a darn wrth ei dor
64 O fyw irwern neu farwor:
Ei drysor yw a'i drwsiad
A'i drosi'n gloch dros ein gwlad.
Carnau trymion, cyrn tramawr,
68 Ceidw had lloi cwd hyd y llawr;
Cawr afrifed, câr frefu,
Carwn un das cornwyn du.
Pygan fab (bu gan ei ferch)
72 Purddu, rhôi hwp i'w ordderch;
Person o eidion ydyw,
Parsel a sai', pyrslaes yw;
Pand diwarth i fuarth fod
76 Pab Rhufain pob rhyw hafod?

'Y nghred, Hywel, na chelwn,
I ti, o rhout y tarw hwn,
Y cai o'm tai am y tarw,
80   O beth tratheg, bwyth tritharw!

Ffynonellau

A—Bangor 5946, 209 B—BL Add 14979, 109^r C—Card 3.37 [= RWM
20], 348 D—Card 4.10 [= RWM 84], 1213 E—LlGC 3049D [= Mos 146],
8 F—LlGC 6471B, 151 G—Llst 122, 423 H—Llst 124, 322 I—Pen 221,
170

Ymddengys mai llawysgrif B yw'r gynharaf; y mae G a H yn llaw'r un
copïwr. Ymhellach ar y llawysgrifau, gw. tt. 199–204.

Amrywiadau

1 *CE* ifan. 2 *E* hyf. 3–80 [*I*]. 3 *BE–H* llew rhys nid llai no rhyswr. 5 *G* draffin.
6 *CEH* tromwydd trin. 8 *G* henwyd. 9 *AG* henwyd. 11 *ABD* gwiw fonedd; *G*
or tuedd. 12 *ABD* hen fonedd; *A(B)D* hanoedd, *B* hanwyd, *G* heniw. 13 *CF* a
mil, *DH* aml o; *B* benedd. 14 *H* eurnad. 15 *ABD* hu a gefaist, *E* hyf kefais, *H*
hy i cefais; *A* hwya gyfoeth, *BD* hwy gyfoeth. 16 *A* hael deyrn; *G* Hael
ddewr wyd Hywel ddoeth. 17–80 [*C*]. 17 *E* penaf gafael. 18 *A* Byw rad Duw,
BD byw o rad tûw, *E* bun orav at hwn, *GH* bûn o rad tuw; *ABD* ir briod
hâel, *G* 'n briod hael. 19 *BD* merwydd; *H* ar erwydd yno wawr weddiau. 20
A Marfred Duw, *E* Mared, *H* arfyred. 22 *A* Hwynt eigr, *G* bwy'n eigr, *H*
bunt eithyr; *AE* ap Ifan, *F* ap Iefan; *G* ieuan egyn. 23 *D* wyr o fadog. 24 *E*
aur faner, *G* or faneg; *BDH* a roer, *F* ir rhoer. 25 *A* pair, *G* holi par; *A* im
hebrwn, *E* un help; *E* am rodd, *FH* a rhodd. 26 *F* meidr; *A* oi. 27 *AD*
cynnydd, *EH* kynydd, *F* gynüdd. 29 *A* ir hwyliant, *BD* i hwlant, *H* or
hwlant. 30 *E* ai fwrdd gwin; *H* oreufwrdd gain ai firdd gant. 32 *F* fu
nerthwr, *H* fanerthwr. 33–4 [*A*]. 34 *D* y mae hynny im. 35 *H* aer. 37 *E* a
gafael, *G* rhaid yw ym gael; *FGH* [nid]. 38 *AG* or rhywogaeth. 39 *H* ffeniaith.
40 *F* dy blant. 41 *G* rowndeg. 42 *E* tyblu klyd; *A* blac y clir, *BD* Blak y Lir,
G blac a lir. 43 *A* Trwyn, *E* trum; *H* llanc; *B* ymhel; *G* [ ] yn torri mhell
iawn. 44 *A* frigau; *AB* trawsfor, *B* trawssor; *G* [ ] tros fôr eigiawn. 45 *A*
Rhydd pwnn buwchwydd; *F* beicho. 46 *A* ir llo. 47 *A* Torreu, *EGH* troi, *F*
troir; *E* ar for; *G* tario ar y fen, *H* tario a fen. 48 *G* trwy fuches; *FH* tarfwr
ychen, *G* tarfu ychen. 50 *G* bwl tad bualiaid teg. 51 *H* coliog; *D* wrth
nerthog, *EFH* ywr nerthog; *EFG* nordd. 52 *G* bwmardd, *H* bwla; *E*
hybordd, *F* ym bordd, *G* ymordd, *H* hylordd. 53 *EH* da i les; *F* dü ai law. 55
G diymgoel; *H* a dau; *E* ymgyrn. 56 *A* am y, *F* ar [y]; *ADGH* gwnion. 57 *F*
delain. 58 *ABD* duloyw i wedd; *ABD* daliai wg, *G* yn dala gwg. 59 *E*
keimynt; *B* volwg. 60 *G* ei bws. 62 *EGH* loweth hir; *F* o laeth o hüd. 64 *H*
[O]; *BD* o fyw eurwern, *EG* fyw o irwern; *G* ar farwor. 65 *E–H* i drwsiad. 66

D ai drwsio yn. 67 *G* arenau. 68 *FGH* hyd [y]. 69 *H* carw; *B* kar a vrevu. 70 *G* cair yn; *A* ein dâs, *EFH* un dal. 71 *AB* pugan, *D* bugan; *F* a fü gan, *G* pu gan. 72 *EGH* yn rhoi; *BD* i ordderch. 74 *G* parsel o sâu (*gall mai* san *ydyw*). 76 *F* rhy hafod. 77 *F* [ ] Howell; *A* ni chelwn. 78 *D* i ti rhoi, *F* [ ] o rhoi, *G* or rhoi, *H* i ti yrry. 79 *F* [ ] om tai, *H* [y] cai. 80 *AEG* beth tratheg o bwyth, *F* [ ]th tratheg, *H* ben tratheg; *F* bwyth y tritharw.

Trefn y llinellau
A 1–4, 6, 5, 7–32, [33–4], 35–70, + i, 71–80.
BD 1–4, 6, 5, 7–70, + i, 71–80.
C 1–16, [17–80].
E–H 1–80.
I 1–2, [3–80].

i
bref neur ryw anglef anglaer
braich arth heb eiriach i chwaer[1]

Teitl
[*CI*], *A* I ofyn tarw, *CF* cowydd i ofyn tarw, *D* I ofyn Tarw Du, *E* kowydd i ofyn tarw howel ifan ap rhys gethin, *G* cyw: i ofyn tarw gen howel ap ifan ap rys gethin dros ddafydd ap howel, *H* Cyw: i ofyn tarw gan Howel ap Ifan ap Rys Gethin tros Ddafydd fab Howel.

Olnod
[*CI*], *AE* ifan llwyd brydydd, *B* ieuan llwyd brydydd ai k., *D* Ieuan Llwyd Brydydd, *F* Iefan llwydd ai kant, *G* sion llwyd ai kant, *H* Ifan brydydd hir ai kant.

---

[1] Ceir yr un cwpled yn union mewn cywydd gan Dudur Penllyn i erchi tarw du gan Reinallt ap Gruffudd ap Bleddyn, gw. GTP 54 (32.39–40). Nododd Thomas Roberts, *ib.* 128, fod trefn llinellau'r cywydd hwnnw yn amrywio'n fawr, sef arwydd digamsyniol o drosglwyddiad llafar. Ond er bod tystiolaeth bwysig yn ateg i'r cwpled yn y cywydd hwn gan Ieuan Llwyd Brydydd, nid yw'n digwydd yn y ddau gopi cynharaf; yn betrus, felly, fe'i gadewir o'r testun. A lithrodd y llinellau hyn i mewn i gywydd Ieuan yn nhreigl y traddodiad llawysgrifol hwn?

13
Darogan

Dwy ddraig ydoedd ddarogan,
Dwrf tost, y gwnaen' dorfau tân:
Y ddraig wen a dd'roganwyd
4   Yw un, a'i rhawn yn y rhwyd
(Mae'n darfod ei nod a'i nerth
A thir uffern i'w thrafferth!);
Y ddraig goch gynddeiriog hir
8   I ninnau a enynnir
Yn olef i'w anwylyd,
Owain, o bai yn y byd.
Oed yr Arglwydd yw'r flwyddyn
12   Hon o ras a honnir ynn:
Deuddeg, wrth iawn fynegi,
Ac un oedd, hyd y gwn i.
Yna, byddan' i'w beddau
16   Saeson, pawb a ddôn' pob ddau;
Rhwng *gwŷr* Conwy a hil Ronwen
Y treia gwaed y ddraig wen.

     Y sarff rudd sy o ryw Ffrainc
20   A Brân hengyff, brenhingainc,
Ys da nod, os dyn ydyw,
Ys dêl i oed, ystîl yw.
Hwn y sydd a henwais i
24   Goronog o rieni;
Twysog daufiniog o Fôn
Ac iarll yw ar Gaer Lleon.
Yr hyn arhoer hanner haf,
28   Yr hen ych yw'r hwn uchaf,
A yrr drillu o'r Drallwng
A'i droi, yn flaidd, adre'n flwng,
A'*i d*danedd a *d*dywynnyg,
32   A'i fro, môr Hafren a'i frig,
Cynnar dwyll cinieuwyr da,
Clostaidd epil clust lipa;
Crwydr*ai*d, hwyr y cair adref,
36   Cyfraith yr iaith a ŵyr ef.

Eden esgud dan asgell
Atom hwnt a 'heta 'mhell
O lwyn Galatyr a'i lu
40   O ran Lloegr er ein llygru.
Dyfyn, ar fedr ein difa,
Drwy'r nos ei adar a wna;
Ffy i lwyn (ni chaffo les!)
44   Ac i wlybwr Galabes.
Llyna ddydd, *fy* llw, na ddaw
Llwyddiant ac ennill iddaw.
Yr ail wadd, ddiwrol yw,
48   Ddig felltigedig ydyw;
Ac y maen' hwy, gymin hyn,
Emys gam, yn ysgymun.
Hwyliant hyd at Bilatus!
52   Heliwn wynt, wehilion us!
Helir a bwrir ar ben,
Helir unwaith hil Ronwen;
Hil Lywelyn, hel eilwaith
56   Hwynt ar gil! (Onid da'r gwaith?)
Hir fu eu swydd a'u trwydded
Hwynt ar groen un tarw o Gred.
Ânt hwy ymaith un tymor,
60   Ânt ar eu meirch hwnt i'r môr;
Aed yr aliwns i dreuliaw
Eu bywyd drwg a'u byd draw!
Ac ni chân', od ân' i daith,
64   Wedy r'elon', droi eilwaith.

Mae yn rhaid ym, mewn rhyw daf,
Weled ych y wlad uchaf.
Gwedy'r pumcant, y gw'rantwn,
68   Gyda'r chwech a geidw'r ych hwn,
Ni ddaw Sais, anweddus oedd,
Na'i nasiwn i'n hynysoedd!

Ffynonellau
A—BL Add 14887, 25 B—Bodley Welsh e 6, 187

Ymhellach ar y llawysgrifau, gw. tt. 199–204.

Amrywiadau

13 *AB* wrth fynegi (*ychwanegwyd* iawn *yn B gan law ddiweddarach*). 17 *A* wyr, *B* wur. 31 *AB* a danedd a dywenig. 35 *AB* crwydred. 39 *AB* galabrai. 45 *AB* [fy]. 49 *AB* maent. 56 *AB* ond dar. 69 *A* na ddaw.

Teitl

[*AB*].

Olnod

AB Ieuan llwyd brydydd ai kant [*A mewn llaw ddiweddarach* flor. 1480].

Trefn y llinellau

AB 1–70.

14
Oferedd cynnig cyngor

Llenwi rhidyll yn rhydyn
O'r dŵr yw cynghori dyn
Ar ran y byd a'r ni bo
4   Gwres addysg na gras iddo.
Haws i ddall fynd i'r allor
Neu weld maen o waelod môr
No rhoi un cyngor, yn rhaid,
8   Ystyriol i was diriaid,
Neu i'r ferch, anniwair fydd,
Wen odiad wiw annedwydd.
Anwych yw'r pwnc; ni chair pen
12   A rôi gyngor i'r gangen
Oni ddêl un o'r ddwy wlad
I roi llaw ar y lleuad.
Dal y gwynt i'm dwylo gaf,
16   Enwog antur, yn gyntaf;
Lladd y gwair a wnair yn well
Â'r gwellau hir ei gyllell;
Lluddias, nid oedd ras i rai
20   Lle ni fyn, llanw i Fenai
A Chonwy lwyd, o châi law,
Â thribys ei throi heibiaw;
Rhifo'r dail rhof a'r dolydd,
24   Rhifo'r gwellt yr haf, a'r gwŷdd,
A rhifo'r gro a'r graean
O rydau môr, a'r ôd mân.

    Deuddyn n'ellir, hir yw hyn,
28   Roddi un cyngor uddyn':
Un ynfyd o'i febyd fydd
Ac un oediog, annedwydd.
Ni wn nad wy', llei 'dd wy'n ddyn,
32   Yn ddiddawn, un o'r ddeuddyn.
Y mae, od wyf, yn un don
Felly fil o gyfeillion.
Ni ellir yn nhywyllwch,
36   O bydd trin, rybuddio trwch,

> Oni naddo, rhwystro rhestr,
> Brwynen gyllell bron gallestr.

Ffynonellau

A—BL Add 14892, 87^r B—BL Add 14984, 321^r C—Card 2.114 [= RWM 7], 784

Testun C yw'r hynaf. Er nad yw'n amlwg fod y tri chopi yn perthyn yn uniongyrchol i'w gilydd, y maent yn cyfateb yn ddigon agos i awgrymu eu bod yn tarddu o gynsail gyffredin. Ymhellach ar y llawysgrifau, gw. tt. 199–204.

Amrywiadau

1 *A* yn rhedyn (*ychwanegwyd* y *uwchben yr* e), *C* yn yrredyn. 3 *AC* a rran, *B* a ran. 7 *B* na rhoi. 9 *BC* a fydd. 10 *B* odieth; *A* lliw, *B* wyw. 18 *A* a gwelle. 19 *ABC* lluddias lle nid; *B* ir rhai. 21 *A* a chen law. 23 *B* a rhifo yr dail; *A* 'r haf or dolydd, *B* rof ar ddolydd. 24 *BC* a rhifo yr; *A* or gwydd. 26 *B* a rhydaû yr mor. 28 *A* roddi drin; *C* [un]. 29 *A* un unfyd. 33 *B* [yn]. 35 *A* oni ellir yn howllwch. 37 *B* rhest. 38 *A* brwynen neu gyllell; *B* gallest.

Teitl

A cywydd merch, *B* cowydh yn dangos mai ofer yw rhoi cyngor ir neb nis cymero ag nis gwnelo / Jefan llwyd brydydd, *C* Kowydd merch digri ddigon.

Olnod

A Ifan llwyd ai cant, *B* ifan llwyd brydydd, *C* Jeñ̃ Llwyd brydydd ai kant.

Trefn y llinellau

ABC 1–38.

15
Gweddi ar i Ddoged Sant adfer golwg y bardd

A fynno g'weirio gwared—yn ddidranc
    I'w ddeudroed i gerdded,
    Aed ar hynt, a da y rhed,
4   Oed dydd agos, at Ddoged.

Gweled gan Ddoged ddigon—o wyrthiau
    I ddiwarthu dynion;
    Aur a gâi fry gar ei fron,
8   Aer a phennaeth, i'r ffynnon.

Y mae ffynnon lon o lin—y dugiaid
    (Hwn yw Doged Frenin)
    A dŵr gwell no dau o'r gwin
12   A wna gwared i'n gwerin.

Gwerin a glybu guriaw—fy ngolwg,
    O'm lledwg a'm llidiaw;
    Gwirion a fynnai g'weiriaw:
16   Gwared gan Ddoged a ddaw.

Ef a ddaw o'i law lewych—i'm golwg,
    Ymgeledd os chwennych;
    Af adref, ef a edrych
20   Afal y drem fal y drych.

Edryched Doged hygar,—f'anwylyd,
    Fy nolur a'm carchar,
    A dyged, oni'm digar,
24   Eli o nef â'i law'n wâr.

Yn wared, ni ddaw enwiredd—i neb
    Annibech ei fuchedd
    Oni ddêl, yn ddialedd,
28   I fynnu bod o fewn bedd.

Lle rhinwedd yw bedd; gwybydded—y fan
A fynno cael gwared:
Llyma'r gro, llu mawr o Gred,
32   Llawr tegwch, lle rhoed Doged.

Ei weled, Ddoged, gâr i ddeugain—sant,
Pen saint Ynys Brydain;
Yn ei deml wen y damwain
36   Ym olwg loyw mal y glain.

Gleiniau o'i wyrthiau, wrthym—y delon'
(On'd ei dylwyth ydym?);
Gŵr a gynnail gair gennym,
40   Gwir y daw â gwared ym.

Yr oedd ymy ail orwydd Amig
Am aur a rifwyd, mawr ei ryfig;
O neidio i'r awyr, naid yr ewig,
44   O'i fodd y'm bwriodd fal ar big—duddraen
A'i flaen, a'i ddeuflaen, yn ddieflig.

Odd' yno deuthum yn adwythig
A'm hysgwydd yn don o'm bron i'm brig,
48   Yn wyw, les Awdur, yn loesedig;
Yn ceisio mudo o rwymedig—glwyf
I'r plwyf lle 'dd ydwyf yn lluddedig.

Fy llygad ni ad yn enwedig
52   Ym gysgu ar blu awr heb lewyg,
A'm breichiau, ill dau, o wall a dig
Y sydd yn uswydd ac yn ysig;
A glain 'goriadau egluredig
56   Y gŵr oedd ddidwyll ac urddedig;
Yn fyw, bu gadarn fab i Gedig,
Aur egoriadau, ŵyr Geredig,
Orwyr Gunedda, loywdal wledig;
60   Aur a gloyw asur, ŵr eglwysig,
A roir ar ei draed, a'r aur a drig,
A gwisgadoedd aur gywasgedig.
Eurer ei faner a'i fenig—gwynion;
64   Eurer ei ddwyfron a'i ffon a'i phig!

Âi gwŷr â mesur i'w gôr â musig
I osod aberth y sy debig
I gŵyr glas Tomas, Sant Amig—neu Non
68   Wen o Gaer Garon, neu gŵyr Gurig.

Aml coffa iddo, aml ceffig,
Aml canu i'w ddelw, mal Cynddylig,
Aml iawn, bwyll uniawn, gan bellennig—llon
72   Y daw'r aur o'i fron hyd ar ei frig.

Ei friger, eurner, arno—a'i nerthau,
Un wyrthiau â Beuno,
A yrr ei fardd, er a fo,
76   O'i boen, f'annwyl, ban fynno.

Ffynonellau
A—J 140 [= RWM 15], 497 B—Pen 225, 160

Cyfetyb y ddau destun yn ddigon agos i beri credu eu bod yn tarddu o gynsail gyffredin. Ymhellach ar y llawysgrifau, gw. tt. 199–204.

Amrywiadau
1 *B* gwirio. 2 *A* y ddwy droed; *B* yn ddidranc [i gerdded]. 10 *A* ywr. 32 *A* teged. 41 *A* emic; *A* yroedd ynny gil oerwüddenmig. 44 *AB* dûdhrain. 48 *A* yn wtw; *A* lwys; *A* loesededig. 49 *A* [o]. 51 *A* y llygaid. 53 *A* llodau. 55 *B* aglau. 58 *A* garedig. 59 *A* boen dal wfedig. 60 *A* gwr eglwysig. 62 *A* gwisgadoed; *AB* gwascedic. 63 *A* enwau ar fannaü ar fenig. 64 *A* oreuro; a ffon a ffig. 65 *A* y gwyr; y gor miwsig. 66 *A* assod. 67 *A* a gwyr gwlad tomas st emig; *B* sant emic. 68 *B* caron; *B* curig. 71 *B* [uniawn]. 72 *A* fru. 73 *A* o friger aurer arno a nerthan. 75 *A* oi fardd.

Teitl
A odl s. doget vrenhin a merthyr val y gweleis yn scrifenedic yn y lliver gwyn y ryðerch; *B* owdl St Doget frenin a merthyrwr fal y gwelais ef yn sgryfenedig yn y llyfr gwyn i Ryðerch.

Olnod
A jevan llwyd brydudd ai kant. y farch ai taflassaü at berth ddreiniog ai lygad a flodd ar y rüdd heb allü o neb ryw feddig ymwared yddo, a düw ar sant, ai gwnaeth yn holl iach, er y fod yn llawn yssig a briwie, y ddüw bor diolch ame. *B* [*yn llaw wreiddiol y llsgr.*] ieuan lwyt brydydh. ei varch ai taflasei mewn catberth dhreiniog ai lygat a daflesid ar ei rudh heb allu o nebryw vedic ymwared a Dûw ar sant ai gwnaeth yn holliach er ei vod yn

llawn ysig a briwiæ. I Dhuw bo'r diolch. amen; B [*mewn llaw ddiweddarach*] surdoes. B [*mewn llaw ddiweddarach*] nid oes mor prydydd yn dywedyd hynny ar ei awdl, ac nid yw ond gweddio ar y sant am iechyd, lle y dylasai weddio ar Dduw ei unig iachawdr.

Trefn y llinellau
AB 1–76.

16
Y bardd yn ddall

Gwae anwr gwyw o'i eni,
Gwn ofal mawr, gwan fal mi
A gollai, nid oedd gellwair,
4   Oleuni y ffordd lân i'r ffair!
Nid gwell ym, awdl-lym odlwr,
Dydd na nos, diddiddan ŵr;
Nid cur mewn mur main i mi,
8   Nid tywyllwg ond delli.
Ni welaf fi, niwl a fydd,
Na dôl, maenol na mynydd;
Ni chaf ond moelnych ofyn,
12   Pei pab o daw, pwy pob dyn.
Sef ym dâl, os ef a'm dwg,
Saer i gael hawsáu'r golwg.
Sorrais wrth y ddwy seren!
16   Soniaf am haint sy'n fy mhen.
Meirw yw hwynt-hwy dan ddwyael;
Meddyg ym oedd dda ei gael.

    Mae Meddyg, a mam iddo:
20   Mair yw Ei fam wyrf Efô.
Ydd oedd ddelw ddieiddiloed,
I Lanrwst Ei lun a roed;
Y Grog yw'r Gŵr a garaf,
24   Newydd, i'w gôr nawdd a gaf.
Ef yw llun Duw Ei hunan,
Ef yw'r Ysbryd gloywbryd Glân;
Ef yw'r Mab i ddifa'r mwg
28   A'r niwlach, orwan olwg.
Dwylo a thraed a welir,
Delw a wnaeth Duw â'i law'n wir,
A llun Ei gorff yn llawn gwaed
32   O'i eglurdrem i'w glaerdraed.
*Oed*ran gŵr â drain goron,
A goreth fraisg wrth Ei fron,
A thair hoel aruthr o hyd,
36   A thri phoen, a thri phenyd.

Dwy a eurwyd i dariaw
Dra 'dd elai'i waed drwy'i ddwy law.
Y drydedd, anwedd unoed,
40   A ddeuai drwy Ei ddau droed.
Ym, ar honno, mae rhinwedd
Mal y bu 'n ymyl y bedd.

Wyf barod: af i beri
44   Ei heuro, hoel hir yw hi.
Hithau bair o eitha' byd
Ym f'achub am fy iechyd:
Fo a wna'r Grog, fannau'r Gred,
48   Am Ei alw ymy weled.
I Lonsies y rhoes Iesu
Ei olwg, fal euog fu;
Gwneled y Grog wineulas,
52   Amen, roi i minnau ras.
Carcharwr, cyrcha' i orwyf,
Cyfiawn hen iawn i Hwn wyf:
Ys gwnêl, er Ei bum weli,
56   Yn rhodd Ei fam yn rhydd fi!
Gwared a gaiff pob gwirion:
Gŵr wyf a red gar Ei fron.
Gwerthfawr yw'r Gwawr a'n gweryd,
60   Gwna ym fy modd, gwyn fy myd;
Gorau dofodau, Duw fydd,
Gŵr a'i gwna, yw'r grog newydd:
Gwneled ym [ ] niwlach
64   Gadw fy nau lygaid yn iach.

O myn iawn ym, mi a wna',
I'w loyw deml weled yma,
O gwnaid amod, gwnaed ymy
68   Weled yn fraisg wlad nef fry.
Nid drwg lle f'enaid rhag llaw
Na'i dreigl yno i drigaw.
Nerth y Grog, eurog wryd,
72   Newydd fo fy annedd fyd;
Ni weler mwy o alaeth
Na dydd ym, na diwedd waeth.

Ffynonellau
A—LlGC 552B, 105^r B—LlGC 644B, 50.

Er bod tair llinell yn eisiau yn llawysgrif B, y mae'r ddau gopi o'r cywydd hwn mor debyg i'w gilydd fel y gellir yn bur hyderus dderbyn eu bod yn dibynnu ar yr un gynsail. Ymhellach ar y llawysgrifau, gw. tt. 199–204.

Amrywiadau
1 *B* anw; *AB* gwiw. 7 *A* maen. 8 *B* dellni. 11 *A* my nych. 12 *A* pe. 22 *A* i un a royd. 32 *B* ai eglur. 33 *AB* o dyran. 34 *A* o goreth. 37 *B* dwy arwydd. 39 *AB* y drydydd. 41 *B* y mae. 49 *B* i elizeus. 53 *A* kyrcharwr kyrcha I orwyf, *B* kyrcharwr kyrcha iorwyf. 55-6 [*B*]. 55 *A* bum hweli. 57 *B* bob. 59 *A* gwrthfawr. 64 [*B*]. 66 *A* weledd. 68 *B* y wlad fry. 69 *B* nid trwg fy enaid. 72 *AB* fymedd fyd. 73 *A* ni weler ymwy.

Teitl
A kowydd y dall, *B* cowydd y gwr dall.

Olnod
AB Ieuan llwyd brydydd ai kant.

Trefn y llinellau
A 1–74.
B 1–54, [55–6], 57–63, [64], 65–74.

Nodiadau

7

Dyma, yn ddiau, y gerdd fwyaf nodedig a gadwyd o waith Ieuan Llwyd Brydydd, ac y mae nifer y copïau yn brawf o'i phoblogrwydd. Er bod enwau beirdd heblaw Ieuan i'w cael wrthi yn y llawysgrifau, fe'i priodolir iddo mewn 24 copi, gan gynnwys y rhai cynharaf, ac y mae'n bur sicr mai ef a'i piau.[1] Gwrthrych y cywydd yw Hywel ab Einion ap Hywel Coetmor, a elwid yn gyffredin yn Hywel Gwynedd ac a drigai yng Nghlynnog.[2] Olrheiniai ei ach i'r tywysog Llywelyn ab Iorwerth.[3]

Ceir gan Syr John Wynn o Wedir gyfeiriad tra diddorol at y cywydd hwn mewn llythyr at Syr William Jones, gan ei ddisgrifio fel hyn:

> ... the kywydd itselfe beeing both verie well written by a notable bard of our cowntrey living in his [s.c. Hywel Gwynedd] tyme and also makinge ample declaration of the matter now in question.[4]

Y *matter now in question* oedd ymateb y bardd ar ôl i Hywel ab Einion lwyddo i ddianc yn groeniach o frwydr Banbri (neu Edgecote), 24 Mehefin, 1469, brwydr a seriwyd ar gof y Cymry oherwydd y colledion alaethus o ran nifer a statws y rhai a laddwyd.[5] Amddiffynnwyd einioes Hywel, yn ôl

---

[1] Hywel Rheinallt a ddaw nesaf gyda saith o gopïau; ceir dau yr un ar enwau Hywel Cilan a Rhys Goch Eryri, gyda Robin Maelan, Rhys Pennardd, Rhys Cain a Rhys Llwyd Brydydd (camgymeriad am Ieuan Llwyd Brydydd?) yn rhannu'r gweddill o'r priodoliadau. Y mae'r copïau eraill a ddiogelwyd yn ddienw.

[2] Adwaenid sawl dyn wrth yr enw 'Hywel Gwynedd'. Ceir Hywel Gwynedd ap Dafydd ap Bleddyn ab Ithel Fychan y gwelir ei ach yn P.C. Bartrum: WG1 'Edwin' 16 lle y nodir (i) *Hol. Gwynedd a dored i ben ar Voel y Gaer* [Caerfallwch] *gan wyr y Fflint yn amser Owain* [Glyndŵr] *ac aeth Saxtwn* [sef Bryan Saxon] *ai dir*; (ii) *Hoell Gwynedd ... a fforffetiodd i dir o achos Owen Glyndwr*. Am fwy o fanylion, gw. J.Y.W. Lloyd, 'History of the Lordship of Maelor Gymraeg or Bromfield', Arch Camb (fourth series) viii (1877), 33; H.J.F. Vaughan, 'Sir William Stanley', *ib*. xiv (1883), 66; DWH i, 124, ii, 255. Am gysylltiadau teuluol y rhai a gymerodd ochr Glyndŵr yng ngogledd-ddwyrain Cymru, gw. R.R. Davies: ROG 210.

[3] Am ei achau, gw. y tabl achau, td. 73 uchod. Ymhellach ar Hywel, gw. HGF 19, 109. Trafodir y cywydd hwn a'i arwyddocâd mewn nodyn gan E.D. Jones, 'Hywel Coytmor (Coetmor)', Cylchg LlGC viii (1953–4), 350–2.

[4] Dyfynnwyd o *Wynn Paper 1005* yn E.D. Jones, *art.cit*. 350. Dyddiwyd y ddogfen wreiddiol 27 Ionawr 1621.

[5] Yn ôl y traddodiadau a gadwyd wrth y gerdd hon, lladdwyd 5,000 o'r 7,000 a fu'n brwydro ar faes Banbri. Wrth drafod y frwydr, nododd H.T. Evans, 'When we contemplate this formidable list of dead, comprising the cream of the aristocracy of South Wales, it is easy to understand why the defeat was regarded in Wales as a national calamity ... The defeat convulsed Wales more profoundly than any other battle in which the Welsh had hitherto been

Ieuan Llwyd Brydydd, gan Dduw; a gorchest y gerdd hon yw dyfalu'r nawdd amddiffynnol honno drwy ddisgrifio'r ddwbled y portreedir Hywel yn ei gwisgo ar faes y frwydr.[6] Ond er ei disgrifio'n fanwl—a diau fod y bardd yn cyfeirio at wisg o'r iawn ryw—deuir i sylweddoli nad ystyrid hi yn bais neu wasgod gyffredin. Ergyd y dyfalu yw fod arwyddocâd deublyg i'r ddwbled: er ei gwneud o ddefnydd daearol, bron na ellid dweud bod iddi arwyddocâd crefyddol. Gweddïau'r *gwirioniaid* o sir Hywel a luniasai'r ddwbled hon (llau. 22–30); Duw ei hun oedd y *taeliwr* (llau. 31–4); cafwyd yr edau gyfrodedd ar ei chyfer gan neb llai na'r Forwyn (ll. 36); a maentumia'r bardd mai Beuno, ynghyd â'r deuddeg Apostol, a'i gwnïodd (ll. 39). Er eu bod yn annisgwyl ar yr olwg gyntaf, y mae'n dra thebygol fod i'r cyfeiriadau crefyddol bwrpas arbennig, a bod cwlt y saint hyn yn nodedig yn ardal dylanwad teulu Hywel ab Einion. Y mae'n hysbys fel y cysylltid Beuno â Chlynnog, sef cartref Hywel; a gall mai eglwys neu gapel a gysegrwyd i Fair ac i'r Apostolion, ac a oedd dan nawdd teulu Hywel, a ysbardunodd y ddelweddaeth ymhellach. Cloir y gerdd drwy ddyfalu Hywel ab Einion yn nhermau ei wisg: *Dirytbais wyd, ŵyr Rotbert* (ll. 65). Nid dweud yn unig y mae'r bardd fod gan Hywel ddwbled wych nodedig, ond ei fod ef ei hun megis arfwisg neu grys mael amddiffynnol cadarn a gloyw i'w bobl.[7]

2   **Einion hael** Sef Einion ap Hywel Coetmor, tad gwrthrych y gerdd, gw. P.C. Bartrum: WG2 'Gruffudd ap Cynan' 7 (D) a'r tabl achau, td. 73.

3–4 **Hywel ... / ... Coetmor** Claddwyd Hywel Coetmor yng nghapel Grwst yn Llanrwst lle y mae ei ddelw fedd, gw. Colin A. Gresham, *Medieval Stone Carvings in North Wales: Sepulchral Slabs and Effigies of the Thirteenth and Fourteenth Centuries* (Cardiff, 1968), 205–7 (188). Ymhellach ar Hywel Coetmor a'i frawd, Rhys Gethin, gw. 1.7–8, 12.3–4n a'r tabl achau, td. 73.

3   **gwingost** Gw. 5.12n.

4   **cotymwr beirdd** Ystyr *cotymwr* yw 'un sy'n darparu gwisgoedd, dilladwr', gw. GPC 572. Rhan o ddefod hysbys noddi'r beirdd oedd rhoi dillad iddynt, a dichon fod Ieuan Llwyd Brydydd yn cyfeirio at yr agwedd hon ar haelioni Hywel ab Einion. O ystyried y pris mawr a

engaged', gw. WWR² 108–9. Ar ddyddiad y frwydr, gw. W.G. Lewis, 'The Exact date of the Battle of Banbury, 1469', *Bulletin of the Institute of Historical Research*, lv (1982), 1946.

⁶ Am y gwahanol fathau o ddwbledi a'r dillad eraill a wisgid yn y cyfnod, gw. Mary G. Houston, *Medieval Costume in England and France: The 13th, 14th and 15th Centuries* (London, 1996); Heather Rose Jones, *Medieval Welsh Clothing to 1300* (Oakland, 1993). Tebyg iawn oedd y ffasiwn yn Iwerddon, gw. John Hunt, *Irish Medieval Figure Sculpture 1200–1600* (Dublin & London, 1974). Yr wyf yn ddyledus i Mr Owen Thomas am dynnu fy sylw at y cyfeiriadau hyn.

⁷ Diddorol yw cymharu'r cywydd hwn â chywydd Gwilym ab Ieuan Hen i Faredudd Fychan o Linwent, plwyf Llanbister, lle yr awgrymir bod nifer o feirdd wedi bod wrthi'n llunio pais i Faredudd. Y mae'r 'bais' yn y gerdd honno yn drosiad am foliant y beirdd eu hunain.

roddid gan y beirdd ar haelioni yn gyffredinol, ai talu'r pwyth i Hywel am hynny, drwy lunio cerdd am y wisg lawn bendithion a'i hachubodd, a wneir yn y gerdd hon?

6 **ym Duw** Ebd., '*by God*!'; cf. ll. 20 a'r llw neu'r ebd. *O drŵn drud*! yn ll. 15. Tybed a oedd y bardd yn ceisio atgynhyrchu un o nodweddion llafar Hywel ab Einion drwy ailadrodd y llwon ysgafn hyn?

8 **ceraint aml** O ran gwaed a chysylltiadau teuluol yr oedd teulu Hywel ab Einion gyda'r mwyaf dylanwadol yng ngogledd Cymru yn ei ddydd.

9 **taith** Dichon mai 'cyrch' neu 'daith i frwydr' yw'r ystyr yma, sef ystyr a welir yn aml yn y cerddi darogan.

10 **y frwydr** Sef brwydr Banbri (neu Edgecote), a ymladdwyd ar 24 Mehefin, 1469; gw. y sylwadau rhagarweiniol uchod.

15 **O drŵn drud!** Ymadrodd braidd yn dywyll, gw. yr amrywiadau. Ar sail tystiolaeth y llsgrau., gellid cyfiawnhau darllen *O'r drŵn* neu *O drŵn*. O ran ystyr tueddir i gredu mai ebd. a geir yma, a bod modd deall *trŵn* yn yr ystyr 'gorsedd' (ai gorsedd Duw?), gw. GPC 3627, neu'n a. ac iddo rym e., '[un] gwych, rhagorol'. Dichon mai'r ail ystyr sy'n gweddu orau yma.

22 **dyblau dy ddwbled** Sef leinin y ddwbled.

24 **llywion bras … llin brau** Ni wnaed y ddwbled o unrhyw ddefnydd bras neu arw: *meiosis* yw hyn i bwysleisio gwychder y ddwbled.

36 **edau gyfrodedd** '*Twisted thread*' yw'r ystyr; ceir yr ymadrodd ar lafar o hyd yng Ngwynedd.

40 **Rhys** Ceir sawl Rhys yn achres Hywel ab Einion, megis ei ewythr, Rhys ap Hywel Coetmor, gw. P.C. Bartrum: WG2 'Gruffudd ap Cynan' 7 (C), neu Rys Gethin, brawd Hywel Coetmor, gw. *ib.* 'Gruffudd ap Cynan' 6. Ond o ystyried y cyfeiriad at *Rotbert* yn ll. 65, dylid cofio bod Hywel ab Einion yn disgyn ar ochr gwraig Hywel Coetmor, sef Gwenllïan ferch Llywelyn (gw. *ib.* 'Gollwyn' 5), o Rys ap Robert ap Gruffudd (gw. *ib.* 'Marchudd' 16), disgynnydd o Ednyfed Fychan; gw. ymhellach A.D. Carr, 'Rhys ap Roppert', TCHSDd xxv (1976), 155–70 (ond gthg. GIG 352). Casglodd Rhys arian dros Owain Lawgoch er ei fod yn swyddog i'r brenin.

43 **Ithel** Y mae sawl posibilrwydd ynglŷn ag ef. Yn ôl manylion achyddol a gofnodwyd gan Ruffudd Hiraethog, Gwerful ferch Ithel Ddu o Lŷn oedd enw mam Hywel ab Einion, gw. E.D. Jones, 'Hywel Coytmor (Coetmor)', Cylchg LlGC viii (1953–4), 351–2. Fodd bynnag, yn P.C. Bartrum: WG1 'Gollwyn' 5 enwir Gwerful ferch Llywelyn yn wraig i Einion ap Hywel Coetmor. Taid Gwerful, yn ôl yr achres hon, oedd Ieuan ap Gruffudd, brawd Syr Hywel y Fwyall; ond priododd Llywelyn ei hun â merch (ddienw) o Lŷn yr oedd dau ŵr o'r enw Ithel Ddu yn

hynafiaid iddi, gw. *ib*. 'Trahaearn Goch of Llŷn' 2. Eto, y mae'r sôn am *Rhys* yn ll. 40 yn dwyn i gof y ffaith fod Lleucu ferch Robert, mam Rhys ap Robert, yn chwaer i Ithel ap Robert o Goedymynydd, perthynas i Iolo Goch, gw. P.C. Bartum: WG1 'Marchudd' 16 ac 'Ednywain Bendew' 2.

60 **Siarlys**   Ai cyfeiriad at yr ymherodr Charlemagne? Ceir *Charlys*, *Chyarlys* a *Chiarlys* yn ffurfiau ar yr ep. hwn yn YCM² 2 (ll. 9), 11 (ll. 6), 45 (ll. 22).

65 **Rotbert**   Gw. ll. 40n.

8

Dafydd ab Owain, abad Maenan (Aberconwy) ac yna esgob Llanelwy, yw gwrthrych y cywydd hwn.[1] Fel y nododd Dr A. Cynfael Lake, 'Dyma'r noddwr eglwysig *par excellence*. Ni chanodd cynifer o feirdd i'r un gŵr eglwysig arall.'[2] Cenid i Ddafydd ab Owain ar wahanol adegau o'i fywyd gan rai o feirdd amlycaf y cyfnod, megis Bedo Brwynllys;[3] Dafydd ap Maredudd ap Trefor;[4] Gruffudd ab Ieuan ap Llywelyn Fychan;[5] Guto'r Glyn;[6] Hywel Rheinallt;[7] Ieuan ap Tudur Penllyn;[8] Lewys Môn;[9] Owain ap Llywelyn Moel;[10] Rhys Pennardd;[11] Siôn ap Hywel;[12] Tudur Aled[13] ac Wiliam Egwad,[14] yn ogystal â'r cywydd hwn gan Ieuan Llwyd Brydydd.[15] Tyst yw'r canu hwn oll i bwysigrwydd a dylanwad Dafydd ab Owain fel noddwr y beirdd, ac fe'i mawrygid ganddynt am ei ddysg a'i ddiwylliant, ei haelioni tuag atynt, ac am ei waith mawr yn atgyweirio'r abatai y bu'n bennaeth arnynt yn ogystal â'i waith wedyn yn esgob Llanelwy. Ceir yn y

---

[1] Ceir ei ach yn P.C. Bartrum: WG2 'Aleth' 6 (B): Dafydd ab Owain ap Deio ap Llywelyn ab Einion ap Celynnin o Lasgoed ym Meifod, Powys; cf. hefyd yr ach a roddir yn Pen 287, 1030. Trafodir agweddau ar ei fywyd yn ByCy 90–1; CTC 297–304; D.H. Williams, *The Welsh Cistercians* (Tenby, 1984), mynegeion dan *David ab Owain*; D.R. Thomas: HDStA i, 220–1; WCCR² mynegai.

[2] GSH 119.

[3] Bedo Aerddrem, &c.: Gw 114.

[4] Pen 100, 505.

[5] *Ib*. 507.

[6] GGI² 308–9 (CXX).

[7] Pen 100, 496.

[8] GTP 79 (cerdd 44).

[9] GLM 231 (LXV), 234 (LXVI).

[10] Pen 100, 495.

[11] *Ib*. 480.

[12] GSH 13 (cerdd 1).

[13] TA 15 (III), 81 (XV), 84 (XVI), 88 (XVII), 387 (XCIX), 390 (C), 406 (CIV), 412 (CVI), 434 (CXI).

[14] Pen 100, 462.

[15] Golygwyd y cerddi hyn i Ddafydd ab Owain, yn ogystal â cherdd iddo gan fardd dienw, yn CTC cerddi 20–37, 102, 104–9.

cerddi hyn awgrym o gymeriad cryf a gweinyddwr effeithiol a llwyddiannus a fanteisiodd ar holl gyfleoedd ei statws i hyrwyddo ei achos a'i flaenoriaethau personol ef ei hun. Trwy'r cyfeiriadau at ran Dafydd yn rhyfel Harri Tudur yn erbyn Rhisiart III, pwysleisir ei ddewrder a'i gryfder. Nid annichon y gwnaed hyn gan nad oedd Dafydd heb ei wrthwynebwyr a'i elynion.

Gellir olrhain ach Dafydd ab Owain i Lwydiaid Dolobran, sir Drefaldwyn, drwy ei daid, Deio ap Llywelyn ap Einion;[16] ond myn traddodiad mai Celynnin ap Rhirid a sefydlodd y llinach hon ar ôl iddo orfod ffoi o Ddyfed i Bowys. Gwraig Deio oedd Mari ferch Gruffudd Goch o'r Cnwcin ac, yn ôl tystiolaeth rhai o'r ffynonellau achyddol, ceid Fychaniaid Glasgoed ymhlith disgynyddion llewyrchus y briodas honno.[17] Y tebyg yw fod Dafydd ab Owain wedi derbyn addysg yn Rhydychen a mynd ymlaen wedyn i raddio yn y ddwy gyfraith, er nad yw'r awdurdodau cynharaf a rydd yr wybodaeth hon yn cyfeirio at eu ffynonellau.[18] Bu yn ei dro yn abad Ystrad Marchell, Ystrad Fflur a Maenan, cyn ei benodi'n esgob Llanelwy ar 18 Rhagfyr, 1503, er bod awgrym iddo aros yn abad Maenan am gyfnod wedyn. Bu Dafydd ab Owain farw ar naill ai 11 neu 12 Chwefror 1512/13. Gan fod peth ansicrwydd ynglŷn ag union ddyddiad rhai o'i benodiadau abadol, nid yw'n eglur a fu iddo ddal sawl abadaeth ar yr un pryd. Fodd bynnag, erbyn 1485 y mae'n sicr ei fod yn abad Ystrad Marchell, a'r tebyg yw mai tua 1490 neu 1491 y penodwyd ef yn abad Maenan, er bod rhai ffynonellau yn awgrymu 1495. Ymddengys ei fod yn dal yn y swydd honno pan benodwyd ef yn esgob Llanelwy.[19] Diau mai'r blynyddoedd hyn yw cyfnod canu'r cywydd hwn, sef cyn ei ddyrchafu'n esgob.

Cyfeiria'r gerdd hon at gyflwr echrydus abaty Maenan cyn penodi Dafydd ab Owain, a diau fod gwir yn hynny, er y dylid nodi bod hyn yn fath o dopos yn y canu i'r abadau yn gyffredinol (cf. y cerddi a ganwyd i'r un perwyl gan Guto'r Glyn i'r Abad Rhys o Ystrad Fflur). Molir Dafydd ab Owain nid yn unig am atgyweirio adeilad y fynachlog (*Heddiw 'r wyd*,

---

[16] Rhoddir ei ach yn P.C. Bartrum: WG1 'Aleth' 6. Am grynodeb o hanes cynnar Llwydiaid Dolobran, gw. ByCy 537.

[17] Cf. Pen 176, 214; BL (Harleian) 1969; H.F.J. Vaughan, 'Oswestry, Ancient and Modern, and its Local Families', Arch Camb (fifth series) ii (1885), 108.

[18] Gw. Anthony Wood, *Athenae Oxoniensis* (Oxford, 1813) ii, 698; J. Le Neve, *Fasti Ecclesiae Anglicanae 1300–1541: XI The Welsh Dioceses*, compiled by B. Jones (London, 1965), 39. Serch hynny, diau fod peth gwirionedd yn sylw Glanmor Williams fod y beirdd yn gwneud môr a mynydd o ddysg Dafydd ab Owain, gw. WCCR[2] 393; ond gthg. y ddadl i'r gwrthwyneb a gynigir yn CTC 298–9, yn enwedig ar bwys y posibilrwydd ddarfod i Ddafydd ab Owain dreulio cyfnod yng ngwasanaeth Siôn, iarll Caerwrangon a phrif ustus gogledd Cymru, rhwng 1460 a 1467, sef gŵr a ddaeth yn gyfarwydd â'r ddysg newydd ar ei deithiau i'r Eidal.

[19] Gw. Graham C.G. Thomas, *The Charters of the Abbey of Ystrad Marchell* (Aberystwyth, 1997), 50; CTC 301–2. Am hanes abaty Maenan (Aberconwy), gw. HAA *passim*. Os cafodd yr Esgob Richard Davies, yn ŵr ifanc, ei addysg gynnar ym Maenan, y mae'n eithaf posibl iddo ddod i adnabod yr Abad Dafydd yno.

wahoddwr iach, / Yn ei hurddo yn harddach (llinellau 23–4)) ond am iddo ddod â llyfrau, organau, gwisgoedd a llestri litwrgïol newydd, ac am wella safon y gwasanaethau a gynhelid yno.

Golygwyd y gerdd hon eisoes yn CTC 53–4 (cerdd 22), 307–9.

1 **Celynnin** Sef Celynnin ap Rhirid o Lwydiarth, un o hynafiaid Dafydd ab Owain, gw. P.C. Bartrum: WG1 'Aleth' 5. Cyfeirir at y cyff hwn o achres Dafydd ab Owain yn aml yn y cerddi a ganwyd iddo.

4 **Gwennwys** Un o bum 'costoglwyth' Cymru, sef llwythi gwreng neu ddifonedd; Gwennwys ac Alo oedd y ddau lwyth a gysylltid â Phowys. Daeth disgynyddion Brochwel Ysgithrog yn arglwyddi ym Mhowys, a chysylltir ei ddisgynyddion â Meifod, Cegidfa a Broniarth ac Ystrad Marchell. Am darddiad yr e. *Gwennwys* ac am gyfeiriadau ato, gw. L. Dwnn: HV ii, 27; G 661 d.g. *Gwenhŵys*; Enid P. Roberts, 'Gwehelyth', Mont Coll lx (1967–8), 56. Y mae'n debygol mai'r cysylltiad â Meifod a barodd ystyried Dafydd ab Owain yn un o'r Gwennwys.

5 **gobr** Amrywiad ar *gwobr*; fe'i deellir yma yn yr ystyr 'rhodd' neu 'haeddiant', gw. GPC 1418. Efallai mai ystyr y ll. yw 'un sy'n derbyn rhodd gan Dduw'.

6 **dy dad** Owain ap Deio ap Llywelyn o Ddolobran, gw. isod, ll. 8n.

8 **Owain** Er bod sawl Owain yn achres y teulu hwn, dichon mai at Owain ap Deio, tad Dafydd, y cyfeirir yma, gw. ll. 6n.

9 **mudaist ramadeg** Nid yw arwyddocâd hyn yn eglur, ond efallai fod yma gyfeiriad arall at ddysg anghyffredin Dafydd ab Owain, neu o bosibl at ei waith yn casglu llyfrau newydd ar gyfer y fynachlog.

10 **dewis gân Duw** Cyfeiria hyn, o bosibl, at y blaengan y byddid yn ei harfer yn ystod y gwasanaethau mynachaidd.

12 **doctor** Trafodir y ddysg a'r cymwysterau a ddyfarnwyd i Ddafydd ab Owain yn CTC 298. Awgrymir yn J. Le Neve, *Fasti Ecclesiae Anglicanae 1300–1541: XI The Welsh Dioceses*, compiled by B. Jones (London, 1965), 39, fod Dafydd ab Owain wedi ennill gradd doethur yn y gyfraith ganon.

   dectai Nid yw'n eglur ai cyfuniad o *teg* ynteu *deg* + *tai* yw'r ffurf. Tueddir i ffafrio'r ail, ac os dymuniad defodol yw'r hyn a gyflwynir gan y bardd, gall *dectai* olygu holl dai'r Sistersiaid (?yng Nghymru).

14 **palis Mair** Bu'n arfer cysegru tai'r Sistersiaid a'u heglwysi i'r Forwyn Fair er cychwyn cyntaf Citeaux.

18 **deddf oed dydd** Nid yw ystyr hyn yn amlwg, ond gall gyferio at y modd y penodwyd Dafydd ab Owain neu at y modd yr ystyrid ei air yn ddeddf mewn llys barn, cyfarfod neu le dadlau.

20 **mynachlog Lechog**   Yn Pen 94, 26, cyfeirir at *Aber llechoc* yn Is
Conwy; nodir yn Pen 100, 482 wrth y ll. hon *mynachlog lechog gar bro
Gonwy*, cf. HAA 186–7.

22 **hadlu** 'Adfeilio, dadfeilio', &c., gw. GPC 1800: awgrym arall o gyflwr
truenus adeiladau'r abaty cyn dyfod Dafydd ab Owain.

28 **organau**   Ar *organau* yr eglwys, gw. D. Knowles, *The Religious Orders
in England* (Cambridge, 1959), iii, 19.

gwŷr gwynion   Gwyn yw lliw abid y Sistersiaid, ond diau fod y bardd
yn chwarae hefyd ar amwysedd yr a. *gwyn* a all hefyd olygu 'bendigaid'
neu 'sanctaidd'.

30 **gwasgawd**   Sef *gwasgod*: un ai'r dilledyn, neu yn yr ystyr 'amddiffyn-
nwr, noddwr', gw. GPC 1596 d.g. *gwasgod*[1, 2].

31 **cywirgerdd**   Sef 'plaengan', o bosibl; cf. ll. 10 *dewisgan* a ll. 27 *lafar
dôn*.

32 **cerygl**   Ffurf l. *caregl*, sef cwpan y Cymun, *'chalice'* (< *calix*, drwy'r
ffurf *calicla* [o *calicula*]), gw. GPC 426.

33 **ebyd**   Ffurf l. *abad*. Awgrymir gan y cwpled *Nid âi'r un, er dymunaw /
… uwch dy law* (llau. 35–6) yr elfen gystadleuol ddigamsyniol a nod-
weddai yrfaoedd eglwysig yn oes Dafydd ab Owain.

gar bro Gonwy   Derbyniwyd drll. llsgr. C, *gar bro Gonwy*, er y gellid
dehongli'r gair cyntaf fel ffurf dreigledig *câr* yn ogystal. Dywed y
bardd, wrth gyfarch Dafydd yn llau. 33–6, petai mil o abadau ger ardal
Conwy ni fyddai'r un ohonynt yn rhagori ar Ddafydd.

38 **hytraf**   Gradd eith. yr a. *hydr*, gw. GPC 1952 am ei amrywiol ystyron.
Dymunir yn y cwpled weld Dafydd yr *hytraf*, sef y cryfaf neu'r cadarnaf
o ran ei iechyd. Awgrymir mewn cerddi eraill i Ddafydd ei fod yn ŵr
cryf, nerthol a dewr (cf. y cyfeiriad at ei gampau milwrol ar faes
Bosworth, gw. ll. 39n). Os oedd ganddo elynion dylanwadol (gw. GSH
121), tybed a rydd hynny wedd arall ar ddymuniad y bardd?

39 **rhaid Harri**   'Ymgyrch Harri'. Y mae tystiolaeth y cerddi a ganwyd i
Ddafydd ab Owain o blaid credu nid yn unig iddo sefyll yn gadarn dros
achos Harri Tudur, ond iddo hefyd gyfrannu'n ariannnol at ei
ymgyrch. Yn wir, awgryma Lewys Môn i Ddafydd ab Owain ymladd
ar faes Bosworth, GLM 231 (LXV.17–8) *Abad rhuddwyn, … / yn torri
pen gwayw Twrpin gynt*. Y mae'r adran hon o'r gerdd (llau. 39–52) yn
ddiddorol yn bennaf oherwydd y pwyslais a rydd ar ymwneud gwleid-
yddol Dafydd â Harri Tudur. Fel y dywed Glanmor Williams, 'A
masterly manipulator of episcopal vacancies, Henry saw to it that all
bishops were his nominees, and usefulness and devotion to his service
determined preferment to the bench … In making such appointments

Henry was not in fact being moved by specifically Welsh consider-
ations. He was rewarding loyal servants ...', WCCR[2] 301–2.

41–2 **Y dydd drud ... / Y bu'r anap i'r brenin**   Cyfeiriad arall at frwydr
Bosworth; y *brenin* yw Rhisiart III.

43   **yr ych o Rôn**   Gthg. CTC 53 (22.43) *a'r ych o Fôn*. Y mae'n debygol
mai Siasbar Tudur a olygir, gw. R. Wallis Evans, 'Canu Darogan:
testunau amrywiol, B xxxvi (1989), 88–9; *id.* 'I Gyfeiriad Maes
Bosworth', *Taliesin*, 55 (1986), 26 a cf. GDGor 3.61n. Cf. hefyd isod
13.28, 66.

47   **twˆr hirwyn**   Er y gall mai trosiad yw hwn am gadernid Harri VII a'i
allu milwrol (gw. GPC 3660), y mae'n bosibl hefyd mai cyfeiriad ydyw
at y Tŵr Gwyn, S. *'Tower of London'*.

51   **aur fodrwy**   Cyfeiriad symbolaidd yma at awdurdod Harri VII; ond
arferai esgobion hwythau wisgo modrwy aur yn arwydd o'u hawdur-
dod ysbrydol a daearol. Efallai fod Ieuan Llwyd Brydydd yn cyfeirio'n
gynnil at ffynhonnell y nawdd a fyddai'n sicrhau dyrchafiad Dafydd ab
Owain yn esgob.

52   **y maes**   Diau mai Bosworth a olygir yma.

55   **Ifor**   Ai Ifor Hael, sef Ifor ap Llywelyn, noddwr Dafydd ap Gwilym, a
olygir (gw. GDG[3] xxxix–xl)?

59   **arlwydd**   Dilynir yma'r diwygiad a geir yn llsgr. C (gw. yr Amryw-
iadau). Am y ffurf, sy'n amrywiad ar *arglwydd*, gw. GPC 198 d.g.
arglwydd. Dylid nodi hefyd fod y mynachlogydd yn cael eu hystyried
yn brif gronfa ar gyfer y maddeuebau a chwenychid, gw. WCCR[2]
368n6; dichon mai at hynny y cyfeiria'r ll. hon.

9

Mewn llawysgrif yng nghasgliad Coleg Eglwys y Drindod, Rhydychen, ceir
cyfres hir o gerddi a ganwyd i deulu Salbrïaid Lleweni ac i Gatrin o Ferain.[1]
Cofnodwyd nifer o'r cerddi hyn yn llawiau'r beirdd eu hunain, ond y mae'n
debygol mai Wiliam Cynwal a fu'n gyfrifol am godi nifer helaeth o'r cerddi
yn y llawysgrif nodedig hon. Yn ei thrafodaeth ar waith Cynwal fel copïwr,
nododd Rhiannon Williams fod y llaw a welir ar ff. 89ʳ–174ʳ '... yn llawer
mwy cryno na'r un a farnwyd eisoes ei bod yn eiddo [ef]. Er hynny, yr un
yw'r wyddor, ac y mae'n bur debyg mai Cynwal a'i piau.'[2] Fel y dangosodd
yr Athro Gruffydd Aled Williams, ymddengys mai '... [m]ath o *duanaire*
teuluol' a geir yn yr adran hon o'r llawysgrif, ac mai ar gais Catrin y'i

---

[1]   Christ Church MS. 184, 91ᵛ (ceir copi ffotostat ohoni yn LlGC 6495–6C); gw. HMNLW ix,
185.
[2]   Gw. ymhellach Rhiannon Williams, 'Wiliam Cynwal' yn LlCy viii (1964–5), 204.

casglwyd.[3] Wrth iddo fynd ati i'w cynnull, dichon i'r copïwr fanteisio ar y copïau o'r cerddi a gadwyd gan aelodau o deulu Catrin ei hun.[4]

Fel y gwyddys, yr oedd Catrin o dras nodedig o du ei thad a'i mam. Yr oedd yn ferch i Dudur ap Robert Fychan o Ferain ym mhlwyf Llanefydd, sir Ddinbych; a'i mam oedd Jane, ferch Syr Robert Velville, mab gordderch Harri VII.[5] Gallai ei thaid ar ochr ei thad yntau ymfalchïo yn ei dras, sef Robert Fychan ap Tudur ab Ieuan ap Tudur ap Gruffudd Llwyd ap Heilyn Frych ap Cynwrig Fychan ap Cynwrig ap Llywarch o Lanefydd.[6] Hanai Catrin, felly, o linach Marchweithian o Is Aled. Y mae'r cerddi gofyn, diolch, mawl a marwnad a ganwyd i aelodau o'r teulu epilgar a dylanwadol hwn yn dyst i ffyniant y traddodiad nawdd ar eu haelwydydd.[7]

Achau Ieuan ap Tudur

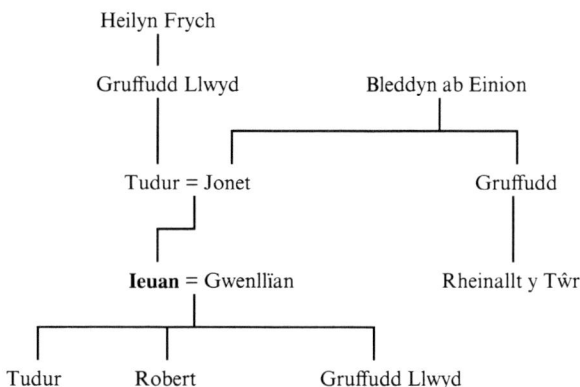

Ymhlith y marwnadau a ganwyd ar ôl Ieuan ap Tudur a'i fab Tudur ab Ieuan, sef gorhendaid a hendaid Catrin o Ferain, cedwir yn y llawysgrifau ddau gywydd marwnad gan Dudur Aled, un o'r beirdd enwocaf y cysylltid ei enw â'r teulu hwn. Cyflwynir yn TA 369 (XCIII) destun beirniadol o un o'r cywyddau hyn, yn dwyn y teitl ' "Ein calon oedd a'n coel ni": Marwnad

---

[3] YEPWC cxxiv.

[4] Er gwaethaf pwysigrwydd eu ffynonellau craidd, o gofio mai'r fersiynau gwreiddiol o gerddi'r beirdd a oedd ganddo, diddorol yw nodi nad yw'r testunau a roddir gan y copïwr hwn heb eu gwallau.

[5] Am grynodeb hwylus o fywyd Catrin o Ferain, gw. ByCy 63 a'r cyfeiriadau.

[6] Dengys yr achresi mai Cynwrig ap Llywarch oedd un o hynafiaid Prysiaid Plas Iolyn; gw. DWH ii, 98.

[7] Ceir yn llsgr. Christ Church MS. 184 gopïau o nifer o'r cerddi hyn, megis cywydd i erchi rhwyd i Ieuan ap Tudur a chywydd gan Faredudd ap Rhys i ddiolch am y rhwyd; marwnad Ieuan ap Tudur gan Siancyn ab Einion; cywydd i Dudur ab Ieuan i ofyn march gan Ruffudd ap Llywelyn Fychan; cywydd i ofyn march i Robert Fychan gan Siôn ap Hywel (GSH cerdd 12); cywydd moliant Robert Fychan gan Lewys ab Edwart; marwnadau Robert Fychan gan Lewys ab Edwart a Gruffudd Hiraethog.

Ieuan ap Tudur ap Gruffudd Llwyd ap Heilyn Frych o Lannefydd'.[8] Ond gwyddys bellach fod golygiadau T. Gwynn Jones o gerddi Tudur Aled yn cyfeiliorni ar brydiau, fel na ellir eu derbyn yn ddigwestiwn; ac, fel y saif, y mae'r farwnad dan sylw yn enghraifft dda. Nodir dwy ffynhonnell lawysgrifol ar ei chyfer yn TA, sef Llst 124 (*c.* 1648) a BL Add 31102 (a gopïwyd gan Huw Morrice yn 1805). O'u cymharu, cesglir ei bod yn dra thebygol fod y copi a wnaed gan Morrice naill ai wedi ei godi'n union-gyrchol o Llst 124 neu, wrth reswm, fod y ddwy lawysgrif yn deillio o'r un gynsail, er y dylid nodi y ceir rhai mân wahaniaethau rhwng y ddau destun. Y mae'n bur sicr, fodd bynnag, fod y testunau craidd hyn y dibynnodd T. Gwynn Jones arnynt yn gywasgiad o ddwy farwnad, sef un a ganwyd i Ieuan a'r llall i'w fab, Tudur. O ddilyn y fersiwn a roddir yn TA gwelir fel y dechreua'r farwnad drwy sôn am Ieuan ap Tudur a'i dair chwaer; ond try wedyn i goffáu ei fab, Tudur ab Ieuan, ac enwi ei chwe mab yntau. O graffu ar y diwygiadau testunol a wnaed i'r gerdd gan T. Gwynn Jones, yn ogystal â'r nodiadau cefndirol a rydd, y mae'n anodd peidio ag osgoi'r casgliad iddo anesmwytho ynghylch y testun a oedd o'i flaen, a diwygio rhai llinellau (a hynny'n ddianghenraid), efallai er mwyn ceisio cysoni'r dystiolaeth. Serch hynny, y mae'n deg ychwanegu nad oedd modd iddo wybod ar y pryd am fodolaeth Christ Church MS. 184, y ffynhonnell gynharaf i'r gerdd hon.

O gymharu'r testunau diweddarach y cyfeirir atynt yn TA XCIII â'r rhai a geir yn Christ Church MS. 184, gellir dyfalu sut y bu. Dechreua marwnad Ieuan ap Tudur ap Gruffudd Llwyd, fel y'i golygir gan T. Gwynn Jones a'i phriodoli ganddo i Dudur Aled, â'r llinell *Am ŵr â grym y mae'r gred*, ac felly y'i ceir yn Llst 124, 357 hefyd. Codwyd llinellau 19–94 o'r gerdd gyfansawdd y rhoddir ei thestun yn TA 369 (XCIII) o farwnad Tudur Aled i Dudur ab Ieuan ap Tudur, sef *Gwae sydd ag eisiau heddyw.* Ceir y farwnad honno yn gyflawn yn Christ Church MS. 184, 94ʳ ac yn rhannol yn LlGC 20574A, 194 (llau. 37–86), Llst 124, 357 a BL Add 31102, 158ᵛ (llau. 11–86). Gwir farwnad Tudur Aled i Ieuan ap Tudur ap Gruffudd Llwyd, nas golygwyd gan T. Gwynn Jones, yw *O Dduw Iesu, ddewisŴr*, y cadwyd ei hunig destun cyflawn yn Christ Church MS. 184, 93ʳ, a llau. 1–24 ohoni yn LlGC 20574A, 192.[9]

[8] Am drafodaeth ar yr ychydig a wyddys am wrthrych y cywydd hwn, gw. Enid Roberts, 'Teulu Plas Iolyn', TCHSDd xiii (1964), 39–41.

[9] Am olygiad o'r farwnad hon, gw. M. Paul Bryant-Quinn, 'Tair Marwnad i Hynafiaid Catrin o Ferain', *Dwned*, iv (1998), 112–14, 120–1. Nodir yn y rhestr a geir ar ddiwedd LlGC 20574A, 375, fod dwy gerdd o waith Tudur Aled i'w cael yng nghorff y llsgr. ei hun, cerddi a rifir yno yn 65 a 66. Cerdd 65, yn ôl y rhestr honno, yw *O Dduw Iesu ddewisŴr*, (sef marwnad Ieuan ap Tudur) a cheir y testun ar d. 192. Cerdd 66, na chedwir y rhan gyntaf ohoni bellach yn y llsgr. honno, oedd marwnad Tudur Aled i Dudur ab Ieuan, *Gwae sydd ag eisiau heddyw*. Er nad ymddengys fod rhwyg neu niwed arall i LlGC 20574A yn y mannau hyn, dichon y bu yno gynt ddalen y ceid arni ran gyntaf marwnad Tudur Aled i Dudur ab Ieuan.

Nid oes modd gwybod pa ffynhonnell neu ffynonellau a oedd ar gael i gopïwr Llst 124, ond diddorol yw sylwi bod y testun o farwnad Ieuan Llwyd Brydydd i Ieuan ap Tudur, fel y'i ceir yn Christ Church MS. 184, yn ymestyn dros ddwy ffolio ac mai'r deunaw llinell gyntaf a geir ar ffolio 91$^\text{v}$. Marwnad Tudur Aled i Ieuan ap Tudur a geir yn ffolios 93$^\text{r}$–4$^\text{r}$, yn ogystal â deg llinell o'i farwnad i Dudur ab Ieuan, *Gwae sydd ag eisiau heddyw*. Ar frig ffolio 94$^\text{v}$, parheir testun y farwnad honno â'r llinell *Llwybr diddig lle bai'r dyddiaw*, a dyna'r union fwlch a welir yn y fersiwn a godwyd i Llst 124. Y mae'n anodd barnu i sicrwydd ai yn uniongyrchol o Christ Church MS. 184 y copïwyd y testun a geir bellach yn Llst 124, ond dichon mai rhyw anhrefn lawysgrifol gyffelyb a roes fod i'r gymysgfa a welir yno.

Cyhoeddwyd testun rhannol o'r farwnad hon yn TA 369 (XCIII); gw. ymhellach M. Paul Bryant-Quinn, 'Tair Marwnad i Hynafiaid Catrin o Ferain', *Dwned*, iv (1998), 110–112, 118–120.

3–4 **Llan ... / Ufydd** Golygwyd enw'r plwyf hwn yn *Llannefydd* yn TA 622, ond fel *Llanufydd* neu *Llanyfydd* y cofnodir yr enw yn y llsgrau. cyfoes. *Llanefydd* yw'r ffurf gydnabyddedig heddiw, gw. WATU 113.

7 **Ieuan** Ceir ach Ieuan ap Tudur ap Gruffudd Llwyd yn P.C. Bartrum: WG2 'Marchweithian' 3(E1); gw. y tabl achau, uchod td. 125. Cangen arall o dylwyth Rhys Fawr Hiraethog oedd teulu Ieuan ap Tudur.

9 **can** Sef bara gwyn, a ystyrid yn foethusrwydd yn y 15g.

12 **Tudur** Tudur ap Gruffudd Llwyd, tad Ieuan; gw. y tabl achau, td. 125.

14 **annawn** Sef 'anffawd, aflwydd', gw. GPC 134.

16 **côr Mair** Cysegrwyd eglwys plwyf Llanefydd i'r Forwyn Fair, gw. D.R. Thomas: HDStA ii, 41 a ll. 69 isod.

17 **Berwyn** Cyfeiriwyd at oerfel anghyffredin y Berwyn eisoes yn 6.2n.

18 **y tair chwioredd** Tair chwaer Ieuan, sef Dyddgu, a briododd â Maredudd ap Tudur (gw. P.C. Bartrum: WG1 'Rhirid Flaidd' 6); Isabel, a briododd ag Ieuan ab Einion (gw. P.C. Bartrum: WG2 'Marchudd' 27(A)); ac Angharad, a briododd â Llywelyn Fychan ap Llywelyn (gw. *ib.* 'Edwin' 6(A)).

19 **barwn** Gan mai term cyffredin o foliant i uchelwr yw *barwn*, efallai nad yw enwi Ieuan ap Tudur felly yn gyfystyr â phennu ei statws cymdeithasol, cf. 1.10n.

21 **Gwenllïan** Gwraig Ieuan oedd Gwenllïan ferch Llywelyn ap Dafydd y ceir ei hach yn P.C. Bartrum: WG1 'Ednywain Bendew' 6. Cysylltwyd ei theulu â Maesmaencymro, Llanynys, Colion. Am ddarn dadlennol o hanes rhai o hynafiaid Gwenllïan, gw. A.D.M. Barrell and R.R. Davies, 'Land, Lineage and Revolt in North-East Wales, 1243–1441: A Case Study', CMCS xxix (Summer 1995), 27–51.

24–6 **Gruffudd Llwyd / Ap Heilin ... / Frych** Gruffudd Llwyd oedd taid Ieuan ar ochr ei dad, gw. ll. 7n a'r tabl achau, td. 123.

26 **dwywlad** Nid yw'n debyg at ba 'ddwywlad' y cyfeirir yma. Yn *Schedule of Plas-yn-Cefn Papers and Documents*, comp. G.M. Griffiths (Aberystwyth, 1958), 1194 (ar gyfer 20 Chwefror 1552 neu 1553), ceir y cyfeiriad canlynol: *Grant of two parcels in the township of Vaynoll, co. Flynt, the second lying near the place called tervyn Eddwywlad.* Awgryma 'gwlad' diriogaeth fwy na chwmwd, wrth reswm; ac er nad yw'n annichonadwy mai Gwynedd Uwch Conwy a Gwynedd Is Conwy a olygir gan *Eddwywlad* [= 'y ddwy wlad'] yn y nodyn a geir yn siedwl Plas-yn-Cefn, y mae'n rhesymol casglu mai at Ros a Rhufoniog y cyfeirir yng nghywydd Ieuan Llwyd Brydydd, fel a wnaed gan William Salesbury—gŵr a aned yn Llansannan—wrth gyfeirio at Ruffudd ab Ieuan ap Llywelyn Fychan, gw. *Rhagymadroddion 1547–1659*, gol. Garfield H. Hughes (Caerdydd, 1976), xi, a cf. hefyd l. 63.

29–30 **Gwen ... / Llïan** Gwraig Ieuan, gw. ll. 21n.

33 **pennach** Llsgr. *ba*[*e*](?*u*?*n*)*nach.* Cynigir mai ffurf dreigledig *pennach* a fwriadwyd yma (gw. GPC 2726 d.g. *pen*[1]), a bod y cwestiwn a holir yn y sangiad yn un rhethregol. Llai tebygol yw'r ffurf *peunach*, ond os felly, gall mai a. gradd gymharol a geir yma, o dderbyn fod *paun* yn a. (= 'pwy oedd yn fwy paun', cf. GPC 2703 am enghreifftiau pellach o 'paun' yn drosiadol ac yn ffigurol). Neu, gall mai cyfuniad ydyw o *paun* a'r e. *ach* gyda *pwy* yn rh.pth.

34 **ban oedd yn iach** Er y gall fod yma awgrym fod Ieuan wedi bod yn sâl am gyfnod, dylid cofio mai motîff cyfarwydd yn y marwnadau oedd pwysleisio na cheid tebyg i noddwr y bardd pan oedd yn fyw.

43 **fâl** Gellir dehongli *fal* y llsgrau. mewn mwy nag un ffordd. Gall fod yn ffurf ar *fal* neu *fel* (< *mal / mel*) sef 'megis'; ond posibilrwydd arall yw mai benthyciad ydyw o'r S. *vale. Y Fâl* yw'r enw ar *Golden Vale* yn swydd Henffordd, sef dyffryn afon sy'n llifo i Afon Mynwy; gw. GDGor 1.42n a GLGC 530. Cyfeirir yn TA 352 (LXXXVIII.83) at *bro'r Fal*, a dangosir yn GO 95 y gallai *y fâl* gyfeirio at Lanegwestl (*Valle Crucis*), sy'n awgrymu fod y gair yn gyfarwydd yn y Gogledd hefyd, a bod *fâl* yn cael ei ddefnyddio fel e.c. i gyfeirio at unrhyw ddyffryn.

43 **y Felallt** Sef Beeston, swydd Gaer. Yr oedd cyflenwad dŵr enwog yno gynt.

45 **Ifan** Sef Ieuan, gwrthrych y gerdd, gw. ll. 7n.

49 Rhaid amau'r darlleniad *be da wylaw* yn llsgr. A, ac fe'i diwygir yn *bed âi.*

wylaw ... Tawy Y sain leddf sydd i *Tawy* (gw. J. Morris-Jones: CD 241) at ddiben yr odl, ond y sain dalgron at ddiben y gynghanedd lusg. Gw. hefyd 11.1n.

56 **trimaib** Am ach tri mab Ieuan (sef Tudur, Robert a Gruffudd Llwyd) a'u disgynyddion, gw. P.C. Bartrum: WG2 'Marchweithian' 3(E₁₋₃). Cyfeiriad a geir yn y llau. hyn, yn ddiau, at *gyfran*, sef yr arfer Cymreig canoloesol o rannu'r etifeddiaeth rhwng y meibion i gyd.

60 **tri nai Rheinallt** Ymddengys mai Rheinallt ap Gruffudd (Rheinallt y Tŵr) a olygir. Yr oedd Ieuan a Rheinallt yn gefndryd (gan fod Jonet, mam Ieuan, yn chwaer i Gruffudd, tad Rheinallt), a chan hynny yr oedd tri mab Ieuan yn neiaint i Reinallt; gw. y tabl achau, td. 123 ac ymhellach P.C. Bartrum: WG2 'Llywelyn Eurdorchog' (6), a GTP 111–12).

61–2 **Tudur a Robert ... / A Gruffudd Llwyd** Tri mab Ieuan ap Tudur, gw. y tabl achau, td. 123.

65–6 **Heilin ... / Frych** Hen daid Ieuan, gw. llau. 24–6n.

65 **ffiniaw** Gw. GPC 1289 d.g. *ffinio*² a cf. IGE² 254 (llau. 21–3) *Od â i nef, rhaid yn wir / Ffinio dros y corff anwir / A thalu'r ffin gatholig* (Siôn Cent). Ystyr *ffinio*, sef talu dirwy, oedd gwneud yn iawn yn y purdan am unrhyw fai neu ddiffyg a fyddai'n aros ar yr enaid cyn ymuno'n llawn â'r saint yng ngŵydd Duw. Er ei fod yn hen draddodiad, diffiniwyd y ddysgeidiaeth ynghylch purdan gyntaf yn ail Gyngor Lyons, 1274. Am hanes twf y cysyniad, gw. J. Le Goff, *The Birth of Purgatory*, trans. A. Goldhammer (London, 1984), 223–4; cf. P. Ariès, *Western Attitudes towards Death: From the Middle Ages to the Present*, trans. P. Ranum (Baltimore, 1974); P. Camporesi, *The Fear of Hell: Images of Damnation and Salvation in Early Modern Europe*, trans. Lucinda Byatt (Cambridge, 1990) a'r cyfeiriadau yn y gweithiau hyn. Am feirniadaeth ar gyfrol Le Goff, gw. A.H. Bredero, 'Le moyen âge et le Purgatoire', *Revue d'histoire ecclésiastique*, cxxviii (1983), 429–52; A.E. Bernstein, *Speculum*, cxix (1984), 179–83 (adolygiad); G.R. Edwards, 'Purgatory: "Birth" or Evolution?', *Journal of Ecclesiastical History*, xxxvi (1985), 634–46.

68 **enaid rhydd** Sef bod mewn cyflwr esgatolegol o ras wedi derbyn maddeuant trwy gyfrwng sagrafennau'r Eglwys; yn enwedig yr *unctio extrema* (eneiniad olaf), a weinid gan mwyaf ar wely angau'r unigolyn.

69 **bro Gadell** Cyfeirid at Ddyfed fel *bro Gadell* oherwydd y cysylltiad â Chadell ap Rhodri Mawr (sef gŵr yr olrheiniai tywysogion Dyfed eu hach iddo, gw. G 90; J.E. Lloyd: HW³ 326; EWGT 9; GHS 5.43 a GBF 13.19 a cf. y cyfeiriad at [G]*aer Cadell*, GDB tt. 370–1), ond y mae'n bur sicr mai at Gadell Ddyrnllug, un o weision Benlli, y cyfeirir yma (cf. Moel Fenlli yn Nyffryn Clwyd; am fanylion pellach, gw. WCD 73–

4). Ond gan na chyfrifid Llanefydd erioed yn rhan o Bowys, a ellir deall o'r ll. hon fod Ieuan ap Tudur wedi ei gladdu ym Mhowys? Os felly, tybed a yw erchi nawdd y Forwyn yn awgrym mai yn Abaty Llan-egwestl y bu hynny?

71–2 Gellid atalnodi'r ll. beth yn wahanol a dehongli *Nêr* yn gyfeiriad at Dduw: *A chadw, Nêr ni chadw yn wan, / A wna Duw enaid Ieuan.*

10

Moliant i aelod o deulu'r Holandiaid yw hwn, sef Morgan ap Siôn ap Hywel Holand o Eglwys-bach, sir Ddinbych.[10] Yr oedd ei dad, Siôn ap Hywel, yn perchen tir ym Môn, a cheir ei enwi'n siryf Môn erbyn 1461; etifeddodd brawd Morgan, Owain ap Siôn, diroedd ei dad yno. Ymddengys mai dathlu dydd priodas Morgan ap Siôn ac Elsbeth, ferch Huw Conwy Hen, a wneir yn y cywydd hwn. Elsbeth oedd enw mam Elsbeth hithau, ac yr oedd hi yn ei thro yn ferch i Domas Salbri Hen o Leweni ac Elsbeth Dôn ferch Siancyn Dôn o swydd Gaer. Elsbeth hefyd oedd enw gwraig Siancyn Dôn, ac yr oedd hi yn ferch i ŵr o deulu Dutton (*Dytwn*, ll. 56) yn swydd Gaer. Wrth fanylu ar ach Elsbeth, gwraig Morgan (ac nid yw'n syndod o gofio mai Elsbeth oedd enw ei mam, ei nain a'i hen nain fod y bardd yn cyfeirio ati fel *Elsbeth … Fechan*, llau. 51–2), cyfeiria ati fel disgynnydd i *Dytwn … / A'r Dôn …* (llau. 55–6).

Achau Morgan ap Siôn ac Elsbeth ferch Huw Conwy

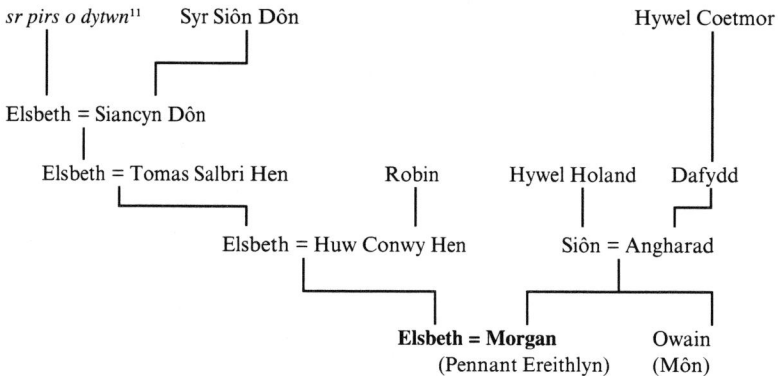

[10] Am ei ach, gw. P.C. Bartrum: WG2 'Holland' 2.
[11] Gw. Pen 147, 241 (dyfynnir yn GLM 464).

Os dilynwyd arfer y cyfnod, cynhaliwyd y seremoni briodas yn eglwys y priodfab, ac felly dichon mai mewn eglwys a fu dan nawdd teulu'r Holandiaid, ac efallai ym Mhennant Ereithlyn ei hun y bu hynny. Dysgwn mewn cywydd marwnad a ganodd Tudur Aled i Forgan ap Siôn fod Elsbeth wedi marw o flaen ei gŵr.[12]

1   **carw** Term cyffredin o foliant i uchelwr, cf. GPC 434.

2   **[y] llan** Er nad yw'n uniongyrchol eglur pa 'lan' a olygir yma, yr oedd Pennant Ereithlyn yn drefgordd ym mhlwyf Eglwys-bach. A chwareir ar yr enwau 'llan' ac 'eglwys' yma?

3   **[y] llys** Sef llys Pennant Ereithlyn, y mae'n debyg.

3–6   Cymerir mai gwraig (neu ddarpar wraig) Morgan yw *enaid* y *ddwy ynys*, ac mai hi a ddaw o'r llan enwog (sef ei chartref hi, neu o bosibl yr eglwys lle priodwyd y ddau) i'r llys (sef Pennant Ereithlyn, cartref ei gŵr), *I gael … / Ei lle yno a'i lluniaeth*.

4   **dwy ynys** Nid yw'n sicr pa 'ynysoedd' sydd gan y bardd mewn golwg; y mae'n fwyaf rhesymol casglu mai Prydain ac Iwerddon a olygir, er y gall mai ynys Môn a'r tir mawr ydynt, yn enwedig o gofio am gysyllt-iad Siôn ap Hywel â Môn a'r tiroedd a ddaliai yno, cf. ll. 22 *gwlad Fôn*.

Ni chaledir *-d d-* yma; cf. yr enghraifft y galwyd sylw ati uchod, yn yr un safle eto.

8   **tyciant y Pennant** Deellir hwn yn sangiad yn disgrifio Morgan, a drigai ym Mhennant Ereithlyn, eisteddle'r gangen hon o deulu'r Holandiaid. Deellir *tyciant* yn e. (yn hytrach na 3 un.pres.myn y f. *tycio*) yn golygu 'ffyniant, … lles' &c., gw. GPC 3670.

9   **Siôn** Sef Siôn ap Hywel Holand, tad Morgan, gw. y sylwadau rhagar-weiniol uchod.

a'i ras o Wynedd Statws Siôn, efallai, sydd i gyfrif am yr ymadrodd hwn.

10   **ŵyr** Gall *ŵyr* olygu 'disgynnydd' yn aml yn y canu mawl (gw. GPC 3745), ond yma dichon mai disgrifio perthynas Morgan fel ŵyr i'w daid Hywel Holand a wneir.

11–12   **orwyr Hywel … / … Coetmor** Disgynnai Morgan o Hywel Coet-mor drwy ei fam, Angharad ferch Dafydd ap Hywel Coetmor; gw. y tabl achau, td. 128.

13   **enynnwyd** Cf. 13.8 *I ninnau a enynnir*; gw. hefyd GPC 1224.

14   **Rholant** Arwr brwydr Roncesvalles yn Chwedlau Siarlymaen oedd Rholant, ac un o ffefrynnau'r beirdd fel safon dewrder.

---

[12]   TA 286 (LXXI.22–4).

yr Hwlant Sef teulu'r Holandiaid eu hunain.

16 **y Penwyn** Ceir ach y gŵr hwn yn P.C. Bartrum: WG1 'Marchudd' 26, lle y cofnodir mai *Iorwerth* oedd ei enw iawn. Yr wyf yn ddiolchgar i Mr Cledwyn Fychan am awgrymu wrthyf y gall mai'r Iorwerth hwn (neu un o'i feibion, o bosibl), a fu'n gyfrifol am fradychu Dafydd ap Gruffudd, brawd y Tywysog Olaf. Yn *Sir Goronwy Edwards Papers: A List of Papers Donated in 1981 and 1983*, compiled by J. Graham Jones (Llyfrgell Genedlaethol Cymru, Aberystwyth, 1984), eitem 33 'Exchequer Accounts 5/18: A file of various documents subsidiary to the accounts of army expenses in Wales, 22–23 Edward I', xiv, ceir adysgrifiad o ddogfen Ladin sy'n manylu ar y tâl a gafodd y gŵr hwn am ei wasanaethau, *Yerewarth Penweyn percep. per diem 12d a 6 die Januarii usque 28 diem Februar. Per 54 dies utraque die comp. 2.14.0.* Yn un o ddogfennau'r archesgob Pecham, enwir rhyw Iorwerth o Lanfaes a'i gyhuddo o'r brad yn erbyn Dafydd (gw. J. Beverley Smith, *Llywelyn ap Gruffudd, Prince of Wales* (Cardiff, 1998), 554n155): ai hwn oedd *y Penwyn*?

17 **dwy sir** Nid yw'n eglur at ba 'ddwy sir' y cyfeirir. Y mae'n bur sicr mai yn arglwyddiaeth Dinbych y byddai Eglwys-bach, ond yr oedd Môn, Caernarfon a Meirionnydd yn siroedd wedi 1284. Ond hefyd, ai'r ddwy Wynedd (Uwch Conwy ac Is Conwy) a olygir?

20 **coed Efrog** Er y gall mai at dad Peredur y cyfeirir yma (gw. hefyd G 445 a TYP² 489), defnyddid *coed* yn drosiad cyffredin am wehelyth; cf. ll. 48 *irgoed* a gw. GDEp 13–14.

21–2 **Afon ... / Glwyd** Ymddengys mai gŵr y cyfeirir ato fel *Hoesgyn* Holland ('Roger' yn ôl ffynonellau eraill) oedd y cyntaf o'r ail glwm o deulu'r Holandiaid yr ymdrinnir â hwy yn ByCy 339 i symud o swydd Gaerhirfryn i ogledd Cymru (gw. hefyd lau. 22n, 41n). Priododd Hoesgyn â Margred ferch Dafydd Chwith ap Dafydd (gw. P.C. Bartrum: WG1 'Gruffudd ap Cynan' 13) o Benyfed, Dolbenmaen. Ymddengys i Hoesgyn symud o Ddyffryn Clwyd i Ddyffryn Conwy, efallai yn sgil yr ad-drefniant a fu ar arglwyddiaeth Dinbych yn dilyn 1282; ond dylid cadw mewn cof hefyd y cysylltiad achyddol uniongyrchol â theulu Lleweni ar ochr Elsbeth.

22 **gwlad Fôn** Gw. hefyd lau. 21–2n, 41n. Priododd Siôn ap Hywel, tad Morgan ac un o stiwardiaid Harri VI, ddwywaith. Ei wraig gyntaf oedd Angharad ferch Dafydd (gw. P.C. Bartrum: WG2 'Gruffudd ap Cynan' 7 (A)) a'r ail oedd Elen (neu Elinor) ferch Ithel ap Hywel o'r Berw, sir Fôn (gw. P.C. Bartrum: WG2 'Llywarch ap Brân' 4 (B)). Yn ôl yr achresi, mab y briodas gyntaf oedd Morgan ap Siôn; a phriododd Siôn ag Elen rywdro rhwng 1470 a 1480, gw. DWB 361. Y mae'r cysylltiad teuluol rhwng yr Holandiaid a sir Fôn i'w olrhain i'r briodas

honno ac, fel y sylwyd yn y sylwadau rhagarweiniol uchod, yr oedd Siôn ap Hywel yn siryf Môn erbyn 1461. Diau mai dyna'r berthynas achyddol y cyfeiria Ieuan Llwyd Brydydd ati yma, er nad yw union ergyd y cyfeiriad at filwyr yn amlwg.

23 Y mae'r ll. yn fyr o sillaf, oni ddarllenir *aml* yn air deusill, *disyml* yn drisill, neu ddarllen *disyml ei wedd.*

28 **Porthoriaeth ar byrth Harri** Yn P.C. Bartrum, *Welsh Genealogies AD 1400–1500 Additions and Corrections, Second List* (Aberystwyth, 1999), 68, cofnodir, 'Morgan Holland was Serjeant Porter to Henry VII.' Ymddengys, felly, fod Morgan, fel Siôn ap Hywel Holand, ei dad, yn ogystal â Huw Conwy Hen (gw. llau. 49–50n isod), yng ngwasanaeth y brenin yn Llundain. Apelir ar Forgan yn y cywydd hwn—yn ddefodol, efallai—i aros gartref yn hytrach na dychwelyd i'r llys.

35–6 **wellwell … / … waethwaeth** Ceir yr un cyfosodiad gan Siôn Cent wrth drafod gelynion y genedl, gw. IGE² 267 (llau. 13–16).

40 **Lloegr** Y mae'r ll. hon yn troi ar ei phen lau. enwog Tudur Aled yn ei gywydd cymod i Hwmffre ap Hywel ap Siencyn: TA 267 (LXVI.77–8) *Cymru'n waeth, caem, o'r noethi, / Lloegr yn well o'n llygru ni!* Ond y mae'n anodd gwybod i ba raddau y cynrychiolai'r gosodiadau hyn wir agwedd y beirdd at Loegr; ceir gan Ieuan Brydydd Hir gerdd lle y mae'n cyfaddef mai anos yw iddo draethu daioni'r Iesu *no llygru Lloegr a'i thyrrau*, GIBH 8.40.

41 **Erethlyn** Profir y ffurf gan y gynghanedd lusg, er mai *Ereithlyn* sydd fwyaf arferol heddiw.

44 Y mae'r ll. hon yn dra llwgr (gw. darlleniad y testun). Ymgais i gael ystyr ohoni yw'r diwygiad hwn, ac nid yw'r gynghanedd yn foddhaol.

47 Nid atebir *c* ar ddechrau'r ll.

49–50 **Huw … / Conwy** Huw Conwy Hen ap Robin, o Fryneuryn, Llandrillo-yn-Rhos, sef tad Elsbeth, gwraig Morgan. Cyfeirir ato fel *'one of the privy chamber to the King'*, gw. GTP 114 (cerdd 15). Disgynnai Huw Conwy o Ednyfed Fychan; ceir ei ach yn P.C. Bartrum: WG1 'Marchudd' 22. Elsbeth oedd enw ei wraig a'i ferch (gw. ll. 51n), a chanwyd i Huw gan Dudur Penllyn, gw. GTP 25–7 (cerdd 15); gan Lewys Glyn Cothi, gw. GLGC 480 (cerdd 222); a chan Gutun Owain, gw. GO 251 (XLVII).

51–2 **Elsbeth … / Fechan** Ceir ei hach yn P.C. Bartrum: WG2 'Marchudd' 22 (B₁). Dichon y cyfenwid hi yn *Fechan* er mwyn gwahaniaethu rhyngddi hi ac Elsbeth ei mam, ei nain a'i hen nain.

53–4 **Ŵyr Tomas … / Salbri** Yr oedd Elsbeth, gwraig Morgan, yn wyres i Domas Salbri Hen o Leweni, drwy ei mam, Elsbeth wraig Huw Conwy Hen, gw. GLGC cerdd 222, sylwadau rhagarweiniol.

55–6 **Dytwn ... / A'r Dôn** Mam Elsbeth, sef gwraig Huw Conwy Hen, oedd Elsbeth ferch Siancyn Dôn. Cofnodir yn Pen 147, 241 mai enw ei mam oedd *Elizabeth vz sr pirs o dytwn*, gw. GLM 464. Yr oedd teuluoedd y Dôns (S. *Donne*) a'r Dytwns (S. *Dutton*) yn hanu o swydd Gaer a chyplysir y ddau deulu mewn cywydd gan Lewys Môn i Domas Salbri, GLM 198 (LVI.21–2) *Deulwyth aur, dwy lythyren, / doed Dôns ywch a Dytwns hen.*

59 **ystîl** Daw'r gair hwn o'r S. *'style'*, a'r ystyr yw 'teitl swyddogol', 'enwogrwydd', 'bri', gw. GPC 3333.

61 **caterwen** Sef 'derwen fawr', trosiad a geir yn aml am arglwydd neu uchelwr grymus, gw. GPC 440.

11

Cywydd marwnad yw hwn i Rys ap Gwilym ab Ieuan Llwyd. Ychydig iawn a wyddys am Rys, ond cysylltir ei daid, Ieuan Llwyd, â Gorddinog yn Llanfairfechan, Arllechwedd Uchaf,[1] ac y mae'n bosibl y dylid lleoli Rhys yn yr un fan: ys dywed y bardd yn y farwnad hon, *Aethbwyd, a chladdwyd, â chledd / Orddinog a'r ddwy Wynedd* (llau. 17–18). Hanai mam Rhys, Elen ferch Einion, o linach Bleddyn ap Cynfyn;[2] a thrwy ei nain, Margred ferch Gruffudd Fychan, chwaer i Hywel Coetmor,[3] yr oedd Rhys yn perthyn i nifer o'r teuluoedd eraill y canodd y bardd iddynt. Hanai ei wraig, Morfudd ferch Robert, o lwyth Gruffudd ap Cynan,[4] ac yr oedd hi'n wyres i Faredudd ap Hywel, sef gŵr a drigai yng Nghefn-y-fan (lle yr adeiladwyd Ystumcegid ar yr un safle gan ei fab yntau yn ddiweddarach) a'r Gesail Gyfarch yn Eifionydd.[5] Bu nifer fawr o blant gan Rys a Morfudd, fel y bu gan ei daid yntau, sef Ieuan Llwyd, ac y mae'r dystiolaeth achyddol yn cadarnhau'r cyfeiriadau a geir yn y gerdd at gysylltiad y teulu hwn â Môn, Meirionnydd, a Swydd y Waun.[6]

---

[1] Am ei ach, gw. P.C. Bartrum: WG2 'Iarddur' 5 (C₁).

[2] Gw. P.C. Bartrum: WG1 'Bleddyn ap Cynfyn' 48.

[3] Dyma'r Hywel Coetmor y cyfeirir ato yng ngherddi 7 a 10.

[4] Ceir ei hach yn P.C. Bartrum: WG1 'Gruffudd ap Cynan' 15.

[5] Nodir yn HGF 106, fod y Gesail Gyfarch yn gartref hynafiaid Wyniaid Gwedir. Am hanes diweddarach teulu Morfudd, gw. hefyd *ib.* 117–18.

[6] Gw. llau. 62–4.

Achau Rhys ap Gwilym

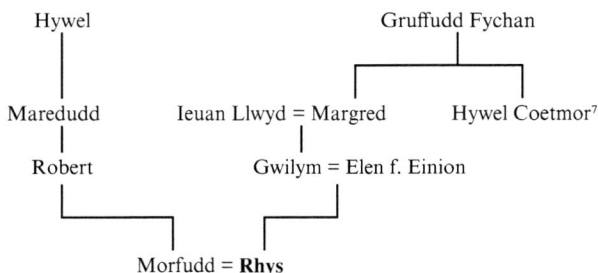

```
Hywel                           Gruffudd Fychan
  |                          ┌─────────┴─────────┐
Maredudd      Ieuan Llwyd = Margred      Hywel Coetmor⁷
  |                 |
Robert        Gwilym = Elen f. Einion
  └────────┐    ┌────┘
        Morfudd = Rhys
```

Un copi yn unig o'r cywydd hwn a gadwyd, ac nid yw safon y testun yn uchel. Yn ogystal ag olion amlwg o gamgopïo, ymddengys fod o leiaf dair llinell yn eisiau. Bu'n rhaid diwygio'r testun mewn mannau, a rhaid pwysleisio mai yn betrus y gwnaed hynny.

1 Ar gynghanedd y ll. hon, gw. 9.49n.

2 **Ieuan Llwyd** Nid cyfeiriad at y bardd yw hwn, ond at daid y gwrth-rych, sef Ieuan Llwyd ap Goronwy ap Hywel o Orddinog, Llanfair-fechan, Arllechwedd Uchaf, gw. P.C. Bartrum: WG1 'Iarddur' 5 a L. Dwnn: HV ii, 140, 146, 287. Ymddengys y buasai etifeddiaeth wreiddiol Ieuan Llwyd yn un sylweddol: ceir adysgrifiad diddorol ynghylch ei ddaliadaeth ef, ei hynafiaid a'i deulu, yn 'Carnarvonshire Antiquities (from a MS. communicated by T. Wright, Esq., F.S.A.)', Arch Camb (third series) vii (1861), 145 '... the pryme and chieffest habitac'on and dwellinge house which Yerwerth [ap Iarddur] hadd, and wherein Ieuan Lloyd did liekwiese dwell, although theere landes and poss'ions weare then very greate, was the house of Gorddinog; ffrom which house (sythence Ieuan Lloyds tyme), there bee very many copartners; and Ieuan Lloyds landes (which yf itt weare now entier belongynge to Gorddinog, as in his tyme ytt was) woulde be worth about 200l., is now [parted] and devided at leaste amongest a hundred [possessors]', gw. hefyd Cledwyn Fychan, 'Tudur Aled: Ailystyried ei Gynefin', Cylchg LlGC xxiii (1983), 53.

3 **goreufys** Ni cheir y gair clwm hwn yn GPC 1476. Ond os cymerir bod ystyr drosiadol megis 'cyfrwng' i'r elfen *bys*, yna byddai *goreufys* yn ddelwedd ac iddi ystyr drosiadol debyg i *digitus Dei* yn Luc xi.20.

7 **Dorau'n dwyn porth am darian** Yr ystyr yw fod caeadau arch Rhys ap Gwilym megis porth sy'n cau am amddiffynnydd neu gynheiliad (*tarian*) ei bobl.

---

⁷ Ar Hywel Coetmor, gw. 1.7–8 a'r tabl achau td. 73.

9 Y mae'r ll. yn fyr o sillaf oni chyfrifir *bwrw* yn ddeusill (cf. y ll. ddilynol, ac o bosibl *twrw* yn ll. 38). Ond gan mai unsill yw'r ffurfiau canlynol yn y gerdd, *galw* (ll. 6, 56), *gwayw* (ll. 13), *twrw* (llau. 36), *bwrw* (ll. 42), *ceirw* (ll. 65), efallai y dylid diwygio, a gellid cynnig *Bwrw ein nen ...* Ceir *nen* yn drosiadol neu'n ffigurol yn aml am 'arglwydd', gw. GPC 2569.

10 Y mae'r ll. hon eto'n fyr o sillaf oni chyfrifir *bwrw* yn ddeusill. Ceir yma hefyd gyfatebiaeth *br .. br = br*.

11 A ellid darllen *dân araul*, yn drosiadol am Dduw?

14 **Iarddur** Cf. GSH 9.22 *Gwedi urddas gwaed Iarddur*. Hanai Rhys, ar ochr ei dad, o linach Iarddur a gysylltir ag Arllechwedd Uchaf, gw. y sylwadau rhagarweiniol uchod.

18 **Gorddinog** Yn Aber (sef Abergwyngregyn), ger Bangor, sef cartref Ieuan Llwyd; gw. ll. 2n.

   a'r ddwy Wynedd Gthg. llsgr. *ar ddau wynedd*. Cyfeirir at Wynedd Uwch Conwy ac Is Conwy.

23 **dan borffawr** Llsgr. *dan fforffawr*, ond ymddengys *porffawr* yn fwy tebygol. Porffor oedd y lliw litwrgïol a gyfleai benyd neu alar, ac y mae'n bosibl fod y ll. hon yn cyfeirio at yr arfer o estyn lliain porffor dros yr arch yn ystod yr offeren angladdol, cf. IGE² 291 (llau. 5–6) *Y corff a fu'n y porffor / Mae mewn cist ym min y côr* (Siôn Cent).

24 **Llan Fodfan** Ar gwlt Bodfan, gw. LBS i, 223–4. Ef oedd nawddsant Aber, y plwyf a ffiniai ar draeth Lafan. Cynhelid ei ŵyl ar 2 Ionawr.

25 **nid** Posibilrwydd arall fyddai diwygio a darllen *neud* yma.

32 Cyfeiriad yw hwn at chwedl Siarlymaen a Rholant ei nai. Fel y nodir yn GHS 23.43–8n, 'lladdwyd Rolant trwy frad yng Nglyn Mieri. Drannoeth canfod ei gorff, dychwelodd Siarlymaen i Lyn Mieri a chanfod corff Olifer, YCM² 164 (llau. 14–24) *Ac yna y tygawd y brenhin y'r Brenhin Hollgyuoethawc na orffowyssei yn ymlit y paganyeit yny ymordiwedei ac wynt. Ac yn diannot mynet a orugant odyno yn eu hol. Ac yna y sauawd yr heul megys yspeit tri diwarnawt yn digyffro. Ac y gordiwedod ynteu wynt yg glann Abra, ger llaw Cesar Awgustam. A mynet a oruc yn eu plith megys llew dywal a vei yn hir heb vwyt. A gwedy llad onadunt pedeir mil, ymchoelut a oruc drachefyn hyt yg Glynn y Mieri.*

35 *f* led-lafarog.

40 **galw Iesu** Cyfeiriad, o bosibl, at ganu litani'r meirw yn ystod yr orymdaith i'r bedd. Am grynodebau o hanes a ffurfiau litwrgi'r meirw, gw. ODCC³ 253 d.g. *Burial services, Dies Irae* a *Requiem.*

42 **Bodfan** Gw. ll. 42n.

43 **Ifor** Cyfeiriad arall, o bosibl, at Ifor ap Llywelyn 'Ifor Hael', cf. 1.20 ac 8.55, ond gyda'r ymadawedig yn cael ei bersonoli yn enw'r gŵr hael hwnnw.

45 Ymddengys mai cyflythreniad yn unig a geir yn y ll. hon.

49 **brigawns ac ymlau** Llsgr. *brigawns a gemau*, ond nid yw hynny'n rhoi na synnwyr na chynghanedd. Diwygir yn betrus, gan gynnig bod *ymlau* yn amrywiad ar *ymylau*. Un o ystyron posibl *brigawns* yw 'crys mael', cf. GPC 324, a byddai sôn am 'ymylau dur' y math hwn o lurig yn sicr yn gweddu i'r testun.

53 **Morfudd** Sef Morfudd ferch Robert, gwraig Rhys; gw. P.C. Bartrum: WG1 'Gruffudd ap Cynan' 15 a'r tabl achau, td. 133.

54–5 **meibion ... / ... merched** Bu o leiaf ddeg o blant gan Rys a Morfudd. Enwau eu chwe mab oedd Edmund, John, Morus, Dafydd, Maredudd, a Gruffudd, a nodir yn yr achresi fod yr olaf yn trigo ym Modsilin. Cyfeirir hefyd at bedair o ferched, sef Gwenhwyfar, dwy ferch o'r enw Margred (o bosibl am fod un ohonynt wedi marw yn ifanc) ac Elen.

57–8 **brodyr ... / chwiorydd** Er y sôn am Forfudd yn ll. 53, diau mai at frodyr a chwiorydd Rhys y cyfeirir yma.

59 **ewyrthrydd** Llsgr. *wrthrydd*; diwygir er mwyn yr ystyr a hyd y ll. Am y ffurf, gw. GPC 1265–6 lle yr esbonnir *ewyrth* fel ffurf amrywiol ar *ewythr* drwy drawsosodiad. Bu Ieuan Llwyd, taid Rhys, yn briod ddwy-waith: ei wraig gyntaf oedd Gwenhwyfar ferch Meurig Llwyd (gw. P.C. Bartrum: WG1 'Bleddyn ap Cynfyn' 50) a Margred ferch Gruffudd Fychan oedd yr ail (gw. P.C. Bartrum: WG1 'Gruffudd ap Cynan' 6). O'r ddwy briodas hyn, bu cynifer â dau ar bymtheg o blant, yn feibion a merched. Ymddengys na chaledir *g* o flaen *h* yn y ll. amherffaith hon o gynghanedd draws.

60 Y mae'r ll. hon yn eisiau. Y mae gwaelod y ddalen bellach ar goll, a gall fod lle i gwpled arall yn ogystal.

61 Llsgr. *fonedd*. Cynigir y diwygiad hwn yn dra phetrus er mwyn y gynghanedd.

63 **Gwlad Feirion** Sef Meirionnydd.

64 **Swydd y Waun** Llsgr. *swydd waen*; diwygir er mwyn hyd y ll.

69 **am urddoliaith** Gellir dehongli hyn naill ai'n gyfeiriad at Rys ei hun ('un urdddasol neu foneddigaidd ei ymadrodd') neu, o bosibl, at 'iaith' (gweddïau?) y clerigwyr y cyfeiriwyd atynt yn llau. 39–40.

70 **no *phoena* na *chulpa*** Y mae'r geiriau Llad. *poena* ('cosb') a *culpa* ('bai') yn nodweddiadol o Offeren yr angladd. Efallai mai'r gair *culpa* fyddai'n fwyaf hysbys i'r gwrandawyr yn sgil y weddi benydiol a ddaw

ar gychwyn yr Offeren, *Confiteor Deo omnipotenti ... omnibus sanctis, et* [*vobis, fratres*], *quia peccavi nimis, cogitatione, verbo et opere ... Mea culpa, mea culpa, mea maxima culpa* ('Cyffesaf i Dduw hollalluog, ... i'r holl saint, ac [i chwi, fy mrodyr], fy mod wedi pechu'n ddirfawr, ar feddwl, gair a gweithred ... drwy fy mai, drwy fy mai, drwy fy nirfawr fai'; codwyd y cyfieithiad Cym. o'r *Confiteor* o *Y Llyfr Gweddi Catholig* (Caerdydd, 1949), 18). Sylwer bod y geiriau Llad. hyn yn cael eu treiglo.

71   *n* wreiddgoll ac *m* ganolgoll (neu *m* yn ateb *n*).

12

Canodd Ieuan Llwyd Brydydd y cywydd hwn yn gofyn tarw du gan Hywel ab Ieuan ap Rhys Gethin ar ran Dafydd ap Hywel, aelod arall o deulu Holandiaid Pennant Ereithlyn a fu'n noddi'r bardd.[1] Y mae'r gerdd hon yn ddiddorol ar lawer cyfrif, a rhan o'r diddordeb hwnnw yw na ellir yn llwyr gysoni'r dystiolaeth a geir ynddi â'r wybodaeth a roddir yn yr achresi. I ddechrau, er bod y bardd yn cyfeirio'n gonfensiynol at yr eirchiad, y noddwr a'i wraig, nid yw'n gwbl eglur pwy a gyferchir. Cyfeirir at *Hywel ... hil Ieuan* a *Glain Rhys ... / Gethin* yn y pedair llinell gyntaf, ond bu raid gofyn ai hynafiaid uniongyrchol yr 'Hywel' penodol hwn oedd *Ieuan* a *Rhys Gethin*, ynteu dau o wŷr nodedig o linach Hywel. Fel y nodir gan Dr P.C. Bartrum, ymddengys o dystiolaeth y ffynonellau i gryn gymysgu ddigwydd rhwng Hywel ab Ieuan ap Rhys Gethin a'i ewyrth, Hywel ap Rhys Gethin;[2] a gwelir bod lle i ddadlau dros ddehongli'r ddau gwpled cyntaf yn gyfeiriad at Hywel ap Rhys Gethin. Dywedir yn eglur yn y gerdd mai Marfred (sef amrywiad ar yr enw priod *Margred* neu *Margaret*[3]) oedd enw gwraig y noddwr yr erchir tarw ganddo, a nodir yn yr achresi fod Hywel ap Rhys Gethin yn briod â Margaret ferch Dafydd Holand.[4] Ond nid hon yw'r ferch y cyfeirir ati fel gwraig Hywel yn y cywydd, oherwydd dywedir mai Marfred ferch Madog ab Ieuan Tegyn ap Madog Goch ydyw. Y mae'r manylion hyn, felly, yn anghyson ag ach hysbys Margaret wraig Hywel ap Rhys Gethin; ond nid dyna'r unig broblem. Diogelwyd achresi teulu Madog ab Ieuan yntau,[5] ond nid enwir merch o'r enw Marfred neu Fargred ymhlith ei blant. O droi at ach hysbys Hywel ab Ieuan ap Rhys Gethin, gwelir bod merch (ddienw) Heilyn ap Rhys o Erddreiniog yn cael ei henwi

---

[1]   Gw. cerdd 10. Am aelodau eraill o'r teulu hwn a fu'n noddi'r bardd, gw. y Rhagymadrodd, td. 73.

[2]   P.C. Bartrum: WG2 'Gruffudd ap Cynan' 6 (B), gw. y nodyn a roddir i Hywel ab Ieuan ap Rhys Gethin wrth odre td. 827.

[3]   P.C. Bartrum: WG1, td. 25.

[4]   P.C. Bartrum: WG2 'Holland' 1.

[5]   *Ib*. 'Marchudd' 23 (A). Ymddengys mai gŵr o Benmachno, Nanconwy, oedd Madog; trigai ei daid, Madog Goch, yng Nghwm Carrog yn yr un ardal.

fel gwraig iddo. Ond os Hywel ab Ieuan yw'r sawl a gyferchir, ni all mai hon oedd ei wraig adeg canu'r cywydd hwn gan fod manylion ei hach yn anghytuno â'r manylion a rydd y bardd.[6] I ddatrys y broblem, y mae'n rhaid casglu bod y *Marfred* a enwir yn y cywydd hwn yn ferch i Fadog ab Ieuan Tegyn o Benmachno, er na chyfeirir ati yn y ffynonellau achyddol; ac iddi ddod yn wraig arall i Hywel ab Ieuan ap Rhys Gethin o'r Cwm, er na nodwyd hynny ychwaith.[7]

Ach Hywel ab Ieuan

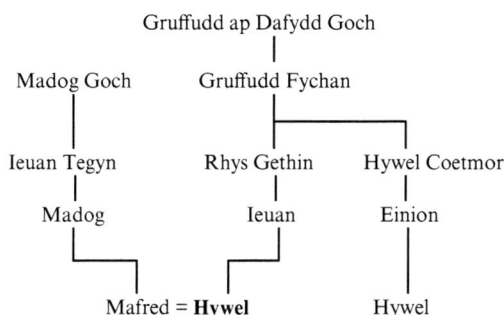

```
                    Gruffudd ap Dafydd Goch
                              |
   Madog Goch          Gruffudd Fychan
       |                      |
       |              ┌───────┴───────┐
   Ieuan Tegyn     Rhys Gethin    Hywel Coetmor
       |               |              |
    Madog            Ieuan          Einion
       |               |              |
    ┌──┴────┐      ┌───┴──┐          |
  Mafred =  Hywel              Hywel
```

Cyfeirir yn *History of the Gwydir Family* at hanesyn am ŵr o'r enw Hywel ab Ieuan sydd, os yw'n ffeithiol gywir, yn rhoi gwedd gythryblus ar ei yrfa:[8]

> … one Hywel ab Ieuan ap Rhys Gethin, a base son of Ieuan ap Rhys in the beginning of Edward the Fourth's time, captain of the country [who had dwelt in the castle of Dolwyddelan]. Against this man Dafydd ap Siencyn[9] rose and contended with him for the sovereignty of the country, and being supported by the English officers, for the other was too hard for him, in the end drew a draft for him and took him in his bed at Penamnen with his concubine, performing by craft what he could not by force, [and] brought him to Conwy castle.

Gan na chofnodir yn yr achresi fod Hywel yn fab anghyfreithlon i Ieuan ap Rhys Gethin, ni ellir bod yn sicr mai at wrthrych y cywydd hwn y cyfeirir: y

---

[6] Ceir ach merch Heilyn ap Rhys, na wyddys ei henw ond a nodir yn wraig i Hywel ab Ieuan ap Rhys Gethin, yn P.C. Bartrum: WG1 'Marchudd' 9.

[7] Ni ellir bod yn sicr ai gwraig gyntaf Hywel ab Ieuan, ynteu ail wraig iddo ar ôl marwolaeth merch Heilyn ap Rhys, oedd Marfred ferch Madog. Efallai fod y cyfeiriadau yng nghywydd Ieuan Llwyd Brydydd at ffawd Hywel ab Ieuan yn cael merch Madog ab Ieuan Tegyn (llau. 15–18), ac at ei *mawr weddïau* (ll. 19: cyfeiriad defodol at dduwioldeb gweddw?), heb enwi plant iddynt, yn ategu'r dyb mai hi oedd yr ail wraig. Fodd bynnag, pwysleisir cefndir cefnog Marfred hithau (ll. 17 *penna' gafael*, cf. llau. 23–4 [*M*]*adog Goch* … / … *a rôi fwnai*).

[8] HGF 50–1.

[9] Ar Ddafydd ap Siencyn, gw. *ib.* 127–9.

mae'n gwbl bosibl, wrth reswm, fod gan Ieuan ap Rhys ddau fab o'r enw 'Hywel', a bod y llall yn un o'i feibion llwyn a pherth na wyddys eu henwau erbyn hyn. Serch hynny, y mae'r hanesyn hwn yn un pwysig a dadlennol, a'r awgrym yw mai yn gynnar yn nheyrnasiad Edward IV (1461-70, 1471-83) y bu'r helynt rhwng Hywel ab Ieuan a Dafydd ap Siencyn, er na rydd hynny gymorth inni ddyddio'r gerdd dan sylw yma.

Defod gyffredin yn y cyfnod oedd canu cerdd ofyn i uchelwr ar ran uchelwr arall, ac fel y nodwyd yn sylwadau rhagarweiniol cerdd 1, gallai canu i uchelwr gan ei gyfuwch fod 'yn ffordd gywrain o gadarnhau rhwymau cymdeithasol o fewn y fro';[10] a diau hefyd y buasai rhesymau economaidd ynghlwm wrth hynny. Yn sgil Gwrthryfel Glyndŵr, gofalai Harri V y telid yn sylweddol am brynu gwartheg a defaid i wneud yn iawn am y stoc a gollwyd,[11] ond prin y buasai amgylchiadau mor llym tua chyfnod tybiedig canu'r cywydd hwn. Ac ail hanner y bymthegfed ganrif yn gyfnod o gryn ffyniant yn y gymdeithas amaethyddol fugeiliol Gymreig, y mae'n fwy na thebyg y mentrai uchelwyr megis Dafydd ap Hywel fagu stoc o safon, a theirw yn eu plith.[12] Yn ystod y cyfnod rhwng *c.* 1350 a *c.* 1500, rhestrir gan Dr Bleddyn Owen Huws dair ar ddeg o gerddi gofyn a diolch am deirw,[13] a'r enwocaf ohonynt, fe ddichon, yw'r cywydd a ganodd Deio ab Ieuan Du yn diolch i Siôn ap Rhys o Aberpergwm am darw coch.[14] Egyr y cywydd hwn gan Ieuan Llwyd Brydydd â moliant defodol i Hywel ab Ieuan, gan restru ei hynafiaid a phwysleisio cydberthynas y noddwr a'r eirchiad, yn ogystal â rhinweddau ei wraig, Marfred (llau. 1–24).[15] Yn yr adran nesaf, enwir Dafydd ap Hywel gan nodi ei dras yntau, a chyflwyno'r cais am gael (neu fenthyg?) tarw du (llau. 25–38). Yna, dyfelir y tarw mewn ffordd ddigon celfydd sy'n llawn hiwmor a gormodiaith (llau. 39–78). Yn

[10] Gw. Dafydd Johnston, '*Canu ar ei fwyd ei hun*': *Golwg ar y Bardd Amatur yng Nghymru'r Oesoedd Canol* (Abertawe, 1997), 6.

[11] Am drafodaeth ar gefndir hyn, gw. R.R. Davies: ROG 307.

[12] Am hanes y farchnad deirw yng Nghymru yn y 15g., gw. D. Huw Owen, 'Wales and the Marches', *The Agrarian History of England and Wales, iii, 1348–1500*, ed. Joan Thirsk (Cambridge, 1991), 238–43; F.G. Payne, 'The Welsh plough-team to 1600', *Studies in Folk Life: Essays in Honour of Iorwerth C. Peate*, ed. J.G. Jenkins (Cardiff, 1969), 237–50; C.A.J. Skeel, 'The cattle trade between Wales and England from the fifteenth to the nineteenth centuries', *Transactions of the Royal Historical Society*, 4th series, ix (1926), 136.

[13] CGD Atodiad III, td. 231.

[14] Gw. GDID 36 (cerdd 15). O'r cywydd hwn y daw'r ll. *Y ddraig goch ddyry cychwyn.* Diddorol hefyd yw'r cywydd a ganodd Tudur Aled i Siôn Conwy dros Ieuan ap Dafydd Llwyd (TA 437 (CXII)), a'r cywydd gan Dudur Penllyn i erchi tarw du gan Reinallt ap Gruffudd ap Bleddyn (GTP 54–6 (cerdd 32)): y mae eithaf cyfatebiaeth rhwng cerddi'r ddau fardd hyn a chywydd Ieuan Llwyd Brydydd. Am enghraifft o'r math hwn o ganu ar ôl 1600, cf. cywydd Rhys Cain i ofyn tarw brych gan Syr Wiliam Hanmer o'r Ffens dros Ifan ap Maredudd o'r Lloran Uchaf, gw. DGGD 108 (30).

[15] Gofala Ieuan Llwyd Brydydd gyfeirio at *ein hynafiaid ni* (ll. 10) ac at foned gyffredin Hywel a Dafydd (ll. 12).

olaf, eto yn ôl y ddefod, y mae Dafydd yn addo 'talu'r pwyth' i Hywel am y rhodd a gafwyd ganddo.[16]

Golygwyd y gerdd hon eisoes yn Tudur Penllyn, &c.: Gw 94.

1 **Hywel ... hil Ieuan**   Hywel ab Ieuan, yr erchir tarw ganddo, gw. y sylwadau rhagarweiniol uchod.

3–4 **Rhys ... / Gethin**   Sef Rhys Gethin ap Gruffudd Fychan, y cysyllta traddodiad ei enw â Hendre Rhys Gethin, Pentre Du, ger Betws-y-coed. Yr oedd ei deulu'n byw yn Y Cwm, Penmachno. Credir i gastell Dolwyddelan ddod i feddiant y teulu hwn yn 1284, gw. HGF 157. Bu Rhys Gethin a'i frawd, Hywel Coetmor, yn flaengar yn eu cefnogaeth i Owain Glyndŵr, gw. R.R. Davies: ROG 58, 69, 199, 205. Disgrifir arfau eu tad, Gruffudd Fychan ap Gruffudd ap Dafydd Goch, yn DWH ii, 256, 490.

5 **dau Ruffudd**   Nid yw'n union eglur at ba ddau Ruffudd y cyfeirir, ond gall mai Gruffudd Fychan, tad Rhys Gethin, a'i dad yntau, Gruffudd ap Dafydd Goch, a olygir, gw. P.C. Bartrum: WG1 'Gruffudd ap Cynan' 6 a cf. ll. 6n isod.

Tryffin   Cyfeiriad, o bosibl, at Dryffin fab Aedd, brenin yn Nyfed ar ddiwedd y 5g., gw. YMTh 27; EWGT 4; TYP[2] 515; WCD 617–19 a GMB 3.113n. Am gyfeiriadau ato, gw. GMB 3.113 (Meilyr Brydydd), R 1313.15 (Gruffudd ap Maredudd). Hefyd, yr oedd Drudwas ap Tryffin yn un o'r *Tri Marchoc Aurdavodiawc oedd yn Llys Arthur*, gw. TYP[2] 250, 327–9. Er mai prin yw'r cyfeiriadau ato yng nghanu'r Cywyddwyr, cyffelybir tad Lewys Fychan iddo yn un o gywyddau Owain ap Llywelyn ab y Moel: *egin Tryffin wyt Ruffudd*, GOLlM 6.4.

6 **dau Ddafydd**   Unwaith eto, ni ellir ond dyfalu at bwy y cyfeirir, ond sylwer mai Dafydd Goch oedd taid Gruffudd Fychan, a bod hwnnw yn fab anghyfreithlon i Ddafydd ap Gruffudd, arglwydd Dinbych a'r Hob, sef brawd Llywelyn ap Gruffudd, gw. P.C. Bartrum: WG1 'Gruffudd ap Cynan' 5, y tabl achau ar d. 73 a cf. ll. 5n.

9 **Beli**   Sef Beli Mawr fab Mynogan, gw. TYP[2] 281–3; BD 44 (ll. 8); GGLl 12.32n; WCD 38. Ystyrid Beli yn frenin Ynys Prydain yn hanes-yddiaeth chwedlonol y Cymry. Y mae'r traddodiadau amdano bellach ar goll ond, fel y noda Dr Rachel Bromwich, TYP[2] 282, 'Beli Mawr is to be regarded as the ancestor deity from whom the ruling classes in early Wales believed themselves to be descended', ac ategir hyn gan Ieuan Llwyd Brydydd, *Hendaid ein hynafiaid ni* (ll. 10). Enwir meibion Beli yn y ffynonellau, sef Caswallon, Lludd, Cestudyn, Afallach, Llefelys a Nynio; a'i ddwy ferch, sef Penarddun (mam Brân Fendigaid,

---

[16] Gw. trafodaeth Dr Bleddyn Owen Huws ar yr hyn a eilw ef yn 'fotîff talu pwyth' yn *op.cit.* 215–16, 220, cf. cerdd 1.67–8n.

Branwen a Manawydan) ac Arianrhod. Credid bod Beli yn un o gyn-deidiau Cunedda, ac felly yn hynafiad i wrthrych y cywydd hwn.

13 Y mae'r ll. hon yn fyr o sillaf, onid yngenir *aml* yn ddeusill, neu dderbyn y darlleniad *aml o* a geir mewn llsgrau. diweddarach.

20 **Marfred** Amrywiad ar *Fargred* (Margaret), *Mared* neu *Farged*, gw. P.C. Bartrum: WG1, td. 25. Ai'r enw *Marfred* a geir yn GEO cerdd 46 (Atodiad Dd)?

21–2 **Bun o Fadog ... / ... ab Ieuan Tegyn** Ceir ach Madog ab Ieuan Tegyn yn P.C. Bartrum: WG2 'Marchudd' 23 (A), ond, fel y nodwyd yn y sylwadau rhagarweiniol uchod, nid enwir unrhyw Fargaret neu Farfred ymhlith ei blant.

22 **Eigr** Yn ôl traddodiad, Eigr ferch Amlawdd Wledig (*Ygerna* Sieffre o Fynwy) oedd mam Arthur, ac ystyrid hi yn batrwm o harddwch gan y beirdd, gw. ymhellach G 456; TYP^2 366n3; WCD 228–9.

23 **Madog Goch** Taid Madog ab Ieuan Tegyn, ac felly hendaid i Marfred. Yr oedd Madog Goch yn fab i Gynwrig ab Iddon ab Ithel (neu Iddon ab Idnerth), gw. P.C. Bartrum: WG1 'Marchudd' 23. Trigai Madog yng Nghwm Carrog, Penmachno, Nanconwy.

Cai Gall mai Cai Hir ydyw, gw. 1.7n.

29 **Hwlant** Sef *Holand*. Awgrymir gan *rhywolwr* mai stiward ystad yr Holandiaid oedd Dafydd ap Hywel ar y pryd; os felly, esboniai hynny nid yn unig ei awydd i gael tarw o safon i wella ei stoc, ond hefyd bwysigrwydd y canu gofyn fel cyfrwng cydweithrediad rhwng uchelwyr mewn cymdeithas amaethyddol gref.

35 **yr Yri** Amrywiad cyffredin ar yr e. lle *Eryri*, cf. 6.4n.

42 **blac-o-Lir** O'r S. *black of Lyre / black o Lyre*, gw. GPC 279. Brethyn du ydoedd a wneid yn ninas Lierre ym Mrabant yn yr Oesoedd Canol; dyma gyfeiriad eto at liw tywyll y tarw a erchir gan Hywel ab Ieuan, gw. hefyd GIBH At.v.65n a GDEp 21.26n.

45 **pwn buchydd** Ystyr *pwn* yw 'llwyth, baich' neu 'sach, cwdyn', gw. GPC 2942. Er y byddai deall *buchydd* fel rhyw ffurf ar *buwch* yn fwy cyson â themau'r llau. hyn, nis rhestrir yn GPC; felly, fe'i deellir yma yn amrywiad ar *buchedd*, gw. *ib*. 344; efallai y gellid deall *pwn buchydd* fel a. clwm, yn ddisgrifiad cynnil o nerth y tarw? Neu ai amrywiad ar *muchudd* ('agat, eboni', gw. 4.26) yw *buchydd* yma, er nas rhestrir yn GPC?

48 Camosodiad *r.f = f.r.*

51 **y North** Arferid y gair *North* gan y beirdd pan fyddent yn cyfeirio'n gyffredinol at ogledd Lloegr: prin y disgwylid hynny yn epithet am ogledd Cymru. A yw'r bardd yn awgrymu mai o'r gogledd y daeth y

tarw penodol hwn yn wreiddiol, ynteu mai oddi yno y daeth ei ragflaenwyr? Ond os felly, pa ran o ogledd Lloegr a olygir? O gofio'r cysylltiadau marchnata a fu rhwng sir Ddinbych a Chaer yn ail hanner y 15g., un posibilrwydd yw mai at swydd Gaerhirfyn y cyfeirir.

66 **trosi** Am wahanol ystyron posibl *trosi*, gw. GPC 3616–17. Y tebyg yw mai 'arwain' neu 'gludo' yw'r ystyr yma.

68 Ni chaledir -*d* o flaen *h*- yma.

13

Cerdd ddarogan yw hon a saif yn nhraddodiad y canu gwleidyddol a phroffwydol a ddaeth yn gyffredin yn ail hanner y bymthegfed ganrif, ac y mae'n eglur bod y bardd yn tynnu'n drwm ar ddelweddaeth sefydlog y canu brud, yn enwedig 'Proffwydoliaethau Myrddin'.[1] Ond gan fod Ieuan Llwyd Brydydd yn fardd y lleolir ei ganu yn bennaf yn Nyffryn Clwyd a Dyffryn Conwy, a chan fod cyfeirio at frwydr y ddwy ddraig yn y cywydd (a fu yn ôl traddodiad yn Negannwy) ac at Gonwy yn benodol, tybed a ddylid cysylltu'r cywydd hwn â noddwr a drigai yng nghyffiniau Conwy?

Ceir y cywydd hwn mewn dwy lawysgrif y mae eu testunau'n cyfateb yn eithaf agos. Y mae lle i amau, fodd bynnag, fod y testun fel y saif yn annigonol, a bod darlleniadau, neu efallai linellau cyfan, yn eisiau. Er gwaethaf rhai delweddau tywyll, y mae'r gerdd yn fynegiant o obeithion gwleidyddol y genedl, er y gellid dadlau hefyd mai math o *pastiche* ydyw ar y dulliau confensiynol.

1–7 **Dwy ddraig** Ceir hanes y dreigiau y datgelodd Myrddin eu hystyr yn 'Historia Regum Britanniae', gw. BD 100 (llau. 24–7). Cyfeirir at ddarogan y dreigiau neu'r *vermes*, a dyma'r broffwydoliaeth wleidyddol frodorol gyntaf a gadwyd ar glawr ac a fenthycodd Sieffre o Fynwy o'r 'Historia Brittonum'. Wedi i seiliau'r gaer yr oedd Gwrtheyrn yn ceisio'i hadeiladu ddiflannu erbyn bore trannoeth, datgelir gan Fyrddin fod llyn islaw'r gaer a bod dwy ddraig, un wen (*yr hon a arvydocaa y Saesson*) ac un goch (*a arvydocaa kenedyl y Brytannyeit*) yn ymladd yno,

---

[1] Trafodir agweddau ar dwf a dylanwad y canu darogan yn R. Wallis Evans, 'Trem ar y Cywyddau Brud' yn HSt 149–63; *id.*, 'Prophetic Poetry', GWL ii², 256–74; M.B. Jenkins, 'Aspects of the Welsh Prophetic Verse Tradition in the Middle Ages' (D.Phil. Cambridge, 1990); Glanmor Williams, 'Prophecy, poetry and politics in medieval and Tudor Wales', *British Government and Administration*, ed. H. Hearder and H.R. Loyn (Cardiff, 1974), 104–16; *id.*, *Religion, Language and Nationality in Wales* (Cardiff, 1979), 71–86; Gruffydd Aled Williams, 'The Bardic Road to Bosworth: A Welsh View of Henry Tudor', THSC, 1986, 7–31. Ceir rhestr o astudiaethau pellach gan R. Wallis Evans ac eraill yn *Llyfryddiaeth Llenyddiaeth Gymraeg* i, gol. Thomas Parry a Merfyn Morgan (Caerdydd, 1976) a *Llyfryddiaeth Llenyddiaeth Gymraeg* ii, gol. Gareth O. Watts (Caerdydd, 1993).

gw. *ib.* 104 (llau. 2, 3). Er mai'r ddraig wen sy'n fuddugoliaethus i ddechrau, ymatgyfnertha'r ddraig goch a'i threchu, gw. *ib.* 104 (llau. 7–8).

10 **Owain** Un o'r enwau traddodiadol ar y mab darogan, ond gan fod sawl *Owain* enwog yn hanes Cymru—megis Owain ab Urien, Owain Gwynedd, Owain Lawgoch, Owain Tudur ac efallai Owain Glyndŵr—y mae'n debygol fod crybwyll yr e. hwn yn ymgorfforiad o'u harwyddocâd i'r beirdd. Am drafodaeth bellach, gw. EVW *passim.*

11 **Oed yr Arglwydd** Nid yw arwyddocâd hyn yn eglur. Pa 'arglwydd' a olygir: Crist ynteu Owain (ll. 10)? Os cyfeiriad at oedran traddodiadol Crist a geir yma, yna y rhif 33, nid *Deuddeg … / Ac un,* a ddisgwylid; awgrym, efallai, naill ai fod cwpled ar goll a gynhwysai'r rhif *ugain,* neu fod y rhif hwnnw'n ddealledig. Ond eto, ai blwyddyn benodol a feddylir? Os felly, nid yw 1433 yn debygol o gwbl o safbwynt *floruit* y bardd a phrinder y canu gwleidyddol y pryd hwnnw. Byddai 1483 yn sicr yn bosibl, a bwrw bod y gynulleidfa yn deall fod *oed yr Arglwydd* i'w ychwanegu at 1450. Os felly, efallai nad yw'n amhosibl mai cyn cyrch aflwyddiannus Harri Tudur, yn ceisio glanio yn swydd Dorset yn 1484, y canwyd y gerdd hon. Posibilrwydd arall, yn enwedig o gofio am y siom a fynegwyd yn y cerddi brud ar ôl 1485 am na wireddwyd y gobeithion gwleidyddol, yw fod y bardd yn cyfeirio at y flwyddyn 1513. Ond os felly, a yw hynny yn awgrym mai yn y flwyddyn honno y canwyd y cywydd hwn? A fu i Ieuan Llwyd Brydydd fyw hyd 1513, ynteu ai cyfeirio ymlaen y mae?

17–18 Y mae lle i ofni bod y cwpled hwn yn llwgr, ond nid yw'n hawdd gwybod o'r llsgrau., gan eu prinned, sut i gyflenwi darlleniadau boddhaol, ac oherwydd llacrwydd crefft y canu brudiol, efallai nad anelai'r bardd at gywirdeb llwyr.

17 **Conwy** Fel y nodir yn GDGor 6.48n, 'yr oedd Conwy yn fan tebygol ar gyfer ymladd, a buasai sawl brwydr ac anghydfod yno rhwng y Cymry a'r Saeson yn y gorffennol'; gw. hefyd GIBH 4.39–40n.

Awgryma darlleniadau'r ddwy lsgr. *rhwng wyr,* ac er y gellid dadlau dros ddarllen *rhyngwyr,* efallai fod cystrawen y cwpled o blaid y diwygio a darllen *rhwng gwŷr.* Serch hynny, y mae'r ll. yn hir o sillaf, ac ni cheir cynghanedd ynddi ychwaith oni dderbynnir bod *n* yn ateb *ng* yn ail hanner y ll, cf. GDEp 2.34 *Gwaed âi yng ngolwg dyn eilwaith,* neu lusg wallus, *Con-wy … Rhonwen.*

hil Ronwen Cf. ll. 54n. Merch dybiedig Hengist oedd Rhonwen. Fe'i henwir gan y beirdd Cymraeg, weithiau fel *Rhonwen baganes* (gw. TYP² 88), yn drawsenwad am y Saeson neu am Loegr: gelwir Prydain ei hun yn *Ynys Ronwen* yn Pen 94, 176. Plant ac wyrion (sef disgynyddion) Rhonwen, felly, oedd cenedl y Saeson, gelynion y mab darogan; gw.

ymhellach J.E. Caerwyn Williams, 'Rhonwen: Rhawn Gwynion', B xxi (1964–6), 301–3.

18 Nid oes cynghanedd yn y ll. hon onid yw'r bardd yn caniatáu ateb *tr* gan *ddr*.

19 **Y sarff rudd sy o ryw Ffrainc** Dichon mai cyfeiriad sydd yma at Harri Tudur (cf. ll. 25 *Twysog … o Fôn*), yr oedd ei nain, Catrin o Valois, gwraig Owain Tudur, yn ferch i'r Brenin Siarl VI o Ffrainc.

20 **Brân** Nid yw'n eglur ai'r e.p. sydd yma ynteu'r e.c., *brân*, yr aderyn a welir yn aml yn y canu brud fel symbol proffwydol. O blaid y cyntaf, cf. GDLl 3.7 ac *ib*.n: fel y nodir yn G 73, ceid nifer o arwyr yn dwyn yr enw hwn. Ond cysylltir y frân, fel y blaidd yntau (gw. ll. 30n), â 'Phroffwydoliaeth y Wennol'.

26 **Caer Lleon** Sef Caer (*Chester*) yn hytrach na Chaerllion-ar-Wysg. Hon oedd y *Cair Legion* y cyfeirir ati gan Nennius, gw. *Nennius: British History and The Welsh Annals*, ed. J. Morris (London, 1980), 66a.17.

28 **yr hen ych** Gw. hefyd l. 66. Ai Siasbar Tudur, Iarll Penfro, yw hwn? Cf. 8.43 *ych o Rôn* ac *ib*.n.

29 **[y] Drallwng** Y mae angen ffurf dreigledig Trallwng er mwyn y gynghanedd; ond tybed ai *A yrr trillu o'r Trallwng* oedd y darlleniad gwreiddiol?

30 **blaidd** Cysylltir y blaidd â 'Phroffwydoliaeth y Wennol', gw. R. Wallis Evans, 'Daroganau', B ix (1937–9), 314–17.

31–2 Llsgrau. *a danedd a dywenig*; diwygiwyd ar sail ystyr. Ar odli *-yg* ac *-ig* yn y cwpled hwn, gw. D.J. Bowen, 'Pynciau Cynghanedd: Odli *I*, *U* ac *Y*', LlCy xx (1997), 139.

33 **cynnar dwyll** Ai cyfeiriad yw hwn at Frad y Cyllyll Hirion (gw. BD 98–100)? Yn ôl traddodiad, y mae a wnelo'r digwyddiad hwn â dyfodiad y Saeson i Brydain.

34 Ceir yma *dd* berfeddgoll, cytsain sy'n cael ei cholli yn achlysurol, o bosibl am ei bod yn un wan, cf. 15.45; ond y mae'n bosibl hefyd mai bai am *clostai* (ll. *closty*, gw. GPC 508) yw *clostaidd*.

37–44 Ceir cefndir y llau. hyn yn BD 110 (ll. 23)–111 (ll. 5), *Odyna y kerda ederyn o Lwyn y Calatyr [Calaterium* yw'r ffurf Lad. ar yr e. a geir yn 'Historia Regum Britanniae'], *yr hon a gylchyna yr enys dvy vlyned. O nossolyon leuein y geilv yr adar, a phob kenedyl ederyn a gedymdeithocaa idi. En niwyll y rei marvavl y ruthrant, a holl gravn yr yt a lygcant. Odyna y dav newyn y'r bobyl, yn ol y newyn girat agheu. Pan orffowysso y ueint agkyfnerth honno y kyrch yr ysgymun edyn hvnnv glynn Galabes, ac odyma ymdyrchauael ym mynyd goruchel*, gw. hefyd *Geoffrey of Monmouth: The History of the Kings of Britain*, ed. Lewis Thorpe (Harmondsworth, 1987), 310–11.

37 **eden** Amrywiad llafar ar *edn*, gw. GPC 1164. Nodir mewn llaw ddiweddar ar ymyl td. 169 yn llsgr. Dingestow mai *krehyr* oedd yr aderyn, gw. BD 110n12.

39 **O lwyn Calatyr a'i lu** Llsgrau. *lwyn galabrai lu*. Gw. llau. 37–44 ar *lwyn Calatyr*.

44 **gwlybwr Galabes** Cf. yn arbennig GDGor 1.20 *glyn gwlybr glan Galabes*, a gw. G 516 d.g. *ffynnawn, ff. galabes* (yn Euas), a cf. GLM 325 (XC.8). Cyfeiria Galabes at ddyffryn ac at ffynnon, a dichon mai cyfeiriad at y ffynnon yw *gwlybwr* yma. Yn ôl Sieffre o Fynwy, lle yr hoffai Myrddin encilio iddo ydoedd.

45 Cyflenwir *fy* ar sail ystyr a hyd y ll.; cymerir bod yr *f* yn led-lafarog.

47 **yr ail wadd** Y mae'n debygol mai'r Rhisiart III ifanc yw'r *wadd* yn y canu darogan diweddar, a chyfeirid ato â'r e. Llad. *talpa* ('gwadd, twrch daear'), gw. ymhellach GDGor 99 (Mynegai (i.)) d.g. *gwadd, eilwadd, twrch daear*, ac y mae hyn eto o blaid cymryd mai perthyn i ganu proffwydol wythdegau'r 15g. y mae'r cywydd hwn. Ond, fel y nododd R. Wallis Evans, 'some animal names ... like *y wadd* denote the enemy whoever they may be', GWL ii², 266–8.

50 **emys** March neu feirch rhyfel yw *emys*, gw. GPC 1211.

Ceir yma *n* yn ail hanner y ll. yn ateb *m* ar ei dechrau.

51 **Pilatus** Sef, Pontiws Peilat, yr ystyrid ei fod yn uffern.

Ni cheir cynghanedd yn y ll. hon.

54 **hil Ronwen** Gw. ll. 17n.

55 **hil Lywelyn** Fel yng nghywydd darogan Ieuan Brydydd Hir (gw. GIBH cerdd 4.3, 16), gofala'r bardd enwi'r Llyw Olaf. Nododd yr Athro Gruffydd Aled Williams, 'The Literary Tradition to *c*.1560', *History of Merioneth Volume II: The Middle Ages*, ed. J. Beverley Smith and Llinos Beverley Smith (Cardiff, 2001), 586, fod y cyfeirio at Lywelyn ychydig yn annisgwyl; efallai fod y cof am Lywelyn ap Gruffudd yn rhan benodol o ddelweddaeth brudwyr y Gogledd.

56 **onid da'r** Llsgrau. *ond dar*.

58 **tarw** Am restr o'r enwau a arferid i ddynodi'r mab darogan a'i elynion, gw. GWL ii², 266–8. E. a roddid yn gyffredin ar y mab darogan yw'r *tarw*, yn enwedig ar aelodau o deulu Penmynydd, fel y dangosir yn GDGor 6.57n. Yn *ib*. 6.53–4, 57–61, 65 y mae'n sicr mai at Harri Tudur y cyfeiria *tarw*; ac os yn wythdegau'r 15g. y canwyd y cywydd hwn, y mae'n dra phosibl mai at Harri y cyfeirir yma hefyd.

67–8 **Wedy'r pumcant ... / Gyda'r chwech** Ai at y flwyddyn 1506 y cyfeirir yma, a hynny, efallai, yn awgrym brudiol arall ynghylch y flwyddyn dyngedfennol? Fodd bynnag, rhaid cyfaddef nad yw arwyddocâd *Gyda'r chwech* yn amlwg.

14

Gyda 38 o linellau yn unig ynddi, hon yw'r gerdd fyrraf a gadwyd o waith Ieuan Llwyd Brydydd. Oherwydd tebygrwydd y copïau a gadwyd, nid oes modd gwybod a aeth rhan o'r gerdd ar goll yn nhreigl amser ai peidio. Ond nid yw'r ffaith fod cerdd yn gwta o reidrwydd yn arwyddocaol, cf. cerddi 17 ac 18. Rhaid cyfaddef nad yw ergyd y gerdd yn gwbl eglur, ac y mae rhai cyfeiriadau ynddi yn eithaf tywyll. Y mae'n ymddangos fod naws goeglyd yn ei nodweddu, a'r bardd yn honni ar un wedd ddatgan pa mor ofer yw 'cynghori' mab a merch (ac yn gwneud hyn ar hyd y gerdd ar sail rhestr o gyferbyniadau hyperbolig a fwriedir i bwysleisio'r oferedd hwnnw); ond ar y llaw arall, yn ymuniaethu â hwy, a hynny mewn modd ysmala ddigon: *Ni wn nad wy', llei 'dd wy'n ddyn, / Yn ddiddawn, un o'r ddeuddyn* (llau. 31–2).[1] Ond erys nifer o broblemau wrth geisio dehongli'r gerdd. Er enghraifft, ar gyfer pwy y'i bwriadwyd, a beth yn union yw testun cyngor neu rybudd y bardd? Ai troeon serch yw'r foeswers sydd ganddo mewn golwg, ynteu'r anawsterau anochel a ddaw i ran pawb? O ran hynny, nid yw'n amlwg ychwaith ai cynghori rhywrai ifanc penodol a wna'r bardd, ynteu unrhyw 'ddeuddyn'.

Yr un mor anodd yw penderfynu beth fuasai ysgogiad canu o'r fath. Yn niffyg gwell tystiolaeth a chyd-destun diogel, cynigir yn betrus fod dau brif ddehongliad ar y cywydd hwn. Gall, wrth reswm, fod yn gerdd foesol ddiamwys, a'r rhes o gyferbyniadau a geir ynddi wedi eu saernïo ynghyd i bwysleisio oferedd y natur ddynol; a dyna thema gyffredin yng nghanu crefyddol y bymthegfed ganrif yn sgil canu Siôn Cent. Ond odid na ellid dadlau hefyd fod cyfeiriadau'r gerdd yn rhai penodol, ac efallai'n bersonol, yn gyfryw ag a fuasai'n ddealladwy i'r gynulleidfa wreiddiol ond y collwyd eu hergyd erbyn hyn.[2] Yn ôl y coloffon a geir wrth odre ei destun, yr oedd copïwr Card 2.114 [= RWM 7], 784 (sef y testun hynaf) yn ddigon dynol i gyfeirio at y cywydd fel un *digri ddigon*, ac efallai fod yr ymwybod hwnnw â choegni'r gerdd yn rhoi rhyw fath o arweiniad inni o ran ei deall. A dilyn y ddamcaniaeth hon gam ymhellach, tybed na ellid mentro mai cerdd ydyw a ganwyd gan yr hen fardd, â'i dafod yn ei foch, adeg priodas neu

---

[1] Ai'r bardd ei hun a olygir gan yr ymadrodd ... *a'r ni bo / Gwres addysg na gras iddo* (llau. 3–4)?

[2] Gall mai cywydd yn traethu gwirionedd cyffredinol yn epigramatig yw hwn. Rhestrir 220 o gerddi yn MCF (2002) dan y teitl 'cyngor', ac efallai fod y cywydd hwn yn perthyn i'r genre cydnabyddedig hwnnw.

ddyweddïo dau ifanc a adwaenai?[3] Os felly, hwyrach mai ergyd y gerdd yw
fod serch y 'ddeuddyn' byrbwyll hyn wedi llwyddo i gael ei ffordd yn y
diwedd, er gwaethaf cynghorion pobl hŷn a phwyllog a'u rhybuddion ofer.
Ond er hynny, fel y nodwyd eisoes, un o drawiadau cyrhaeddgar y gerdd
yw'r modd y mae'r bardd yn ymuniaethu'n uniongyrchol â'r rhai nad oes
modd eu 'cynghori', gan ychwanegu nad yw ar ei ben ei hun o ran hynny, a
bod mil o bobl debyg iddo.[4] Ai ergyd cynnil y gerdd yw mai'r bardd ei hun,
yn hytrach na neb arall penodol, yw'r un na fu'n fodlon gwrando ar
gyngor?

1–2 **Llenwi rhidyll yn rhydyn / O'r dŵr ...** Rhaid dewis rhwng *rhydyn* (sef
cyfuniad o'r adf. *rhy* a'r a. *tyn*) a *rhedyn* ar gyfer y darlleniad hwn. Er
bod *rhedyn* [*y*] *dŵr* yn hysbys, ymddengys y darlleniad cyntaf yn fwy
tebygol, gyda'r bardd yn cymharu oferedd *cynghori dyn* â llenwi rhidyll
â dŵr. Am enghreifftiau pellach o ddefnyddio *rhidyll* mewn cyd-destun
cyffelyb, cf. yr enghreifftiau a restrir yn GPC 3067 d.g. *rhidyll*.

2 **dyn** Gan amlaf yn y canu serch (ond nid yn ddieithriad, cf. 3.30–1),
cyfeiria *dyn* at ferch yn hytrach nag at ŵr, ond gall hefyd, wrth reswm,
gyfeirio at berson amhenodol, gw. GPC 1140 d.g. *dyn*. Gan yr eir ati i
sôn am was yn ll. 8 ac am ferch yn ll. 9, y mae'n bosibl mai ystyr
amhenodol sydd i *dyn* yma. Cynigir yn betrus fod y llau. agoriadol hyn
yn datgan bod ymdrechion dyn nad oes iddo nac addysg na gras (ll. 4) i
gynnig cyngor i eraill mor ffôl â cheisio llenwi rhidyll â dŵr, er y gellid
deall hefyd mai'r sawl y ceisir eu cynghori sydd heb addysg na gras.

3 **ar ran** Diwygiad, gw. yr amrywiadau; ond tybed hefyd na ellid darllen
â rhan ac aralleirio 'gyda chyfran [dysg/doethineb] y byd'?

4 Tybed a yw'r ymadrodd *a'r ni bo / Gwres addysg na gras iddo* yn llau.
3–4 yn cyfeirio at y bardd ei hun?

5–26 Cynigir mai byrdwn y rhestr o gyferbyniadau a welir yma yw pwys-
leisio y byddai'n haws cyflawni pob un ohonynt na darbwyllo neu
gynghori neb arall.

5 **mynd i'r allor** Er y gall yn syml mai 'cael ei ffordd i'r eglwys' yw ystyr
yr ymadrodd hwn, nid yw'n ymddangos fod hon yn dasg arbennig o
anodd o'i chymharu â'r cyferbyniadau eraill a restrir yn y gerdd hon.
Tybed, felly, ai at y proses o gael hyfforddiant ar gyfer yr offeiriadaeth
y cyfeirir yma? Yn ôl cyfraith yr Eglwys, ni chaniateid i ddyn ac arno
anabledd o unrhyw fath fynd yn offeiriad; ac yn dechnegol, gwaherddid
y sawl a âi'n anabl, neu y deuai nam corfforol iddo, rhag cynnal yr
Offeren. Fel y nodwyd yn sylwadau rhagarweiniol y gerdd hon, efallai

---

[3] Gall y cyfeiriadau at un *dall* (ll. 5) ac at *yn nhywyllwch* (ll. 35) gyfeirio at brofiad y bardd
wedi iddo golli ei olwg: ceir ganddo ddwy gerdd arall ar y testun hwn, gw. cerddi 15 a 16.

[4] Gw. llau. 33–4 *Y mae, od wyf, yn un don, / Felly fil o gyfeillion.*

fod y cyfeirio at ddallineb i'w gysylltu â'r ddwy gerdd arall gan Ieuan Llwyd Brydydd lle y sonnir am wendid ei olwg a'r dallineb a ddaeth iddo maes o law.

8–10 **diriaid … / … / … annedwydd** Am drafodaeth ar y termau *diriaid* a *dedwydd* yn y canu englynol, gw. EWSP 197–9; dywedir, *ib*. 30n71, 'by the later medieval period the concept of *diriaid* was generally weakened to merely "perverse, mischievous"'. Mewn perthynas â'r disgrifiad o'r ferch, sylwer fel y cyferbynnir *anniwair* (ll. 9) ac *annedwydd* (ll. 10) â [*g*]*wen odiad wiw*, sef rhan o derminoleg y canu serch.

11 **pen** Gellir dehongli *pen* mewn sawl ffordd yma, gw. GPC 2726–9. Er y gall olygu 'deall' neu 'feddwl' (S. '*intellect*'), neu hyd yn oed 'genau' (yn drosiadol am 'leferydd'), fe'i ceir hefyd yn air benthyg o'r S. *pen* 'ysgrifbin' mor gynnar â'r 15g. A yw Ieuan Llwyd Brydydd yn cyfeirio yma at gyngor llafar neu ysgrifenedig?

12 **cangen** Yn drosiadol am ferch hardd neu riain, gw. 4.45n.

13 **un o'r ddwy wlad** Gw. 9.26n.

14 **lleuad** Efallai y dylid deall *lleuad*, yma, yn yr ystyr lythrennol: sef bod rhoi cyngor i'r ferch mor anodd â dal y lleuad ei hun. Ond defnyddid *lleuad* yn drosiadol weithiau am ferch hardd ei lliw, a gall fod ergyd arall i'r ddelwedd o ddeall *lleuad* yn symbol o anwadalwch neu gyfnewidioldeb, cf. y cyfeiriadau at y ferch fel un *anniwair* (ll. 9) ac *oediog* (ll. 30) a gw. GPC 2166.

15–16 Buasai'n haws i'r bardd *ddal y gwynt* yn ei ddwylo na rhoi cyngor i rywun arall.

17–18 Ai dweud y mae'r bardd fod ceisio lladd gwair â *gwellau* (sef siswrn) yn haws na rhoi cyngor?

19 **lluddias** Ceir *lluddias* yn fe. ac yn eg. mewn amryw ystyron, gw. GPC 2220. Efallai mai'r be. yn yr ystyr 'atal' neu 'ddal yn ôl' sy'n gweddu orau yma.

20–1 **Menai / A Chonwy** Tybed a enwir y ddwy afon hyn oherwydd fod gan Ieuan Llwyd Brydydd noddwyr ac iddynt gysylltiadau â Môn (neu Arfon) a Dyffryn Conwy (gw. cerddi 10.21 a 11.62 a cf. y cyfeiriadau at deulu'r Holandiaid a disgynyddion Huw Conwy Hen)? A ellid, felly, gysylltu'r gerdd hon ag un o noddwyr y bardd o'r cylchoedd hyn?

22 **tribys** Os dilynwyd yr arfer mewn mannau eraill, gwnaed arwydd y Groes yn y 15g. yng Nghymru â thri bys clwm (y fawd, y bys cyntaf a'r ail fys) y llaw dde. Arferid y tri bysedd hyn er mwyn anrhydeddu'r Drindod ac Ymgnawdoliad Iesu Grist, gw. ymhellach Ifor Williams, 'Buchedd Einion neu Vartholomews Ebostol', B xi (1941–4), 76 (llau. 18–19), *ef a dodes arwydd y Groc ai dri bys ar y gwelydd* a'r enghreifftiau a geir yn GPC 3592. Ystyr y llau. hyn, o bosibl, yw na all y sawl nad

yw mewn stad o ras obeithio gwneud peth mor ffôl â throi llanw o'r neilltu trwy ymgroesi yn unig, ac y mae cynghori sawl na fyn hynny yr un mor ofer.

23–6 Helaethir ar y rhestr gyferbyniadau drwy bwysleisio y byddai'n haws rhifo'r dail, y gwellt a'r gwŷdd, nifer y gro a'r plu eira, na rhybuddio'r sawl na fyn gyngor.

31–4 Addefir yn goeglyd, er pwysleisio oferedd cynghori eraill, nad yw'r bardd ei hun ronyn well na hwy, a bod mil o rai tebyg iddo. Ai'r bardd ei hun, wedi'r cyfan, yw'r un na fu'n fodlon gwrando ar gyngor?

33 Atebir *m* yn rhan gyntaf y ll. gan ddwy *n* yn yr ail hanner.

36 **o bydd trin** Cf. 8.62 *Pe bai drin*.

37 **Oni naddo, rhwystro rhestr, / Brwynen gyllell bron gallestr** Gan fod modd deall yr ymadrodd *rhwystro rhestr* mewn sawl ffordd, y mae diweddglo'r gerdd yn dibynnu ar ba ddehongliad a ddewisir. A yw'r bardd yn mynegi'n syml drwy hyn fod ei 'restr' o gyferbyniadau ar ben? Neu, a deall *rhwystro* yn yr ystyr 'drysu, ... ffwndro, mwydro' (gw. GPC 3122), ai ergyd yr ymadrodd yw fod yr hyn a ddywedir, neu y sonnir amdano, yn ddigon i ddrysu unrhyw un? Gall *rhestr* yma fod yn gyfystyr â 'rhes' (megis mintai o filwyr arfog), ac ergyd y ll. felly fyddai cynnig cyngor yr un mor anodd â rhwystro'r fintai hon.

15

Y mae'r ddwy gerdd olaf a olygir o waith Ieuan Llwyd Brydydd yn ymwneud â niwed a ddioddefasai. Mewn nodyn wrth odre'r testun yn llawysgrif J 140, 497, ceir disgrifiad bywiog o'r ddamwain a ddaethai i'w ran:

> y farch ai taflassaü at berth ddreiniog ai lygad a flodd [*sic*] ar y rüdd heb allü o neb ryw feddig ymwared yddo, a düw ar sant, ai gwnaeth yn holl iach, er y fod yn llawn yssig a briwie, y ddüw bor diolch amen.

Os rhywbeth, y mae'r olnod a geir wrth yr awdl yn Pen 225, 160 yn fwy lliwgar fyth:

> ei varch ai taflasei mewn catberth dhreiniog ai lygat a daflesid ar ei rudh heb allu o nebryw vedic ymwared a Dûw ar sant ai gwnaeth yn holliach er ei vod yn llawn ysig a briwiæ. I Dhuw bo'r diolch. amen.[1]

Anghytunir â goblygiadau hyn yn wresog gan berchennog diweddarach y llawysgrif:

> nid oes mor prydydd yn dywedyd hynny ar ei awdl, ac nid yw ond gweddio ar y sant am iechyd, lle y dylasai weddio ar Dduw ei unig iachawdr.

---

[1] Rhydd nodyn a geir mewn llaw ddiweddarach yn yr un llsgr. farn ungair: *surdoes*.

Yr awdl hon yw'r unig gerdd ar glawr sy'n cyfeirio'n uniongyrchol at gwlt Doged, y brenin a'r merthyr y rhoddir ei ach yn 'Bonedd y Saint' fel *Doged vrenhin ap Cedic ap Cunedha wledic*.[2] Saif ffynnon Doged tua thrigain llathen i'r gogledd o eglwys Llanddoged. Mewn oes ddiweddarach, yr oedd Edward Lhuyd yntau'n gyfarwydd â'r traddodiad fod ffynnon Doged â'r gair o wella llygaid.[3]

Wrth drafod Llyfr Gwyn Rhydderch, sylwa Mr Daniel Huws ar nifer o eitemau yr honnid eu bod unwaith ar gael yn y Llyfr Gwyn. Yn eu plith sonnir am yr awdl hon: 'Thomas Wiliems ... writing in 1602 or later ... copies ... *Odl S. Doged vrenhin a merthyr val y gweleis yn scrivenedic yn y lliver gwyn y Rydderch*.'[4] Noda Daniel Huws ymhellach, 'The 1602 note by Thomas Wiliems is echoed by the anonymous scribe of Oxford, Jesus College 140, written perhaps about 1630, on p. 497 ... But was this *awdl* to St Doged by Ieuan Llwyd Brydydd, a late fifteenth-century poet, ever in the White Book? Either it was an addition on a blank leaf now lost or there has been a mistake about sources.'[5]

Er gwaethaf ambell gynghanedd gywrain, nid yw crefft yr awdl yn nodedig o raenus ar y cyfan. Egyr â chadwyn o 8 englyn unodl union a gysylltir gan gyrch-gymeriad, gyda llinell olaf y gadwyn (ll. 40) yn cyrchu'r dechrau (gyda'r gair *gwared*) a dechrau'r caniad nesaf (gyda'r gair *ym*). Cenir yr ail ganiad (llau. 41–72) ar yr odl -*igl*-*yg*, a cheir ynddi linellau o gyhydedd naw ban a thoddeidiau hir (gan lunio gwawdodynnau o amrywiol hydoedd[6]). Cloir yr awdl ag englyn unodl union (llau. 73–6) a gysylltir drwy gyrch-gymeriad â llinell olaf yr ail ganiad (*frig* / *friger*), a chyda'r gair olaf, *fynno*, yn cyrchu dechrau'r gerdd. Y mae ambell linell wallus yn y gerdd yn ogystal â rhai darlleniadau a chyfeiriadau tywyll nad yw'n hawdd eu diwygio, ac y mae'n dra thebygol mai ansawdd wael cadwraeth y gerdd sy'n gyfrifol am hynny a'r ffaith fod y ddau destun yn agos iawn i'w gilydd.

Golygwyd yr awdl hon yn Maredudd ap Huw, 'A Critical Examination of Welsh Poetry Relating to the Native Saints of North Wales (*c.* 1350–1670)' (D.Phil. Oxford, 2001), cerdd XV.

4 **Doged Frenin** Ar Ddoged a'r traddodiadau amdano, gw. EWGT 67, 70 ('Achau'r Saint'), LBS, iv, 393–5, TWS 250, a WCD 202. Cyfeirir at *Doget vrenhin* hcfyd yn chwcdl 'Culhwch ac Olwen', lle yr adroddir hanesyn am dad Culhwch yn cael ei gynghori i gymryd gwraig Doged yn wraig iddo ef ei hun. Llwyddwyd i wneud hyn drwy ladd Doged a

---

[2] Gw. ll. 10n isod.
[3] Gw. TWS 250.
[4] MWM 248.
[5] *Ib*.n32.
[6] Ymhlith y rhain, ceir dau bennill anghyffredin, 5 ll. yr un, heb fod yn wawdodyn byr na hir, gw. llau. 41–50.

meddiannu ei diroedd, gw. CO³ 49. Ceir nodyn byr ar ffynnon Ddoged yn F. Jones, *The Holy Wells of Wales* (Cardiff, 1954), 173.

7   *r* berfeddgoll neu gamosod *g.r.*

11 **gwin**   Y mae cymharu blas dŵr ffynnon benodol â gwin yn drawiad cyffredin yng ngherddi'r Cywyddwyr i'r saint. Sylwodd E.R. Henken: WS 149, 'these references are inexplicit enough for [the poets] to be using the wine metaphorically and/or symbolically, but considering other fountains which have run with wine, there is a strong possibility that folk tradition is speaking of wine literally'. Sut bynnag, ni ddywed y Cywyddwyr mai gwin oedd y dŵr, ond bod blas yn dŵr yn well na gwin, *Bob dwyfil eiddil y dôn / Ar ffyniant bawb i'r ffynnon / I brofi miragl purwyn / A'i flas ymhell gwell na gwin* (anh.), gw. D.J. Jones (Gwenallt), 'Cerddi'r Saint a'r Bucheddau Cyfatebol' (M.A. Cymru [Aberystwyth], 1929), 132. O gymryd mai ystyr drosiadol sydd i *gwin* yma ac yng ngwaith y Cywyddwyr eraill, gellid meddwl am hanes Crist yn troi dŵr yn win yn y briodas yng Nghana fel ffynhonnell bosibl i'r trosiad, gw. Io ii.3–10.

20 **afal y drem**   Cf. y cyfuniad *afal llygad* '*pupil of the eye, eyeball*', GPC 40.

21 **f'anwylyd**   Cyfeirid yn aml at Dduw a'r saint â therminoleg y canu serch, cf. ll. 76 a gw. GIBH 10.63, 13.65.

33 **deugain sant**   Nid yw'r cyfeiriad hwn yn eglur, ond efallai y bwriadwyd y rhif i ddynodi cyflawnder nifer y saint.

41 **Amig**   Llsgrau. *emic* (cf. amrywiadau ll. 67), ond nid yw arwyddocâd hynny'n eglur; oherwydd yr ymadrodd *ail orwydd* (sef march neu geffyl), disgwylir gwrthrych i'r gymhariaeth. Yn betrus, felly, cynigir mai'r e.p. *Amig* a olygir; ar y cymeriad chwedlonol hwn, gw. KAA² *passim* a cf. ll. 67.

46 Nid atebir yr *dd* ar ddechrau'r ll.; cf. 13.34n.

54 Er na cheir tystiolaeth yn y copïau i unrhyw lau. coll, nid yw rhediad ystyr y gerdd yn eglur, ac ymddengys fod y naid o'r cwyno am gyflwr y bardd i foliant delw Doged yn rhy sydyn yma.

55 Ceir *n* ac *g* heb eu hateb yn hanner cyntaf y ll. (*g.l.n.g.r.'d. = g.l.r.'d.*).

    Y mae'r ll. hon i'w gweld yn llwgr, er nad yw'n amlwg sut y dylid ei diwygio. A fu i'r copïwr gwreiddiol gymysgu dechrau un ll. a diwedd un arall wrth gofnodi'r testun?

57 **Cedig**   Sef Cedig Draws ap Ceredig, tad Doged, gw. G 121; GC 2.24n; GGDT 29; LBS iv, 385 (a'r ychwanegiadau rhwng 480 a 481); TYP² 502–3 a WCD 115.

58 **Ceredig** Ar Geredig ap Cunedda Wledig, gw. WCD 124 a'r cyfeiriadau
yno.

59 **Cunedda** Ar Gunedda Wledig, sefydlydd traddodiadol teyrnasoedd
gogledd Cymru, gw. *ib.* 152–3; TYP[2] 312–3.

Cynghanedd sain gydag odl gudd.

60–4 Ymddengys mai disgrifio delw neu gerflun o Ddoged a wneir yma.

65 Y mae'r ll. hon yn hir o sillaf.

67 **clas Tomas** Ai cadeirlan Caer-gaint, cysegrfan Thomas à Becket?

67–8 **Non / Wen** Ar y santes Non a oedd, yn ôl traddodiad, yn fam i
Ddewi Sant, gw. J. Cartwright: ForF, mynegai d.g. *Non*; LBS iv, 22–5;
WCD 508 a'r cyfeiriadau.

68 **Caer Garon** Er y ceid cwlt y santes Non yn sir Gaerfyrddin ac yng
Ngheredigion (gw. LBS iv, 24), efallai fod y cyfeiriad at *Caron* o blaid
deall Ceredigion yma, cf. Tregaron, Cors Caron.

Curig Ar Gurig Lwyd, gw. GHS cerdd 20, tt. 185–7, E.R. Henken:
WS 49–64, LBS ii, 192–200 a WCD 155.

69 **ceffig** Ni thrafodir yr *hapax legomenon* hwn yn GPC, ac nis ceir
ymhlith slipiau'r Geiriadur ychwaith. Diolchaf i Mr Gareth Bevan,
cyd-olygydd GPC, am awgrymu wrthyf y gall darddu o ffurfiad o
caffael a'r terfyniad bachigol *-ig*, gan roi'r ystyr bosibl 'rhodd fach'. Er
pwysleisio mai yn betrus yr awgrymir hyn, byddai cyfeiriad at roddion
y pererinion a gyrchai ffynnon Doged yn ystyrlon yn y cyswllt hwn.
Ond gan fod y ll. ei hun yn fyr o sillaf, rhaid ystyried a yw darllen-
iadau'r llsgrau. yn ddiffygiol yma (byddai darllen *a mil ceffig* yn cyflen-
wi sillaf ac yn sicr yn bosibl). Ond y mae mannau eraill yng ngherddi
Ieuan Llwyd Brydydd lle y ceir ll. fer, cf. 10.23n a 12.13n.

70 **Cynddylig** Ffurf arall ar Gynddilig, nawddsant Capel Cynddilig, Llan-
rhystud, Ceredigion; dethlid ei ŵyl ar 1 Tachwedd, gw. LBS i, 75, ii,
230. Y mae'n ddiddorol nodi bod cyltiau'r tri sant hyn (Non, Curig a
Chynddylig) a enwir yn y rhan hon o'r cywydd, yn ogystal â Charon, ll.
68, i'w cysylltu â Cheredigon.

74 **Beuno** Un o hoff saint y bardd, cf. 7.38; arno, gw. ByCy 30, LBS i,
208–21 a WCD 42–44.

16

Ymddengys fod y cywydd hwn, fel y gerdd flaenorol, yn ymwneud â'r
niwed a ddigwyddodd i lygaid y bardd.[1] Cywydd ydyw sydd hefyd yn

---

[1] Gw. sylwadau rhagarweiniol cerdd 15 uchod.

fyfyrdod ar grog eglwys Llanrwst. Dywedir yn eglur mai crog *newydd* oedd hon:

> Ydd oedd ddelw ddieiddiloed,
> I Lanrwst ei lun a roed;
> Y Grog yw'r Gŵr a garaf,
> Newydd, i'w gôr nawdd a gaf.
> Ef yw llun Duw Ei hunan ...
> Gorau dofodau, Duw fydd,
> Gŵr a'i gwna, yw'r grog newydd ...
> Nerth y Grog, eurog wryd,
> Newydd fo fy annedd fyd. (llau. 21–4, 62, 72)

Yn ôl tystiolaeth gyfoes, yr oedd gwir angen am atgyweiriadau yn eglwys Grwst erbyn ail hanner y bymthegfed ganrif. Dywed Syr John Wynn o Wedir:

> Owain Glyndŵr's wars, beginning in Anno 1400, continued fifteen years, which brought such a desolation that green grass grew on the market-place in Llanrwst called Bryn-y-boten and the deer fed in the churchyard of Llanrwst ... The country, being brought to such a desolation, could not be replanted in haste, and the wars of York and Lancaster, happening some fifteen years after, this country, being the chiefest fastness of north Wales, was kept by Dafydd ap Siencyn ... who wasted the country while he kept his rock of Carreg-y-gwalch, and lastly by the earl Herbert, who brought it to utter desolation.[2]

Credir bod cryn waith adnewyddu wedi ei gyflawni ar yr eglwys tua diwedd y bymthegfed ganrif a dechrau'r unfed ganrif ar bymtheg;[3] ai tua'r pryd hwnnw yr ailadeiladwyd y grog?

Saif y cywydd hwn yn y traddodiad o ganu myfyriol a ysbrydolwyd gan ddelwau eglwysig y cyfnod, ac a fwriadwyd, yn ddiau, yn ysbardun i gyfrannu tuag at y gweithgareddau atgyweiriol. O ystyried maint yr adeiladu a fu mewn eglwysi yng Nghymru'r cyfnod hwn, y mae'n rhesymol casglu bod cerddi o'r fath yn cael eu noddi'n unswydd er mwyn hysbysebu crog neilltuol ac ysgogi'r ffyddloniaid i gyfrannu'n ariannol. Fel y sylwodd yr Athro Emeritws Glanmor Williams:[4]

> there were other reasons [than spontaneous religious enthusiasm] which accounted for the verse. Patrons and poets had to live; poetry was a first-class medium of publicity and pilgrims were an important source of revenue. While there is no need to doubt that both patrons and poets could be quite sincere in their regard for the shrines it would be naïve to suppose that more calculating motives never crossed their minds.

---

[2] HGF 51.
[3] RCAHM (Denbigh) 147.
[4] WCCR[2] 429.

Byddai cyfraniad Ieuan Llwyd Brydydd, fel Ieuan Brydydd Hir tua'r un pryd yn ei haint a'i henaint yntau,[5] yn sicr yn fodd i hyrwyddo hyn.

Hamddenol a diaddurn yw adeiladwaith y cywydd hwn, ond nid yw heb ei gelfyddyd. Yn wahanol i'r sefyllfa yr oedd y bardd yn dygymod â hi pan ganodd yr awdl flaenorol, ymddengys ei fod erbyn hyn bron yn gwbl ddall—neu'n cymryd arno ei fod felly. Strwythurir y cywydd yn gelfydd o gwmpas delweddau goleuni a thywyllwch, gan gyfochri'r gweledig a'r anweledig, a dallineb y bardd â berfau sy'n ymwneud â'r golwg, cf. *A llun Ei gorff yn llawn gwaed / O'i eglurdrem i'w glaerdraed* (llau. 31–2). Ceir ffurfiau'r ferf *gweled* yn llinellau 29, 48, 66, 68 a 73. O'r stad lle nad oedd na *dydd na nos* yn amgen iddo (ll. 6), dymuniad y bardd yn y cywydd hwn yw cyrraedd ei gartref tragwyddol, lle *Ni weler mwy o alaeth / Na dydd ym, na diwedd waeth* (llau. 73–4).

1   **gwyw** Llsgrau. *gwiw*; ceir gwell ystyr o'i ddiwygio.

4   Y mae'r ll. yn hir o sillaf (onis cywesgir) a cheir ynddi *r* berfeddgoll; ond gellid datrys hynny drwy ddiwygio *oleuni y ffordd* yn *oleuni'r ffordd*.

15   **dwy seren** Sef llygaid y bardd. Efallai ei bod yn berthnasol cofio'r defnydd a wneid o *seren* yng nghanu serch y Cywyddwyr, gw. GPC 3226.

23   **y Grog yw'r Gŵr** Gallai *crog* olygu un o ddau beth yng nghyd-destun y canu crefyddol, sef naill ai'r ddelw a geid ar groglenni eglwysi'r cyfnod neu Grist ei hun, 'y Grog' (Llad. *Crucifixus*, sef yr un a groeshoeliwyd). Ceir nifer o enghreifftiau o'r ystyr ddeublyg hon yn y canu, e.e. GSH 63 (16.1–4) *Duw, 'r wirGrog, ydyw'r eurgrair / Sydd fab i'r Arglwyddes Fair, / A'r Iesu, eiriau oesir, / Yw'r Grog adwyog waed ir*; GLGC 6 (1.184) *Hwn yw'r Gŵr aur, Hwn yw'r Grog.*

35   **tair hoel** Pedair hoelen a ddefnyddiwyd yn wreiddiol mewn portreadau a delwau o'r croeshoeliad (sef dwy ar gyfer traed Crist a dwy ar gyfer ei ddwylo). Yn y Gorllewin disodlwyd hyn yn raddol gan yr arfer o ddangos traed Crist wedi eu hoelio'n un. Gwelid hyn eisoes yn y 12g. (cf. bedyddfaen Thienen, Brwsel (*c.* 1149)); ond erbyn y 13g. diflannodd y *suppedaneum* ac arferid croesi coesau'r ddelw. Trafodir hanes datblygiad delwau o'r croeshoeliad yn P. Thoby, *Le Crucifix des Origines au Concile de Trente: Étude Iconographique* (Nantes, 1959), *passim.*

39–46   Ffocws myfyrdod y bardd yn y llau. hyn yw'r drydedd hoel yn nelw'r Crist croeshoeliedig. Am resymau symbolaidd penodol, telid defosiwn arbennig i'r hoelen hon erbyn ail hanner y 15g., fel y gwelir o'r weddi a ddefnyddid gan y ffyddloniaid yn Lloegr o flaen y llun poblogaidd *Imago Pietatis*: *Gracious Ihesu for the wound of your ryght foot kepe me from the synne of covetyse* … (ceir y testun o'r weddi gyflawn yn Cambridge University Library MS Ii. vi. 43, f. 23ʳ). Am drafodaeth ar y defosiwn hwn, gw. E. Panofsky, "Imago Pietatis", *Festschrifft für Max J. Friedlander* (Leipzig, 1927), 261–308. Lle nad oedd llun o'r *Imago* ar gael, byddid yn canolbwyntio ar unrhyw ddelw o'r Groes. Cymaint fu dylanwad y defosiwn i glwyfau Crist fel y manteisid ar bob un ohonynt i greu symbolaeth ac eiconograffeg gyflawn ynghylch yr angen i wneud penyd ac i osgoi pechod.

47 **fannau'r Gred** Gellir deall *fannau* yn ffurf l. naill ai *ban* neu *man*, gw. GPC 253, 2336–8. Y mae'n bosibl deall y cyfuniad yn gyfarchiad, a byddai 'ardaloedd' neu 'lleoedd *Cred*', sef y byd Cristnogol, yn rhoi ystyr foddhaol, cf. 'pedwar ban y byd'. Ond ceid i *bannau* hefyd yr ystyr 'breichiau' (sef breichiau'r Groes), cf. R 1279.16–17 *Gwaet an prynawd aerbynnawd. ar y banneu*. Gan fod nifer o grogau'r cyfnod yn dangos breichiau croes Crist yn gorffen â changhennau blodeuog, gellid dadlau hefyd dros ddeall yr ymadrodd yn drosiadol: breichiau croes Crist sy'n cynnal y byd.

49 **Lonsies** Amrywiad Cym. ar yr e.prs. *Longinus*, sef e. traddodiadol y milwr Rhufeinig y credid iddo wanu ystlys Crist ar y Groes, gw. hefyd GIBH 8.37, 12.24. Daethpwyd i gymysgu'r cymeriad hwn â'r canwriad y sonnir amdano yn Marc xv.40, a'r tebyg yw ddarfod dyfeisio'r e. *Longinus* ar sail yr e. Groeg λόγχη ('gwaywffon'). Gellir olrhain craidd y chwedl amdano i'r llyfr apocryffaidd *Acta Pilati* (*c*. 5g.). Yr oedd traddodiadau eraill yn hysbys i Beda, a thynnwyd arnynt hwythau gan Jacobus de Voragine, awdur y 'Legenda Aurea'. Trawsenwad am anghrediniaeth oedd Longinus, a'r hyn a ystyrid gan Gristnogion yr Oesoedd Canol yn ddiffyg ffydd ymysg arddelwyr y crefyddau anghrist-nogol a barodd eu cyfrif yn 'ddall'. Yn ôl y chwedl, pan wanodd Longinus ystlys Crist, syrthiodd Ei waed ar ei lygaid ac adfer ei olwg. Y mae'r ddelwedd hon yn drosiad amlwg am dröedigaeth, gw. ymhellach R.J. Peebles, *The Legend of Longinus in Ecclesiastical Tradition and in English Literature and its Connection with the Grail* (Bryn Mawr College Monographs, Monograph Series, 9 (1911), *passim* a'r llyfryddiaeth y cyfeirir ati yn ODCC³ d.g. *Longinus*). Fe'i gelwid yn 'farchog [du] dall' gan y beirdd Cym. (gw. GDG³ 52.35n am gyfeiriadau eraill ato). Pwys-igrwydd Longinus fel topos yn y cerddi am ddioddefaint Crist yw ei fod yn symbol o iachâd a maddeuant.

63 Y mae'r ll. yn anghyflawn yn y ddwy lsgr.

72 **annedd** Llsgrau. *fymedd fyd*, ond ymddengys *annedd*, yn yr ystyr 'trigfan' neu 'breswylfod', yn fwy ystyrlon.

73 Ceir yma *m* yn ateb *n*.

74 **diwedd waeth** Ar yr olwg gyntaf, ymddengys y treiglad meddal ar ôl
diwedd yn annisgwyl yma; ond os deellir y ddau air ar lun cystrawen
'hydref ddail', yna gellid *gwaeth* fel eg. yn yr ystyr 'drwg, niwed ...
cyflwr gwaeth' (gw. GPC 1551), a *diwedd* yn ansoddol ('olaf, diwethaf,
terfynol', *ib*. 1056).

Geirfa

abad 8.5; *ll.* **ebyd** 8.33n **abadau** 8.37

abadaeth 8.49

adwythig clwyfus, dolurus 15.46

aer etifedd 10.9

alaeth tristwch, galar, gofid 16.73

aliwns S. *'aliens'*, estroniaid 13.61

allor 14.5n

anap anffawd, niwed, damwain 8.42

anhyfrydwaith anwych ei lafur 7.10

annawn 9.14n

annedwydd 14.10n, 30

annedd 16.72n

annibech pechadurus 15.26

anniwair 14.9

anwedd anweddus, trwm, aruthrol 16.39

anwr dihiryn, llyfrgi, annyn 16.1

anwylyd 15.21n

ar gil ar ffo 13.56

ar ran 14.3n

araul (diwrnod) heulog, golau 11.11

ariant arian 8.56

arlwydd 8.59n

aros *amhrs.pres.dib.* **arhoer** 13.27n

aruthr ofnadwy, creulon, llym, didostur 16.35

asur *lapis lazuli*, defnydd glas 15.60

aur fodrwy 8.51n

awdl-lym parod neu lym ei gerddi 16.5

ban pan 8.13, 9.34, 37, 15.76

ban *ll.* **bannau** ?16.47n

bardd *ll.* **beirdd** 7.4n

bar polyn 11.10

barwn 9.19n, 31

bed ped 9.49n

beili beili, un ag awdurdod 12.49

blac-o-Lir 12.42n

blaidd 13.30n

blodau pigion, goreuon 10.24

blwng llidiog, sarrug 13.30

bod *3 un.pres./dyf.myn.* **bydd** 14.36n; *2 un.amhff.myn.* **oeddud** 8.45; *2 ll.amhff.dib.* **bych** 8.38; *2 un.amhff.dib.* **byddud** 8.64

bradwy treuliedig, eiddil, brau 7.53

braich amddiffynnydd, nerth 9.26

braisg cryf, gwych 16.34, 68

bras 7.24n

brau 7.24n

brawd *ll.* **brodyr** 11.57n

brenhingainc o gyff brenhinol 13.20

brigawns 11.49

briger pen, top 12.44, 15.73

bron 14.37–8n

brwydr 7.10n

brwynen 14.37–8n

bual ychen gwyllt *ll.* **bualiaid** 12.50

buchydd 12.45n

bun merch 12.21

bwla tarw 12.50

bwmbart magnel, baswn 12.52

bwrw taro (yn drosiadol am farwolaeth) 11.9n, 10

bwy pwy 9.33
cadw amddiffyn 7.58, 9.71;
  3 un.pres.myn. **ceidw** 9.71
cael cael, derbyn *amhrs.pres.myn.*
  cair 13.35, 14.11;
  2 un.amhff.myn. **caud** 10.27;
  amhrs.amhff.myn. **caid** 7.42, 8.3,
  9.27, 10.12, 11.45;
  amhrs.grff.myn. **cad** 7.53, 10.61
cangen 14.12n
calennig rhodd, gwobr 9.67
callestr 14.37–8n
can bara gwyn 9.9, 27, 10.47
cannwr cant o wŷr 10.34, 11.45
caregl *ll.* **cerygl** 8.32n
carw uchelwr, arglwydd 10.1n; *ll.*
  ceirw 11.65
carwr un a gerir 7.41
caterwen 10.61n
ced rhodd, anrheg, ffafr 7.21
ceffig 15.69n
cenau *ll.* **cenafon** 1.50
ceraint 7.8n
cil gw. **ar gil**
claerdraed traed disglair 16.32
clas15.67n
clêr beirdd 9.51
clo 10.42n
cloch gwobr, camp 12.66
clostaidd ?amgaeedig, wedi ei gau
  i mewn 13.34
clywed teimlo *3 un.pres./dyf.myn.*
  clyw 9.22; *3 un.grff.myn.* **clybu**
  15.13
cob gwisg litwrgïol, mantell,
  S. *'cope'* 8.53
coed 10.20n
côr cangell, cysegr, eglwys 9.16n
cotymwr 7.4n
Cred y byd Cristnogol, credinwyr
  15.13, 47
Crog 16.23n, 51
culpa 11.70n

curiaw nychu, edwino 15.13
cweirio cyweirio, adfer, cyflawni
  15.1, 15
cwyr yn drosiadol am
  ganhwyllau 8.32
cydwedd cymar, cydymaith,
  cyfaill, hafal, tebyg 7.21, 8.55
cyfan cadarn, teyrngar, ffyddlon
  11.25
cyllell 14.37–8n
cymin cymaint 13.49
cynnal dal, cyfrif, arddel
  3 un.pres.myn. **cynnail** 15.39
cynnar 13.33
cynnydd lles, ffyniant, bendith
  12.27
cywasgedig wedi ei wasgu
  ynghyd 15.62
cywirgerdd 8.31n
chwaer *ll.* **chwioredd** 9.18n,
  chwiorydd 11.58n
chwech 13.68n
chwioredd, y tair gw. **chwaer**
daed gw. **dydd daed**
daf da 13.65
damwain digwydd, peri digwydd
  3 un.pres.myn. **damwain** 15.35
dectai 8.12n
deddf oed dydd 8.17n
delli dallineb 16.8
deuflaen ad iddo ddau flaen
  15.45
deugain sant 15.33n
deulain dau em 12.57
dewin proffwyd, gŵr doeth,
  bardd 8.45
dewis gân 8.10n
dewisol cymeradwy, hyfryd,
  gwych 9.53
diainc dianc 7.20
dianair di-fai, clodfawr 10.7
dianc *2 un.amhff.dib./myn.*
  diangud 7.16; *2 un.grff.myn.*

diengaist 7.14; *3 un.pres.dib.*
diango 7.17

didranc heb ddiwedd, heb lewyg,
diball 15.1

diddiddan heb fod yn llawen,
anghysurus, heb ei fendithio
16.6

diddos didwyll, cywir, ffyddlon
7.51

dieiddiloed ifanc a chryf, nerthol
16.21

digar peidio â charu 15.23

diledryw gŵr uchel ei dras, dyn
bonheddig 11.5

dilesg grymus, gweithgar 9.26

dilyd dilyn 8.11

diodwin hoff o yfed gwin, yfgar
9.25

diriad *ll.* **diriaid** 14.8n

dirytbais amddiffynnwr gloyw,
cynheiliad gwych 7.65

disyml urddasol, bonheddig,
cwrtais, didwyll 10.23n

diwan cryf, nerthol 7.13, 8.8

diwarth un na ellir ei
waradwyddo 11.34

diwarthu rhyddhau oddi wrth
warth, anrhydeddu 15.6

diwedd 16.74n

diwyd astud, gweithgar, ffyddlon
8.7

diwyllio trin, darnio
3 un.grff.myn. **diwylliodd** 7.33

diymgel eglur, amlwg 12.55

doctor 8.12n

dodi rhoi, dodi *3 un.grff.myn.*
dodes 12.53

doethair doeth neu ddysgedig o
air 8.13

dofod budd, gwobr *ll.* **dofodau**
16.61

doniog dawnus 12.21

dôr *ll.* **dorau** 11.7n

dra tra 10.44, 16.38

draig, y ddwy 13.1n

drud gwerthfawr, dewr,
beiddgar, cryf 7.15

drygan cân neu gerdd ddrwg
11.25

duddraen drain duon, *prunus
spinosa*, S. *'blackthorn'* 15.44

dug arweinydd, pennaeth llwyth,
tywysog *ll.* **dugiaid** 15.9

dwbled 7.22n, 34

dŵr 14.1–2n

dwyael dwy lan 9.47

dwy seren 16.15n

dwy sir 10.17n

dwywlad 9.26n, 63 **dwy wlad**
14.13n

dwy ynys 10.4n

dyblau 7.22n

dydd dydd marwolaeth 11.62

dydd daed dydd da i ti! 8.6

dydd drud 8.41n

dyfyn gwysio, galw i ymddangos
13.41

dylu *3 un.amhff.myn./dib.* **dyly**
8.48

dyn 14.2n

dyred *2 un.grch.* **dyred** dod,
nesáu 10.41

dywynnyg, dywynygu disgleirio,
ymddangos, dangos
3 un.pres.myn. **dywynnyg** 13.31

edau gyfrodedd 7.36n

eden 13.37n

egoriad allwedd, dadleniad *ll.*
egoriadau 15.58 **'goriadau**
15.55

eglurdrem golwg neu
ymddangosiad eglur 16.32

egluredig wedi ei esbonio, wedi ei
wneud yn olau 15.55

ehedeg hedfan *3 un.pres.myn.*
'heta 13.38

emys 13.50n
enaid 10.4n
enaid rhydd 9.68n
enwiredd anghyfiawnder, drwg, dirmyg 15.25
ennyn *amhrs.pres.myn.* **enynnir** 13.8; *amhrs.grff.myn.* **enynnwyd** 10.13n
erlyn erlyniad cyfreithiol 8.59
eryr arglwydd, uchelwr 9.3, 10.17, 11.34
eurbleth gwallt euraid wedi ei blethu 10.51
eurner arglwydd gwych 15.73
eurnod enwog, nodedig, gwerthfawr 12.14
euro anrhydeddu, goreuro 16.44
ewybr cyflym, parod, chwim 12.1
ewythr *ll.* **ewyrthrydd** 11.59n
fal gw. **mal**
fâl 9.43n
ffiniaw 9.65n
gafael tir etifeddol 12.17, 37
gair enwogrwydd, anrhydedd, sôn 15.39
gar ger 8.34, 15.7
garw-wych ffyrnig, llidiog 11.39
gemgyrn un a'i gyrn fel gemau 12.55
glain anwylyd, trysor 12.3n, 15.36, 55; *ll.* **gleiniau** 15.37
gloesedig briwedig, poenus 15.48
gloywbryd o wyned neu ymddangosiad gloyw 16.26
gloywdal o wyneb neu dalcen gloyw 15.59
gloywsain persain ei lais 8.57
gobr 8.5n
golef golau 13.9
goleugain disglair a gwych 1.62
goleuged rhodd ddisglair 1.62
goreth lliain i dynnu'r drwg o glwyf 16.34

goreufwrdd lletygarwch dethol, lluniaeth wych 12.30
goreufys 11.3n
gorhoffedd hyfrydwch, balchder, ymffrost 9.24
gorwan eiddil iawn, llegach 16.28
gorwydd march, ceffyl 15.41
gorwyf ?balchder, rhyfyg 16.53
gramadeg 8.9n
gras 10.9n
gwadd, yr ail 13.47n
gwaeth 16.74n
gwaethwaeth 10.35–6n
gwalch arglwydd gwych, arweinydd mewn brwydr 10.21
gwan eiddil, S. *'vulnerable'* *ll.* **gweiniaid** 8.4, 9.10
gwared gwaredigaeth, iachâd, adferiad, cymorth, rhyddhad 15.1, 12, 16, 25, 30, 40, 16.57
gwaredu achub *3 un.pres.myn.* **gweryd** 16.59
gwasgawd 8.30n
Gwawr Arglwydd 16.59
gweld gweld, ystyried, barnu *3 un.pres.myn.* **gwŷl** 9.47, 10.31
gwellwell 10.35–6n
gwerthyd S. *'spindle'*, *'axle'* 12.61
gweryd gw. **gwaredu**
gwin 15.11n
gwineulas llwydlas, gwelw ei wedd 16.51
gwingost 7.3n
gwirion diniwed, dieuog, sanctaidd 16.57; *ll.* **gwirioniaid** 7.27
gwisgad dillad, gwisg, gorchudd *ll.* **gwisgadoedd** 15.62
gwledig pennaeth, arweinydd 15.59
gwlybwr 13.44n
Gŵr, y 16.23n
gwryd hyd dwyfraich, dewrder 16.71

gwrym *ll.* gwrymiau gwnïad,
ymyl gwisg pleten 7.26

gwybod *2 ll.amhff.myn.* gwyddych
8.43

gwylio gwarchod, gofalu am
3 un.pres.myn. gŵyl 10.31

gwyngadr sanctaidd a gwych 7.3

gwŷr gwynion 8.28n

gwyw eiddil, egwan, gwywedig
15.48, 16.1n

hadlu 8.22n

hael 7.2n

hardd hardd *ll.* heirdd 9.13

hawsáu esmwytháu, gwella 16.14

hengyff llinach hen, anrhydeddus
13.20

henwaed llinach hen,
anrhydeddus 12.8

henwaith gwaith gwych, crefft
hen neu anrhydeddus 7.54

henwi enwi *amhrs.pres.myn.*
henwir 7.61; *1 un.grff.myn.*
henwais 13.23

herwydd oherwydd 8.52

'heta *gw.* ehedeg

hirwyn tal a gwyn 8.47

hoel hoelen 16.35n, 44

hoywal llif, ffrwd gyflym 10.10

hwp gwth, ysgwd 12.72

hwyl ymosodiad, cyrch, anian,
iechyd, miri 12.5

hwyr annichon, annhebygol
13.35

hydr *eith.* hytraf 8.38n

hygar hawddgar, annwyl, caredig
15.21

hynaf arglwydd, henuriad,
rhagflaenydd *ll.* hynaif 10.58

iach 9.34n

irgoed tyfiant ffres, gwŷdd ir (yn
drosiadol am blant) 10.48

irwern coed gwern byw neu ir
12.64

irwydd prennau deiliog, glasgoed
9.46

llain darn o frethyn, streipen,
?amlinelliad *ll.* lleiniau 7.63

llan 10.2n, 3

llawenfyd llawenydd, hyfrydwch
10.33

lledwg dicter, soriant 15.14

llei lle y 14.31

llên clerigwr, offeiriad 8.36

lleuad 14.14n

llewych goleuni, claerder 15.17

llin 7.24n

lluddias 14.19n

llurig crys mael, arfwisg 7.59

llwyddo peri llwyddiant (i)
3 un.pres.myn. llwydd 10.26

llyn diod 9.30

llyna dyna 9.31

llys 10.3n

llyw *ll.* llywion 7.24n

llyweth darn o gnawd, cyhyr
12.62

mab *ll.* meibion 11.54n

mach gwarantwr dros dalu dyled
ll. meichiau 10.52

maenol maenor 10.37, 16.10

maes 8.52n

mal fel 15.36, 70, 16.42, 50 fal
9.17, 49, 11.31, 12.59, 15.20, 44,
16.2, 50

man *ll.* mannau 16.47n

mau eiddo i mi 7.13

mawrblaid mawr ei chymorth
10.51

men man, lle; ?certwain, trol
12.47

merch *ll.* merched 11.55n

methl prawf, methiant, llesgedd
10.41

moelnych o nychdod moel,
S. '*heartfelt*' 16.11

morwydd S. '*mulberry tree*' 12.19

mudo *2 un.grff.myn.* mudaist 8.9n
mur amddiffynnwr, cynheiliad,
    wal 7.13, 8.25, 10.10, 19, 16.7
murn twyll, brad, niwed 7.12
musig miwsig 1.60
mwnai arian, cyfoeth 12.24
mwyhau mynd yn fwy, amlhau
    7.26
mynd 14.5n; *2 un.pres.myn.* ai
    10.35; *3 un.grb.myn.* aethoedd
    8.19
naddu *3 un.pres.dib.* naddo
    14.37–8n
nasiwn cenedl, S. *'nation'* 13.70
nen 11.9n
nêr arglwydd 9.34, 71
nerth rhinwedd, gwyrth *ll.*
    nerthau 15.73
nerthwr arglwydd grymus 12.32
niwlach niwl annymunol 16.28,
    63
o os 7.16, 11.15, 52, 12.78, 14.21,
    36, 15.43, 16.12, 65, 65, 67 od
    14.33
odiad â thalcen hardd neu wyn
    fel eira 14.10
odlwr bardd neu brydydd gwael
    16.5
oed yr Arglwydd 13.11n
oni 14.37–8n
onid 13.56n
organ *ll.* organau 8.28n
orwyr 10.11n
pader gweddi, *Pater noster* 9.52
palis 8.14n
pand onid 9.53, 12.75
paun arglwydd balch, hardd 8.57,
    9.53
pawl postyn, prop, gwaywffon *ll.*
    polion 9.54
pei pe 16.12
pellennig un sy'n dod o bell,
    teithiwr 15.71

pen 14.11n
penaig pendefig, arweinydd,
    arglwydd 10.27
pennach 9.33n
pereriniaeth pererindod, taith
    11.67
peri trefnu, darparu *3
    un.pres.myn.* pair 10.8
plad arfwisg, llestri o aur neu
    arian, metel gwerthfawr 7.57
pleidwych carfan neu deulu
    gwych 7.57
poena 11.70n
porffawr 11.23n
porth 11.7n; *ll.* pyrth 10.28n
porthoriaeth 10.28n
post cynheiliad, amddiffynnwr
    7.4
pumcant 13.67n
purdan 8.60n
purddu du i gyd 12.72
pwn 12.45n
pwynt wyneb, ymddangosiad
    12.22
pwyntio trefnu, pennu, ordeinio
    amhrs.grff.myn. pwyntiwyd 8.61
pwyth rhodd, taliad, gwrth,
    anrheg 8.48, 12.80
pybyr cadarn, gwych,
    ysblennydd 7.39, 9.35
pygan pagan 12.71
pyrslaes cwd llaes 12.74
rhad hael, bendith 9.30, 12.18, 40
rhadfawr mawr ei fendith 9.59
rhaib gwanc, blys, swyn, hud
    9.55
rhaid eisiau, angen, ymgyrch
    8.39n, 9.9
rhawndew blew tew 12.41
rhannu gwahanu, ymwahanu,
    ymrannu 11.22; *3 un.grff.myn.*
    rhannodd 11.20
rhestr 14.37–8n

rhidyll 14.1–2n

rhoddiad anrhegwr, rhoddwr 9.29

rhoi 2 *un.amhff.myn.* **rhout** 8.39, 10.15, 12.78 **rhoddut** 8.40

rhost cig rhost 9.9

rhwol rheol, arglwyddiaeth 11.66

rhwymedig wedi ei rwymo, wedi ei glymu 15.49

rhwystro 14.37–8n

rhydyn 14.1–2n

rhyfig hyfdra, beiddgarwch, byrbwylltra 15.42

rhyswr arwr, rhyfelwr 12.3

rhyw cynneddf, priodoledd, natur, rhywogaeth 8.3, 40, 9.55, 13.19, 65 *ll.* **rhywiau** 8.2, 10.15, 47

rhywiog o frid pur 12.33, 36

rhywolwr rheolwr 12.29

sarff rudd, y 13.19n

sefyll 3 *un.pres.myn.* **sai'** 12.74

seren 16.15

sorri digio, mynd yn ddig *1 un.grff.myn.* **sorrais** 16.15

swyn dewiniaeth, talisman, bendithiad 7.57

tad 8.6n

taeliwr teiliwr 7.31

tair hoel 16.35n

taith 7.9n

tarian amddiffynnydd, cynheiliad 11.7

tariaw aros mewn lle, parhau, parhau mewn cyflwr (gwael) 16.37; 3 *un.grff.myn.* **tariodd** 11.19

tarw, y 13.58n

tau eiddot ti 7.64, 12.11, 20

teimlaw trafod pwnc, trin rhywun 10.25

teiroes teirgwaith hyd einioes 10.61

tewblaid carfan rymus, teulu cadarn 7.40

tëyrn brenin 9.11

tor rhan uchaf y bol 12.63

torf llu, tyrfa, nifer mawr, lluosogrwydd *ll.* **torfau** 13.2

tramawr mawr iawn 12.67

tratheg teg iawn 12.80

treio lleihau, dinistrio, atal 3 *un.pres.myn.* **treia** 13.18

tribys 14.22n

trimaib 9.56n

trin brwydr 7.18, 8.41, 62, 9.54, 11.35, 12.6

tritharw tri o deirw 12.80

troi peri bod, mynd (yn) 3 *un.grff.myn.* **troes** 9.14, 15

tromgad brwydr galed, helynt, ymdrech 11.15

tromwydd presenoldeb neu wyneb llidiog 12.6

trosi 12.66n

truan truan *ll.* **truain** 9.13

trŵn gorsedd, S. '*throne*' 7.15

trwsiad gorchudd, addurn, gwedd 12.65

trwydoll wedi ei thyllu drwyddi, trywanedig 8.21

trwydded ymborth, cynhaliaeth, oes, croeso 13.57

tuedd osgo, tueddfryd 12.11

twn toredig, cleisiog, rhwyg, twll 7.34; *b.* **ton** 15.47

twr 8.47n

twrf twrw mawr, helynt, mintai 13.2

twyll 13.33

twysog tywysog 13.25; *ll.* **twysogion** 12.7

tyciant 10.8n

tynghedfaen tynghedfen 11.55

tywyllwg tywyllwch 16.8

udfa ubain, llefain 11.42

udfawr llefain uchel 11.35

urddedig un a urddwyd, un urddasol 15.56

urddoliaeth 11.69

uswydd darnau, ysgyrion, maluriedig, drylliedig 15.54

weithian yn awr, bellach 9.39, 64

ŵyr ŵyr, wyres, disgynnydd 7.40, 43, 65, 9.65, 10.10n, 16, 53, 55, 12.23, 13.36, 15.58

ych 13.66, 68 **yr hen ych** 13.28n

ych o Rôn, yr 8.43n

ym ebychiad 7.6, 20

ymgydlygru mynd i'r gwellt gyda'i gilydd, cael eu dinistrio gyda'i gilydd 10.40

ymyl *ll.* **ymlau** 11.49

ysgymun esgymun 13.50

ystîl 10.59n, 13.22

Enwau personau

Amig 15.41n **Sant Amig** 67
Beli 12.9n
Beuno 7.38n, 15.74n
Brân 13.20n
Bodfan 11.42n
Cadell ?Cadell Ddyrnllug ?Cadell
 ap Rhodri Mawr 9.69n
Cai 12.23n
Cedig 15.57n
Celynnin Celynnin ap Rhirid
 8.1n
Ceredig 15.58n
Cunedda 15.59n
Curig 15.68n
Cynddylig 15.70n
Dafydd Dafydd ab Owain 8.5,
 17, 55, 61
D(d)afydd, dau 12.6n
Dafydd … fab Hywel 12.27-8
Dofydd 8.5n
Doged 15.4n, 5, 116, 21, 32, 33
 Doged Frenin 15.10
Dôn 10.55-6n
Duw 7.6, 20, 31, 32, 33, 50, 64,
 8.7, 10, 9.14, 72, 10.26, 31, 49,
 11.1, 11, 21, 52, 12.18, 40, 53,
 16.25, 30, 61
Dytwn 10.55-6n
Efrog 10.20n
Eigr 12.22n
Einion Einion ap Hywel
 Coetmor 7.2n
Elsbeth … Fechan Elsbeth ferch
 Huw Conwy Hen 10.51-2n, 62
Gruffudd 12.5n
Gruffudd Llwyd Gruffudd Llwyd
 ab Ieuan ap Tudur 9.62n
Gruffudd Llwyd … Ap Heilyn …
 / Frych 9.24-6n
Gwenllïan Gwenllïan ferch
 Llywelyn ap Dafydd 9.21n

Gwen … llïan 9.29-30
Gwennwys, y 8.4n
Gwilym [Rhys ap Gwilym] 11.6
Harri Harri VII 8.39n, 47,
 10.28n
Heilin … Frych 9.65-6 (a gw.
 **Gruffudd Llwyd ap Heilin …
 Frych**)
Huw … Conwy 10.49-50n
Hwlant 12.29n
Hwlant, yr 10.14n
Hywel[1] [Morgan ap Siôn ap]
 Hywel Holand 10.10n
Hywel[2] Hywel ab Einion ap
 Hywel Coetmor 7.1
Hywel[3] Hywel ab Ieuan ap Rhys
 Gethin 12.9, 16, 25, 79 **Hywel
 … hil Ieuan** 12.1
Hywel … Coetmor 7.3-4n,
 10.11-12n
Iarddur 11.14n
Iesu 11.40, 16.49
Ieuan Ieuan ap Tudur ap
 Gruffudd Llwyd 9.7n, 28, 72
 Ifan 9.45
Ieuan Llwyd 11.2n
Ifan gw. **Ieuan**
Ifor ?Ifor Hael 8.55n, 11.43n
Ithel 7.43n
Lonsies 16.49n
Llywelyn Llywelyn ap Gruffudd
 13.55n
Madog … ab Ieuan Tegyn 12.21-
 2n
Madog Goch [Madog ab Ieuan
 Tegyn ap] Madog Goch 12.23n
Mair Y Forwyn Fair 7.36, 8.14n,
 9.16n, 66, 69, 16.20
Marfred Marfed ferch Madog ab
 Ieuan Tegyn 12.20n
Meirion 11.63n

Morfudd gwraig Rhys ap
  Gwilym 11.53n
Morgan Morgan ap Siôn ap
  Hywel Holand 10.7, 48
Non 15.67–8n
Owain[1] [Dafydd ab] Owain ap
  Deio ap Llywelyn 8.8n
Owain[2] 13.10n
Pab Rhufain 12.76
Pedr 11.5
Penwyn, y 10.16n
Pilatus 13.51n
Robart Robert ab Ieuan 9.61–2n
Rotbert ?Robert ap Gruffudd
  7.65n
Rheinallt Rheinallt y Tŵr 9.60n
Rholant 10.14n

Rhonwen 13.17n, 54
Rhys[1] ?Rhys ap Rotbert 7.40n
Rhys[2] 11.4, 10, 12, 20, 48, 66
Rhys ... Gethin 12.3–4n
Siarlys 7.60n
Siôn Siôn ap Hywel Holand
  10.9n
Tomas ?Thomas à Beckett
  15.67n
Tomas ... Salbri 10.52–3n
Tryffin 12.5n
Tudur[1] Tudur ap Gruffudd
  Llwyd 9.12n
Tudur[2] Tudur ab Ieuan ap Tudur
  9.61–2n
Ysbryd ... Glân, [yr] 16.26

Enwau lleoedd

Afon Glwyd 10.21–2n
Alun Afon Alun 9.50
Berwyn 9.17n
Caer Garon 15.68n
Caer Lleon 13.26n
Calatyr 13.39n
Clwyd gw. **Afon Glwyd**
Conwy 8.34, 13.17n, 14.21n
Drallwng, [y] 13.29n
Erethlyn 10.41n
Felallt, y 9.43n
Ffrainc 13.19n
Galabes 13.44n
Glyn Mieri 11.32n
Gorddinog 11.18n
Gwynedd 7.2, 6, 10.9, 24 **y ddwy Wynedd** 11.18n
Is Aled 9.2
Llan … Ufudd 9.3–4n **Llanufydd** 9.42

Llan Fodfan 11.24n
Llanrwst 16.22n
Llechog 8.20n
Lloegr 10.40, 13.40
Llundain 10.29
Menai 14.20n
Môn 10.22n, 11.62, 13.25n
môr Hafren 13.32
North, [y] 12.51n
Pennant, y Pennant Ereithlyn 10.8n
Rhôn 8.43n
Rhufain 12.76
Swydd y Waun 11.64n
Tawy 9.49n
Trallwng gw. **[y] Drallwng**
Uwch Conwy 12.7
Ynys Brydain 15.34
Yri, yr 12.35n

GWAITH LEWYS ALED

Rhagymadrodd

Megis Ieuan ap Llywelyn Fychan yntau, perthynai Llywelyn ap Dafydd ap Llywelyn—neu Lewys Aled, a rhoi iddo'r enw a arferir yn y llawysgrifau— i'r dosbarth hwnnw o uchelwyr dysgedig a ymhyfrydai yn niwylliant brodorol eu gwlad ac yng nghrefft cerdd dafod, ac a ganai 'ar eu bwyd eu hun'.[1] Hanai Lewys o deulu dylanwadol ac epilgar a olrheiniai ei ach i lwyth Hedd ab Alunog;[2] ac, fel y nodir yn yr achresi, ymddengys fod disgynyddion Hedd yn ymrannu'n ddwy brif gangen, sef 'Gwŷr Llanfair Talhaearn' a 'Gwŷr Nant Aled'.[3] Y mae'n dra thebygol mai oherwydd hynny y dewisodd rhai aelodau o'r cyff hwnnw gael eu hadnabod wrth yr epithet 'Aled'. Bu gan Lywelyn Chwith ap Cynwrig ap Bleddyn Llwyd, a drigai yn Chwibren, plwyf Llansannan, o leiaf wyth o feibion. Un ohonynt oedd Dafydd, a gyfenwid yn 'Mwyndeg' mewn rhai ffynonellau;[4] a Dafydd oedd tad Lewys Aled. Un o frodyr Dafydd oedd Ithel, sef gŵr a drigai yn yr Wyddgrug, ac ŵyr iddo ef oedd Tudur Aled, y bardd. Ystyrid, felly, fod Lewys Aled yn 'ewyrth' i Dudur ar sail y ffaith fod Lewys yn gefnder i Robert, tad Tudur. Dyma achau'r teuluoedd penodol:

---

[1] Man cychwyn unrhyw astudiaeth o Lewys Aled yw'r gwaith arloesol a wnaeth Mr Cledwyn Fychan ar ei gefndir a'i yrfa ac a gyhoeddwyd ganddo yn ei erthygl 'Lewys Aled', TCHSDd xxvi (1977), 73–6. Bu Mr Fychan mor garedig hefyd â thrafod nifer o bwyntiau â mi a chaniatáu imi elwa ar ei ymchwil bellach, ac o'r herwydd y mae'r golygiad hwn yn drwm ei ddyled iddo. Am arwyddocâd yr ymadrodd 'canu ar ei fwyd ei hun', gw. Dafydd Johnston, 'Canu ar ei fwyd ei hun': Golwg ar y Bardd Amatur yng Nghymru'r Oesoedd Canol (Abertawe, 1997) a sylwadau rhagarweiniol cerdd 1.

[2] Gw. P.C. Bartrum: WG1 'Hedd' 1.

[3] Ceir manylion achyddol y teuluoedd hyn yn P.C. Bartrum: WG2 'Hedd' 5 (A–D) a gw. yr ychwanegiadau a wnaed yn ddiweddarach gan Dr Bartrum i'r achresi hyn.

[4] Dichon mai llysenw yw'r epithet Mwyndeg a roddwyd i Ddafydd ap Llywelyn Chwith, gw. 'Llyfr Silyn', Arch Camb (fifth series) vii (1890), 314.

Achau Lewys Aled

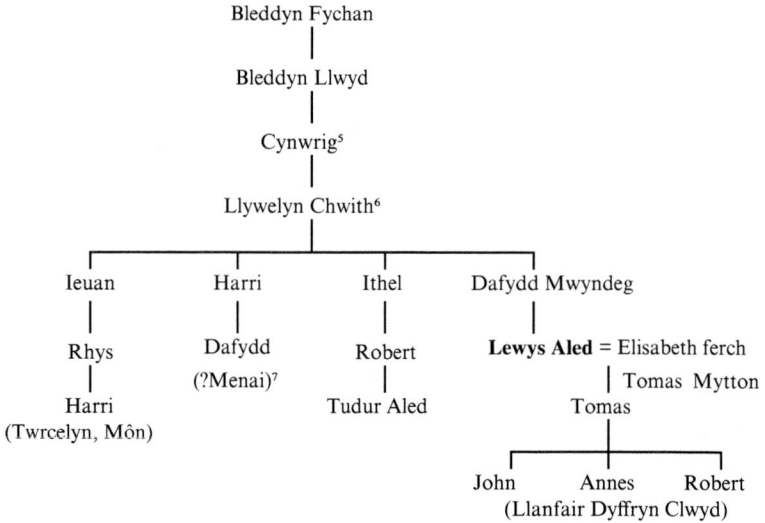

Bleddyn Fychan
|
Bleddyn Llwyd
|
Cynwrig[5]
|
Llywelyn Chwith[6]

Ieuan	Harri	Ithel	Dafydd Mwyndeg
Rhys	Dafydd	Robert	**Lewys Aled** = Elisabeth ferch
Harri	(?Menai)[7]	Tudur Aled	Tomas Mytton
(Twrcelyn, Môn)			Tomas

John   Annes   Robert
(Llanfair Dyffryn Clwyd)

Fodd bynnag, y mae'n ymddangos nad yw ffynonellau'r dystiolaeth achyddol yn gwbl gyson. Ni cheir enw gwraig Llywelyn Chwith yn P.C. Bartrum: WG1 'Hedd' 5; ond yn ôl gwybodaeth a drafodir gan Thomas Roberts, ei wraig oedd Generys ferch Goronwy Fychan ap Goronwy ab Ednyfed Fychan.[8] Os cywir hynny, yna disgynnai teulu Lewys Aled yn uniongyrchol o'r gŵr yr olrheiniai Tuduriaid Penmynydd eu hach iddo. Fodd bynnag, ceir ach Generys ferch Goronwy Fychan yn P.C. Bartrum: WG1 'Marchudd' 11 ac yn *ib.* 'Hedd' 3, lle y dangosir mai gwraig Llywelyn arall oedd hi, sef ewyrth Llywelyn Chwith.

Chwaraeodd aelodau'r cyff y perthynai Lewys Aled iddo ran flaenllaw a chythryblus ar brydiau ym mywyd y fro. Amlygwyd agwedd dywyll ar weithgareddau'r teulu pan grogodd Meurig Llwyd, ewyrth i Lywelyn Chwith, nifer o swyddogion arglwyddiaeth Dinbych cyn ffoi i Swydd y Waun. Eto, daeth Rhys ab Ieuan, un o wyrion Llywelyn Chwith, a Dafydd ap Siancyn, perthynas arall iddo, gyda deuddeg o wŷr arfog a lladd Richard Pemberton, pen-ustus gogledd Cymru, yn nadleudy Dinbych. Dyna'r weithred a ysgogodd gywydd moliant Tudur Penllyn i Rys (a dychan i Pemberton yntau).[9] Gofalai disgynyddion eraill i Lywelyn Chwith greu cysylltiadau teuluoedd cadarn. Priododd Lewys Aled ag Elizabeth ferch

---

[5] Yr oedd Cynwrig ap Bleddyn yn rhaglaw cwmwd Uwchaled yn 1354–6.
[6] Bu Llywelyn Chwith, fel ei dad, yn rhaglaw Uwchaled.
[7] Rhydd yr achresi y manylyn fod Dafydd *yn dlawd yn menai.*
[8] Gw. GTP 139–40.
[9] Gw. *ib.* 3–4 (cerdd 1) a 83–5 (cerdd 47) a'r nodiadau, tt. 100–1, 139–41.

Tomas Mytton (II), ac nid llai nodedig oedd ei theulu a'i thras hithau. Bu'r Tomas Mytton hwn yn aelod seneddol dros Amwythig yn 1472; yr oedd yn siryf swydd Amwythig erbyn 1483 ac yn feili Amwythig ddeg o weithiau rhwng 1464 a 1500, cyn ei farw yn 1504. Bu ei daid, Reginald, yntau yn ŵr o gryn ddylanwad a chyfoeth yn ei ddydd.[10] Ar ochr ei mam, Elizabeth arall,[11] hanai Elizabeth, gwraig Lewys Aled, o deulu pwerus a chyfoethog, trwy ei thaid Siôn Bwrch (sef John Burch [neu Burgh neu Burrough]), arglwydd Mawddwy.[12]

Achau Elisabeth, gwraig Lewys Aled, ar ochr ei thad

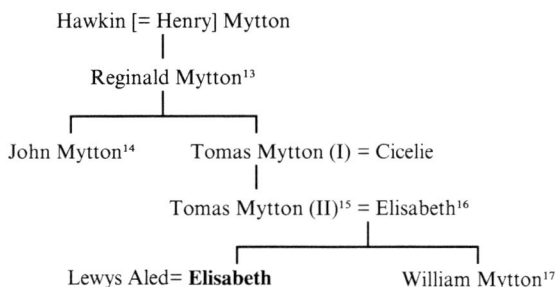

Hawkin [= Henry] Mytton
|
Reginald Mytton[13]
|
┌────────────┴────────────┐
John Mytton[14]   Tomas Mytton (I) = Cicelie
|
Tomas Mytton (II)[15] = Elisabeth[16]
|
┌──────────┴──────────┐
Lewys Aled= **Elisabeth**   William Mytton[17]

[10] Cf. y nodyn (dienw) 'Mytton of Garth', Mont Coll xxiv (1890), 280 '[...] of the wealth and importance of this gentleman some notion may be formed from the fact that he lent Richard III ... the sum of forty marks, a considerable sum in those days ... He greatly raised the family by marrying the heiress of Sir Hamo Vaughan, Lord of the Manor of West Tilbury, in Essex, son of Sir Thomas Vaughan, Lord of the Manor of Stepney [...].'

[11] Cyfeirir ati fel *Elinor* mewn rhai ffynonellau (diolchir i Mr Cledwyn Fychan am yr wybodaeth hon).

[12] Gw. Stanley Leighton, 'Mytton Manuscripts', Mont Coll vii (1874), 353–4 'In the 15th century, a Thomas Mytton, of Shrewsbury, married Cicelie, daughter and heir of William Boerly ... ; his son Thomas, married a daughter and co-heir [gyda'i thair chwaer] of the wealthy Sir John Burgh, of Wattlesborough, county Salop, through whom he added the lordship of Dinas Mawddy [sic], in the counties of Merioneth and Montgomery, the estate of Habberley, in Shropshire, and other possessions to the family inheritance. He was sherriff of Shropshire in 1483'; cf. *id.*, Mont Coll viii (1875), 308–10. Trafodir achau teulu Mytton yn fanylach mewn nodyn (dienw), 'Mytton of Garth', *ib.* xxiv (1890), 280–3; Arch Camb (fifth series) v (1888), 335–6; vii (1890), 143; 'The Salusbury Collection of Pedigrees', ii, 529, 610 (gw. 'Schedule of the Wynnstay Manuscripts and Documents' (cyfrol anghyhoeddedig, Llyfrgell Genedlaethol Cymru, Aberystwyth, 1934 40), 143 4); J. Williams, *Ancient and Modern Denbigh* (Clwyd, 1856), 218. Ar ach Siôn Bwrch a'i deulu, gw. P.C. Bartrum: WG1 'Bleddyn ap Cynfyn' 31; cenid iddo a'i wraig, Siân, gan Guto'r Glyn (gw. GGl² 121–2 (XLV), 123 (XLVI)); a chan Lawdden (gw. Llawdden, &c.: Gw 56 (golygir gwaith Llawdden o'r newydd gan Dr R. Iestyn Daniel yng Nghyfres Beirdd yr Uchelwyr).

[13] Cofnodir bod Reginald Mytton yn berchen ar dai yn nhref Amwythig erbyn 1413.

[14] Profwyd ei ewyllys yn 1454.

[15] Bu'n aelod seneddol Amwythig yn 1472, beili Amwythig 1464–1500 a siryf y sir yn 1483.

[16] Ymddengys fod Elisabeth yn gyd-aeres â'i thair chwaer i ystad ei thaid ar ochr ei mam, sef Siôn Bwrch.

[17] Yr oedd Williams Mytton, yntau, yn aelod seneddol erbyn 1491; bu farw yn 1512.

Achau Elisabeth, gwraig Lewys Aled, ar ochr ei mam

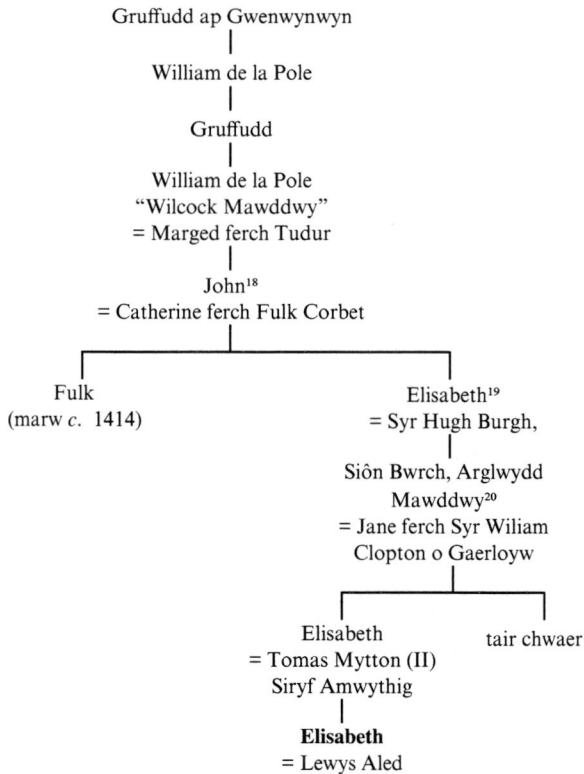

Gruffudd ap Gwenwynwyn
|
William de la Pole
|
Gruffudd
|
William de la Pole
"Wilcock Mawddwy"
= Marged ferch Tudur
|
John[18]
= Catherine ferch Fulk Corbet

Fulk
(marw *c.* 1414)

Elisabeth[19]
= Syr Hugh Burgh,
|
Siôn Bwrch, Arglwydd
Mawddwy[20]
= Jane ferch Syr Wiliam
Clopton o Gaerloyw

Elisabeth
= Tomas Mytton (II)
Siryf Amwythig
|
Elisabeth
= Lewys Aled

tair chwaer

O safbwynt disgynyddiaeth Elisabeth ar ochr ei mam, y mae'r achau a roddir yn P.C. Bartrum: WG1 'Bleddyn ap Cynfyn' 31 a L. Dwnn: HV ii, 242, yn anghyson â'i gilydd. Nodir gan Bartrum yr achres 'Wilcock Mawddwy or William de la Pole—Gruffudd—William de la Pole—Gruffudd ap Gwenwynwyn', ond 'Willm. Wilcock Argl[d] Mowddwy ab Gr: ab Gwenwynwyn' yw'r ach yn ôl Dwnn, a ddywed ymhellach mai hwn oedd tad John (neu Siôn), arglwydd Mawddwy. Felly, y mae dwy genhedlaeth yn llai yn yr achres a nodir gan Dwnn na'r un a geir gan Bartrum, ac efallai mai tebygrwydd yr enwau a fu'n rhannol gyfrifol am hyn. Cymhlethir y broblem achyddol gan fod Dwnn yn enwi Marged ferch

[18] Bu'n siryf swydd Amwythig yn 1388 a bu farw yn 1403.
[19] Gw. L. Dwnn: HV ii, 242 'Upon the partition of the estates of Sir John Brough (Burgh), amongst his four daughters, two of whom were certainly named Elizabeth, the youngest, wife of Thomas Mytton, Esq. had the Lordship of Mowddwy ... Thomas Mytton was Sheriff for Shropshire in 1483, and was living on the 12th May, 16th Henry VII. (1501).'
[20] Ceir sawl ffurf ar enw'r gŵr hwn; cf. GGl[2] 336 'Sir John Burrough' a gw. DWH ii, 52–3.

Tomas ap Llywelyn yn wraig i William Wilcock ac yn fam i John. Yn wreiddiol, ni chyfeiriwyd at enw gwraig Wilcock yn P.C. Bartrum: WG1 'Bleddyn ap Cynfyn' 31, ond newidiodd ei farn yn ddiweddarach ac ychwanegu enw Marged ferch Tudur i'r achres yn wraig i William Wilcock ap Gruffudd.[21] Noda Dwnn ymhellach mai Marged arall, sef Marged ferch Syr Tomas Corbet *o Drevrydd yn Sir Amwythig*, oedd gwraig John ap William Wilcock; fodd bynnag, ceir enw Catherine ferch Fulk Corbet o Wattlesborough yn achres Bartrum. Ond tybed a allai'r cyfeiriadau at *Drefrudd* gan Guto'r Glyn yn ei gywydd moliant i Siôn Bwrch (gw. GGl[2] 121–2 (XLV.18, 53, 55)) fod yn ateg i'r dystiolaeth a gofnodwyd gan Dwnn? Bid a fo am hynny, derbyniwyd yr achresi a luniwyd gan Bartrum yn DWH ii, 52–3. Yn sicr, y mae lle i amau'r wybodaeth gefndirol a roddir gan Dwnn parthed William Wilcock:[22] dywedir yno y buasai Wilcock farw erbyn 1315, a bod ei fab John yn fyw y pryd hwnnw. Ond er nad yw'r amseriad yn gwbl annichonadwy, gwyddys i John fyw tan 1403, a cheir tystiolaeth fod Wilcock yn dal ar dir y byw yn 1352.[23]

Cynigir gan Cledwyn Fychan, a hynny ar dir diogel, fod Lewys yn ei flodau rhwng 1435 a 1495,[24] ac felly'n canu genhedlaeth o flaen Tudur Aled. Gellir casglu mai yng Nghorfedwen, trefddegwm ym mhlwyf Llandyrnog, y trigai,[25] a'i fod yn ŵr a oedd, fel y noda Cledwyn Fychan, 'yn ddeiliad tiroedd helaeth ac yn dal mân swyddi ynglŷn â gweinyddiad yr Arglwydd-iaeth' yn yr ardal honno.[26] Yn ôl y cofnodion y cyfeirir ato ynddynt, yr oedd Lewys Aled yn *armiger* (ysgwïer) erbyn 1466, pan gafodd grant ar dir yn Llanelidan gan Richard Edenham, Esgob Bangor (grant a gadarnhawd

[21] Gw. P.C. Bartrum: WG1 'Rhys ap Tewdwr' 7 ac *ib.* 'Corrigenda' (vol. 1).

[22] Gw. L. Dwnn: HV ii, 242.

[23] G.T.O. Bridgeman, *History of the Princes of South Wales* (Wigan, 1876), 289.

[24] Gw. Cledwyn Fychan, *art.cit.* 73.

[25] Yn ôl y cyfeiriadau a gasglwyd gan Cledwyn Fychan, yr oedd Lewys Aled erbyn 1465 yn talu rhent hanner blynyddol o ddeg swllt am y tir a ddaliai yng Nghorfedwen, yn ogystal â *Llannergh commote* (1s 8d) a *... for the same commote for Kerekoydcastell* (6d), gw. Melville Richards, 'Records of Denbighshire Lordships', TCHSDd xv (1966), 29.

[26] *Ib.* 74. Er gwaethaf y dystiolaeth sy'n lleoli gweithgareddau Lewys Aled yn ddiamwys yn Nyffryn Clwyd, diogelwyd hefyd draddodiad amdano a'i gysylltai ag Arfon neu Fôn. Mewn olnodion a geir wrth ei gerddi yn llsgrau. Bangor 13512, Card 2.114, CM 129, J 139, LlGC 834B a Pen 112, disgrifir Lewys Aled fcl bardd 'o gwmwd Menai'. Nodir yn yr achresi hefyd fod perthynas iau iddo, sef Dafydd ap Harri ab Ieuan ap Llywelyn Chwith, wedi bod 'yn dlawd yn Menai'; ac, yn ôl nodyn a geir yn llaw Gruffudd Hiraethog (gw. Pen 128, 676), yr oedd nai i Ddafydd, sef Harri ap Rhys ab Ieuan ap Llywelyn Chwith, yn ŵr y cysylltid ei enw yntau â Thwrcelyn ym Môn. Y mae'n anodd gwybod sut yn union y dylid dehongli'r cyfeiriadau hyn. Nid oes dwywaith ynghylch lleoliad teulu Lewys yn Uwchaled a'i fod ef yn ddeiliad tir sylweddol yn Nyffryn Clwyd erbyn iddo ddod i'w oed. At hynny, yr oedd yn ŵr a chanddo rwymau teuluol o gryn bwys yn yr un ardal, a thu hwnt, drwy briodas. Efallai y gellid esbonio'r cysylltiad â chwmwd Menai trwy awgrymu iddo dreulio cyfnod yno yn ŵr ifanc (y mae'r ffaith fod o leiaf un gangen o'i deulu i'w chysylltu â Môn, ac efallai'n dal tiroedd yno, yn rhywfaint o ateg i hyn), ac iddo ddychwelyd i Glwyd pan ddaeth i'w etifeddiaeth.

yn 1483 gan yr un dyn);[27] yn dwrnai yn arglwyddiaeth Dyffryn Clwyd yn 1474; ac yn grwner yn Rhuthun erbyn 1486.[28] Gan fod ei fab, *Thomas ap Lewys Alet*, yn cael ei enwi yn un o nifer o dystion i'r siarter newydd a roddwyd i Ruthun yn 1496,[29] y mae'n rhesymol casglu nad oedd Lewys Aled yn fyw erbyn hynny. Ond ymddengys y cedwid cof amdano yn enwau lleoedd yr ardal: cyfeirid at *a messuage and tenement called Nant Lewis Aled in Corvedwen* yn y blynyddoedd 1682 a 1684/5;[30] ac at *nant Lewis Allet* mewn dogfen wedi ei dyddio ym mis Mawrth 1724/5, ac nid yw'n annichon mai enw Lewys Aled a welir hefyd yn yr enw lle *nant Lewys Alun* a geir yn ystad Bathafarn, plwyf Llandyrnog, hyd heddiw.[31]

Ei waith

Dau gywydd yn unig a ddiogelwyd o waith Lewys Aled, ac afraid pwysleisio na ellir tynnu unrhyw gasgliadau pendant ar sail cyn lleied o gerddi. Y mae cadwraeth gymharol unffurf y copïau yn awgrymu cynseiliau ysgrifenedig, ond nid oes modd dirnad o grefft y cywyddau sut addysg farddol a gafodd Lewys. Cerddi cymharol gwta a geir ganddo (42 ll. yn y naill a 46 ll. yn y llall). Serch yw testun y ddwy gerdd, a chan fod serch yn destun poblogaidd ymhlith y beirdd answyddogol, efallai fod hynny hefyd yn arwyddocaol wrth graffu ar eu cynganeddiad. Yn y cywydd 'Gyrru llwynog yn llatai' (cerdd 17), ceir cynghanedd groes yn 42.85% o'r llinellau,[32] ond ceir cynifer â 35.71% o linellau o gynghanedd sain. O'r gweddill, y llusg sy'n cyfrif am 16.66% gyda 4.26% yn llinellau o gynghanedd draws. Ceir dwy linell (llau. 25 a 35) yr ymddengys eu bod yn afreolaidd o ran hyd.[33] Yn 'Y ci a'r bioden' (cerdd 18), y mae'r ystadegau cynganeddol rywfaint yn wahanol. Ceir y gynghanedd sain mewn cynifer â 54.34% o'r llinellau a'r groes mewn 28.26%; mewn 8.69% ohonynt ceir y

---

[27] 'A Schedule of the Welsh Portion of the Crosse of Shaw Hill Collection, deposited by R.H. Adcock' (Llyfrgell Genedlaethol Cymru, 1947), 25 (ar gyfer 10 Medi, 1466), *Grant of land held by david ap eden ap madog goch in the vill of Llanelidan and lordship of Dyffryncloyd*, cf. *Lewes Alett*, PRO SO12/23/X2.27.

[28] Gw. siedwl 'Trofarth and Coed-coch' (Llyfrgell Genedlaethol Cymru, Aberystwyth), rhif 796; LlGC 18032, 9, 70, 89.

[29] Gw. R. Ian Jack, 'The Medieval Charters of Ruthin Borough', TCHSDd xviii (1969), 21.

[30] Gw. Pentre-Mawr MS. (Prifysgol Cymru, Bangor), 33 a 37; cf. hefyd siedwl Bathafarn, (Llyfrgell Genedlaethol Cymru, Aberystwyth), rhifau 111–12, *a messuage called Nant Lewis Alett in the parish of Llandurnog*.

[31] Gw. Wynnstay Box C Tin 65 (Llyfrgell Genedlaethol Cymru, Aberystwyth). Tybia Cledwyn Fychan, *art.cit.* 75, y gall mai'r un oedd *Nant Lewis Alett* â *Nant Lewis Allen* (*Nant Lewys Alun* bellach) a geir ar fferm yn ystad Bathafarn, ac a saif ar lan Afon Clwyd. Mewn olnodion i gerddi Lewys Aled yn llsgrau. Bangor 5945, Card 1.2 a Wy 1, cyfeirir at y bardd fel *Lewis Alyn* neu *Alun*, a gall mai ffurfiau diweddarach ar ei enw ydynt, o bosibl yn seiliedig ar yr enw lle hwnnw ym Mathafarn.

[32] Dadansoddir y cynganeddion hyd at y ddau bwynt degol agosaf.

[33] Gw. y nodiadau penodol ar gyfer y llinellau hyn.

gynghanedd lusg gyda'r gynghanedd draws mewn 4.34% o linellau. Y mae un llinell (ll. 22) yn wallus, er y gall mai'r groes a fwriadwyd ynddi. O ran nodweddion y canu, ceir enghraifft o gyfrif gair unsillafog—*dyg(y)n*—yn ddeusill (gw. 18.5, 13). Annisgwyl, efallai, yw gweld tair enghraifft o gynghanedd sain deirodl (17.27, 38, 42),[34] a cheir un llinell groes o gyswllt ewinog (17.21). Ceir twyll gynganedd *d* ac *n* ganolgoll yn 18.22; *m* wreiddgoll yn 17.40, *m* ganolgoll yn 17.36 ac *m* ac *f* ganolgoll yn 18.14. O ystyried cyfartaledd uchel y gynghanedd sain a geir yn y ddwy gerdd, y mae'n hysbys ddigon fod hynny'n un o nodweddion canu Cywyddwyr y bedwaredd ganrif ar ddeg; ond erbyn ail hanner y bymthegfed ganrif, gellir bod yn weddol ffyddiog fod dibynnu'n drwm ar y gynghanedd honno yn arwydd o waith bardd amatur.

Gwelir hefyd mai motîff y llatai a rhwystrau serch sy'n nodweddu'r ddwy gerdd. Fel yr awgrymir yn sylwadau rhagarweiniol y cerddi, efallai fod y confensiynau hyn wedi mynd yn ddigon diffrwyth erbyn cyfnod Lewys Aled, ac ni welir ynddynt y dyfeisgarwch a'r ffresni a'u nodweddai gynt. Yn wir, bron na ellid dadlau bod y terfynau rhwng agweddau ar y canu serch a'r canu maswedd yn cydasio, fel mai anodd yw gwybod ar brydiau beth oedd union bwrpas yr ymarferion llenyddol hyn. Ond diddorol odiaeth yw gweld Lewys Aled yn amlwg yn mwynhau ymhél â cherdd dafod, ac yntau'n uchelwr o bwys ac yn ddyn blaengar yn ei gymdeithas, un hefyd a chanddo gysylltiadau priodasol â rhai o'r teuluoedd mwyaf uchelwrol yn ei ardal. Ni ellir ychwaith anwybyddu ei berthynas gwaed â Thudur Aled, un o feirdd mwyaf ei oes. O gofio'r cysylltiad a fu rhwng Tudur a'i 'athro', Ieuan ap Llywelyn Fychan, ac am y berthynas a fu wedyn rhwng Tudur a mab Ieuan, sef y bardd-uchelwr Gruffudd a chefnder Gruffudd ab Ieuan ap Llywelyn Fychan, sef Siôn ap Hywel,[35] nid rhy fentrus fyddai cynnig bod nytheidiau o feirdd yng Nghlwyd y pryd hwnnw a oedd yn perthyn i'w gilydd ac a gyfoethogai, drwy eu gweithgareddau, fywyd diwylliannol un o ardaloedd mwyaf llenyddol effro Cymru yn ail hanner y bymthegfed ganrif a dechrau'r unfed ganrif ar bymtheg.

---

[34] Gan mai cymharol brin yw'r defnydd o'r gynghanedd honno erbyn ail hanner y 15g. (gthg. hoffter Casnodyn ohoni, gw. GC 11), y mae'n deg gofyn a yw hyn yn awgrymu dynwared bwriadol o grefft hynafol gan Lewys Aled, ynteu ai dyna un o hanfodion y gerdd dafod a ddysgwyd iddo?

[35] Golygwyd gwaith Siôn ap Hywel gan Dr A. Cynfael Lake yn GSH.

17
Gyrru llwynog yn llatai

Madyn gynffon-gagl ffagldin,
Egwydlwyd fab gwaedlyd fin,
Cadw, gi chweiniog, dy ogo',
4   Rhodia'n fain grynfain a gro.
O rhodi'r dydd, rhydaer dâl,
Y ci ifanc, cai ofal:
Rhodia liw nos y rhosydd,
8   Trwsia dy wâl tros y dydd;
Llecha di, saethgi sythgern
Call a gwych, mewn cylla gwern.
Caria adar, cry' ydwyd,
12   Llytynna ieir, lliw tân wyd;
Dewis oenyn disynnwyr,
Gwaeda ar hwn gwedy'r hwyr.
Chweinïwr wyd, chwynna rai
16   O'r hwyaid pan y rhewai;
Gwylia rhag llam a thramgwydd,
Aro i gael iâr a gŵydd.

Degle, fadyn dynn din-noeth,
20   Gynffonfawr, ddichellfawr, ddoeth:
Ti a wyddost dŷ Eiddig
Lle mae gwen dan bren a brig;
Dos yno i geisio gŵydd
24   (Casâ hwnnw, cais henŵydd);
Edrych a welych wen
Feingul eurwallt fain glaerwen.
O gweli hi, meingi mwyn,
28   Cellwair odd' dan frig collwyn,
Dywaid wrth wen gymhennair
Odd' dan y llwyn, er mwyn Mair,
Mai llatai mab arabus
32   Ati o'r fron wyt ar frys.
O gofyn y fun feinael
Dros bwy ceri, hyddgi hael,
Dywaid wedy, diwyd ydwyd,
36   Treisiwr iâr, mai troso' 'r wyd;

A hefyd, fadyn hunfyr,
Llwynog difiog, barfog, byr,
Dywaid iddi, 'r ci cywir,
40   Mai drwg un haf drigo'n hir
Gyda dyn llwm, trwm, tramawr,
Dyrngrach, afiach, mantach mawr.

Ffynonellau
A—Bangor 5945, 161 B—BL Add 14998 [= RWM 33], 2^r C—Card 1.2 [=
RWM 12], 22 D—Card 2.114 [= RWM 7], 149 E—CM 129, 377 F—J
139 [= RWM 14], 267 G—Llst 54, 196 H—Llst 120, 131^v

Ceir cryn gyfatebiaeth rhwng y copïau a ddiogelwyd o'r gerdd hon.
Llawysgrif D sy'n rhoi'r copi cynharaf, a dengys yr amrywiadau ei bod yn
debygol fod testunau AC yn deillio o'r un gynsail yn y pen draw. Dwy linell
yn unig a gadwyd yn llawysgrif B, gan fod dalen yn eisiau. Ymhellach ar y
llawysgrifau, gw. isod tt. 199–204.

Amrywiadau
1–40 [*B*]. 1 *A* gynffon-ffagal. 2 *DH* y gwyd lwyd, *F* y gwyd [lwyd]. 3 *AC*
dogof. 5 *E* [O]. 6 *F* (afael). 12 *A* llygtynna, *F* llytüna; *C* llygtyn[   ]ir. 14
ACE gyda r hwyr. 15 *AF* chweinwr; *ADEH* chwna, *F* a chwynna. 16 *A* pan i,
CF pan [y], *D* pen i, *E* pan ei. 18 *H* ar i gael; *E* iair. 19 *A* dynoeth, *C*
dynnoeth. 20 *AH* dichellfawr doeth. 22 *A* tan. 23 *AFH* does yno. 24 *D* kais
hywydd, *E* cais ei henwydd. 25 *A* welych di wen, *C* (di). 26 *AC* fwyn
glaerwen. 28 *ACFH* o dan. 30 *ACF* o dan. 33 *H* a gofyn. 34 *ACF* cerddi, *E*
carri, *H* y ceri. 36 *A* troswy, *E* trossoi, *D* trosso i, *H* troess. 37 *A* hunfur. 38 *A*
deifiog; *A* bur. 40 *ACE–H* yn haf. 42 *AC* dirgrach.

Teitl
[*BH*]. *A* Cowydd i yrru'r Llwynog yn llattai, *C* Cowydd yn gyru y llwynog
yn llatai, *D* kowydd yr llwynog, *E* Cowydd gyrru r llwynog at ferch yn
llatai, *F* kowüdd i llwynog, *G* I'r llwynog.

Olnod
AC Lewis Alyn, *B* lewys alyd ai ka[ ], *DGH* Lewys Alyd ai kant, *E* Lewis
Aled, *F* lewys aled ai kant.

Trefn y llinellau
AC–H 1–42.
B [1–40], 41–2 (*oherwydd colli dalen*).

Y ci a'r bioden

Fal yr oeddwn, gwyddwn gur
Am unferch, wrth y maenfur
Draw mewn taranlaw trwynwlyb
4   Yn disgwyl gwen dan len wlyb,
Yn nrws Eiddig, ddig ddygyn,
Yn aros, ddiweddnos, ddyn,
Dyfod a wnaeth, gaeth gyni,
8   Druanfloedd gawdd, dyrnflaidd gi
Yn llew, truanlew trwynlwyd,
Gerwin, â lliw gorwyn llwyd;
Yn somgar, flaengar flingais,
12   Yn ymladdgar, litgar lais,
O'i gyntun, trais dygyn trist,
Rhuthrodd fi yn rhy athrist;
Rhoes naid, afrywiog grogwr,
16   Fal draig neu saeth, gwaeth no gŵr,
I'm coler, drwy arfer drwg
Twyllodd fi, o'r tywyllwg.

Sonio o'r bi, synnwyr bell,
20   Friwiaith esgud, fraith asgell:
'Beth a wnai, ddu westai ddig,
Dro Suddas, yn nrws Eiddig?
Ai dilid gwen (dylud gas)?
24   Bradwr wyd i briodas!'

'Nage, 'r bi fwyn, addwyndeg,
Fraith brydferth o'r dewberth deg,
Disgwyl am wen gymhenddoeth
28   I gyfran gair diwair doeth;
I ddoedud, gwnfyd gwenferch,
Wrthi eiriau salmau serch.
Am hynny, 'r bi ddigri' ddysg,
32   Fry o'th hoywddail, fraith hyddysg,
Na fydd yna, fodd annoeth,
I'm erbyn, yderyn doeth.

36   Llyma 'nghred, er ffraethed ffrost
O'th ylfin, goegfin gwagfost,
Ni chai gêl yn llei delwy',
Gweddw iawn fab, gwaedda' yn fwy!'

40   Y bi druangri drwyngrach,
A'r ci anfwyn, creithdrwyn crach,
Fy ngelynion duon dig,
San oedden', weision Eiddig:
Gwylien' hyn,n o gwela' nhwy
44   Mewn dail na man y delwy',
Eu lladd yn ymladd a wnaf:
Os dof iddun', nis dyddiaf!

Ffynonellau
A—Bangor 5945, 163   B—Bangor 13512, 140   C—Card 1.2 [= RWM 12],
36   D—Card 2.114 [= RWM 7], 296   E—CM 129, 371   F—J 139 [= RWM
14], 127   G—LlGC 834B, 141   H—LlGC 5269B, 159^r I—Pen 112, 378   J—
Wy 1, 115

Llawysgrifau D ac F yw'r copïau hynaf ar glawr o'r cywydd hwn. Dengys
yr amrywiadau fod cynsail gyffredin i BGH, ac y mae'n debygol hefyd fod
AC hwythau'n perthyn i'w gilydd. Ymhellach ar y llawysgrifau, gw. isod tt.
199–204.

Amrywiadau
1 *J* yddoeddwn; *D* gwyddiwn. 3 *A* trwyn lys, *B* len lys. 9 *B* truanlw. 10 *A*
goryn. 11 *AC* siomgar. 12 *DIJ* ymlatgar. 14 *E* myfi / n /; *A* rhu. 16 *AC* na. 17
J colier. 19 *AC* sonio'r, *BE* swnio or. 20 *B* firiaith, *F* friw waith. 21 *BGH*
[ddu]; *A* ddi westau. 22 *A(C)* mewn drws, *E(J)* yn drws. 23 *DEJ* dylyd, *GH*
dylid; *AC* Dilyd gwen da dylud gas. *GI* ai bradwr. 25 *ACE* addfwyndeg. 29–
34 [*BGH*]. 29 *E* ei ddywedud; *FJ* gwynfyd. 30 *A* Wrth ei; *E* siamplau, *F*
sawlmaü. 31 *ACF* ddifri. 32 *F* frith hyddysg. 34 *E A* y deryn, *E* aderyn, *F* i
deryn, *J* ederyn. 36 *A(C)* ath; *AEI* elfyn, *B* gulfin, *F* ilfin. 38 *D* gwedda, *F*
gweidda i n; *ABDHI* fwyf. 42 *AC* syn, *E* iawn, *J* son. 43 *ABC* gwilian; *B*
gwelai. 44 *FJ* na r man; *E* ei delwyf. 46 *J* os da; *E* eiddyn.

Teitl
[*J*]. *A* Cowydd y Ci a'r Biogen, *C* Cowydd ir ki ac ir biogen, *DEF* kowydd
merch, *BG* i ferch ag ir ki ar biogen, *H* K i ferch ag ir ki ar biogen, *I* kywydd
dychan ir ki : y biogen: ac i Eiddig.

Olnod
A Lewis Alyn a'i Cant, *CJ* Lewis alun, *BDG* Ħn ap dd ap Ħn o gwmwd menai ai kant eraill ai galwe lewys aled, *E* Lewis Aled ab Llawelyn ab Dafydd o gwmwd menai ai kant, *F* Ħn ap đđ ap Ħn o [ ] gwmwd menai ai kant medd eraill lewys aled, *H* (*mewn llaw ddiweddarach*) Ħen đđ ap Ħen o gwmwd [*sic*] ai kant eraill ai galwai Lewys Aled, *I* llewelyn ap Dafydd ap llywelyn o gwmwd menai : eraill ai galwai lewis aled : ai kant.

Trefn y llinellau
AC–FIJ 1–46.
BGH 1–28, [29–34], 35–46.

Nodiadau

17

Cywydd yw hwn i yrru llwynog (*madyn*) yn negesydd serch at wraig rhywun y cyfeirir ato fel 'Eiddig', a hynny gyda'r bwriad o'i denu o dŷ ei gŵr i gadw oed â'r bardd. Sefyllfa a chymeriadau yw'r rhain a ddaethai'n dra chyffred-in ym marddoniaeth serch y Cywyddwyr erbyn ail hanner y bymthegfed ganrif, er, fel y sylwa'r Athro Dafydd Johnston, 'rhaid cofio fod serch yn gallu bod yn "fasnachol", ac nid oedd yn fater o fynegi teimlad er ei fwyn ei hun'.[1] Datblygwyd motîff y Gŵr Eiddig, yn ôl pob tebyg, ar sail y *fabliaux* Ffrangeg neu addasiadau ohonynt: chwedlau canoloesol y ceir ynddynt gymeriad stoc nid annhebyg i Eiddig, sef *Le Jaloux*. Fodd bynnag, yr oedd i'r ddyfais lenyddol hon hanes hŷn o lawer y gellir ei olrhain i themâu a geid yn wreiddiol yng nghanu Ofydd.[2] Yn y cerddi Cymraeg, portreedir Eiddig gan amlaf fel gŵr cul a chwrs, gelyniaethus i ryddid y serch lledrad a wrthgyferbynnir yn ei dro â 'hualau' y stad briodasol. I hyrwyddo dymun-iad y bardd, gwëir confensiwn arall i fframwaith y gerdd: y *llatai*, sef negesydd o aderyn, anifail neu wrthrych arall o fyd natur y mae'r bardd yn ei anfon yn ei ddychymyg i gyfathrebu â'r ferch a mynegi ei serch tuag ati. Er bod y motîff ei hun yn un rhyngwladol,[3] hawdd yw credu mai arbrofion Dafydd ap Gwilym a'r to cynnar o feirdd y cywydd a fu'n bennaf cyfrifol am sylweddoli potensial llenyddol y llatai, a sicrhau ei le ymhlith delweddau mwyaf dyfeisgar canu serch y Gymraeg.[4]

Erbyn oes Lewys Aled, teg yw dweud ddarfod i'r confensiynau hyn fynd i gerdded rhych o ran crefft a dychymyg, er mai cwestiwn arall yw ai dyna

---

[1] Dafydd Johnston, '*Canu ar ei fwyd ei hun*': *Golwg ar y Bardd Amatur yng Nghymru'r Oesoedd Canol* (Abertawe, 1997), 5.

[2] Gw. hefyd gerdd 18. Yn MCF (2002), rhestrir cynifer â 55 cerdd ar destun 'Gŵr Eiddig'. Am drafodaeth ar y cymeriad stoc hwn, gw. T.M. Chotzen: Rech 242–5; DGA cerddi 6 a 14 a'r nodiadau a geir arnynt; DGIA, mynegai, d.g. *Eiddig*; GGLl cerddi 4–5 (a'r cyfeiriadau yno); Helen Fulton, *Dafydd ap Gwilym and the European Context* (Cardiff, 1989), mynegai d.g. *Eiddig*.

[3] Am arolwg manwl o ddatblygiad motîff y llatai, gw. DGIA 112, 125–38, 155, 198, 265. Ceir ei debyg nid yn unig yn llenyddiaeth ganoloesol Ewrop (gw. T.M. Chotzen: Rech 199), ond hefyd mewn barddoniaeth Sanskrit, cf., e.e., y *Ramayana*, lle y gofynnir i'r gwynt gyffwrdd yn serchog â chariad y bardd; ac yn enwedig y gerdd nodedig *Meghaduta* o waith Kalidasa, lle y danfona'r bardd gwmwl yn negesydd serch at ei wraig. Anerchir y cwmwl, gan ddisgrifio'r daith o'i flaen, a gofyn iddo fynegi wrth wraig y bardd faint ei gariad ati a'i hiraeth amdani.

[4] Cf. DGIA 131, '... there is reason to believe that it was [Dafydd ap Gwilym] who was mainly responsible for moulding the *cywydd llatai* into the distinctive form it was to assume in the work of succeeding generations of poets.'

fuasai barn cynulleidfaoedd yr oes honno. Gellid dadlau, wrth reswm, na welir yn y cywydd hwn gan Lewys Aled namyn enghraifft rywsut-rywsut arall o'r dull, ac y dylid ei ystyried o'r herwydd yn gerdd ystrydebol sy'n dibynnu'n drwm ar gyfres o drawiadau ar hen thema. Fodd bynnag, efallai fod modd dehongli'r gerdd yn wahanol. Os oedd y beirdd eu hunain wedi dod yn ymwybodol o natur dreuliedig confensiynau'r canu serch, ac o bosibl wedi diflasu arnynt, tybed a ddewisent, ar brydiau, wyrdroi'r confen-siynau hyn a'u harfer mewn cywair bwriadol ddychanol a bras? Fel y dywed yr Athro Dafydd Johnston, ni ddylid anghofio mai math neilltuol o ganu serch yw'r cerddi maswedd.[5] Er bod diweddglo'r cywydd hwn yn ymddangos yn annisgwyl o hallt, y mae'n briodol cofio nad felly yr ym-ddangosai o reidrwydd i gynulleidfa ganoloesol;[6] er ei bod yn bosibl, wrth gwrs, fod y bardd yn cyfeirio at rywun penodol. Ond hyd yn oed os felly, gan nad enwir y person hwnnw, erys union ergyd y dychan yn dywyll; a hwyrach fod cod neu is-destun i'r math hwn o ganu na ellir ei lwyr am-gyffred erbyn hyn.[7]

Rhestrir yn y mynegeion i farddoniaeth y llawysgrifau nifer o gerddi y mae'r llwynog yn ddelwedd ganolog ynddynt.[8] Fodd bynnag, y mae'n werth nodi mai cymharol ychydig o ganu ar thema'r llatai a gafwyd yn y bymthegfed ganrif: gwayw a nychdod oherwydd caru, a siom y carwr gwrthodedig, yw'r pwnc llywodraethol. Yn ei gywydd cynnar yntau ar y testun hwn, creadur a ddaw fel petai o'r byd arall yw'r llwynog i Ddafydd ap Gwilym, a chyffelybir ei rwystredigaeth yn methu â chael y ferch i'w fethiant i saethu'r llwynog â'i fwa.[9] Eithr yng ngherdd Lewys Aled, creadur o gig a gwaed ydyw. Cyferchir y llwynog drwy gyfeirio at ei allu cyfrwys a'i

[5] Gw. Dafydd Johnston, op.cit. 5.

[6] Ar y canu dychan, gw. Dylan Foster Evans, 'Goganwr am Gig Ynyd': The Poet as Satirist in Medieval Wales (Aberystwyth, 1996). Teg yw rhybudd yr awdur, '... it should be noted that the degree of true offence intended by even the worst insults is debatable. The tirade of abuse and invective found in medieval Welsh satire ... still retains its power to shock, but one should be wary of assuming that the response of a medieval audience would have been akin to ours' (ib. 32).

[7] Er nad enwir Eiddig yng nghanu cynnar y beirdd ar y testun hwn (cf. GCBM i, cerdd 4; GLlF cerdd 6 (Hywel ab Owain Gwynedd)), erbyn cyfnod y Cywyddwyr, fel y noda Dr Rhiannon Ifans, yr oedd yr arfer yn wahanol, gw. GGLl 214n8 d.g. ni henwaf hwn. Ymddengys mai eithriad arall i'r arfer a welir yn y gerdd hon.

[8] Am gerddi eraill i'r llwynog a geir mewn print, gw. GDG³ 64 (cerdd 22); GDID 42 (cerdd 17); IGE² 330 (CIX) (?Gruffudd ap Cynwrig); GRB 8 (cerdd 4); GTP 49 (cerdd 29); A. Cynfael Lake, 'Gwaith Huw Llwyd o Gynfal', Cylchg CHSFeir ix (1981–4), 78–80 (Huw Llwyd); OBWV 240 (cerdd 119) (Huw Llwyd); Gwyn 3 167–171 (Rhys Goch). Yr wyf yn ddiolchgar i Mr Dylan Foster Evans am ei awgrymiadau ynghylch y cywydd hwn; cyhoeddir awdl Rhys Goch Eryri i'r llwynog yn ei olygiad o waith y bardd (i ymddangos). Ceir rhestr gyflawn o'r cerddi a ganwyd ar y thema hon yn MCF (2002).

[9] GDG³ 64 (22). Ceir cyfatebiaethau diddorol, o ran geirfa a themâu, rhwng cerddi Dafydd ap Gwilym a gwaith Lewys Aled, ond yn niffyg corff helaethach o gerddi, ni ellir barnu ai dylanwad uniongyrchol sydd i gyfrif am hyn, ynteu dyled i gonfensiynau a ddaeth yn gyffredin erbyn ail hanner y 15g.

ffyrnigrwydd wrth hela, er y pwysleisia'r bardd hefyd y dylai'r llwynog fod yn wyliadwrus wrth ymlid ei ysglyfaeth. Ond cesglir yng ngweddill y cywydd mai ymlid rhywbeth penodol y mae'r ddau ohonynt. Merch briod yw prae y bardd,[10] a'r awgrym yw fod angen gofal ar lwynog a bardd fel ei gilydd wrth hela. Er y gall mai hiwmor yn seiliedig ar chwaeth wahanol i'r oes hon a geir yma,[11] y mae'n anodd peidio ag ymglywed yn y gerdd hon ag elfen annifyr ddigamsyniol, gyda'i phwyslais ar natur lechwraidd yr helfa (cf. ll. 4 *Rhodia'n fain*; ll. 9 *Llecha di*; ll. 12 *Llytynna ieir*; ll. 17 *Gwylia rhag llam a thramgwydd*; llau. 19–20 [*m*]*adyn* ... / ... *ddichellfawr*); ar drais a niwed (cf. ll. 2 *gwaedlyd fin*; ll. 14 *Gwaeda ar hwn*; ll. 15 *chwynna rai* ...; ll. 36 *Treisiwr iâr* a ll. 38 *llwynog difiog*); ac ar natur annymunol gŵr y ferch (llau. 41–2 ... *dyn llwm, trwm, tramawr,* / *Dyrngrach, afiach, mantach mawr*). Ceir enghraifft arall o gyffelybu dyn anllad i lwynog rheibus mewn cywydd masweddus gan y bardd-offeiriad Syr Hywel o Fuallt, lle y disgrifir rhyw Forgan, sy'n chwennych cariad y bardd, fel *cadnawaidd ddyn*.[12]

Cesglir nad cerdd serch ramantus ddiniwed mo hon, ac nid yw'n gwbl eglur ai cariad honedig at y ferch, ai casineb at ei gŵr, sydd uchaf ym meddwl y bardd wrth iddo ei cheisio. Efallai mai â'r canu dychan yn hytrach na'r canu serch fel y cyfryw y dylid cymharu'r cywydd hwn a'i debyg; ac odid hefyd nad y ddealltwriaeth ynghylch sagrafennedd priodas a geid yn y bymthegfed ganrif sy'n rhoi min ar y dychan. Erbyn cyfnod y Cywyddwyr, yn dilyn *decreta* canonaidd a ddeddfwyd gan y Pab Alexander III a'u dehongli gan Domas o Acwin ddwy genhedlaeth yn ddiweddarach, ystyrid y gellid diddymu priodas benodol ar sail analluedd rhywiol ar ran y gŵr.[13] Gall mai at y diffyg hwn y cyfeirir mewn rhai cerddi wrth gyhuddo Eiddig o fod yn *oer* (cf. GGLl 5.13n d.g. *oerwas*). Ategir hyn i raddau yn y gerdd hon drwy sôn amdano fel gŵr 'llwm' (efallai yn yr ystyr 'diffrwyth', gw. GPC 2236) ac 'afiach' (gw. llau. 41–2). Ai un elfen yn ergyd y dychan oedd pardduo gŵr y ferch drwy amau nad oedd ef yn alluog yn rhywiol (yn wahanol, fe awgrymir, i'r bardd ei hun); ac oherwydd hynny, nad oedd achos i'r ferch aros yn ffyddlon i'r briodas? Ai dyna paham y gwawdiwyd y gŵr drwy ei alw'n 'Eiddig'? Os felly, neges blaen y gerdd yw na chaiff y ferch ei diwallu'n rhywiol gan y fath ddyn. Y cynnig cynnil, ar y llaw arall, yw mai'r bardd ei hun a wna ei bodloni.[14]

Am drafodaeth ar nodweddion crefft cerddi Lewys Aled, gw. y Rhagymadrodd, tt. 176–7.

---

[10] Y mae'n debyg y gellid cyffelybu'r gwahanol adar y mae'r llwynog yn eu hela, yn ogystal â'r *oenyn disynnwyr* a ddifethir ganddo *gwedy'r hwyr* (llau. 13–14), i fwriadau'r bardd tuag at wraig (?ddiniwed) Eiddig.

[11] Ar yr elfen ddigrif yng nghanu'r beirdd amatur, gw. Dafydd Johnston, *op.cit.* tt. 5–7.

[12] Gw. CMOC 116 (26.26) 'Gofyn Clo Cont'.

[13] Gw. Christopher Brooke, *The Medieval Idea of Marriage* (Oxford, 1989), 131n, 132–4.

[14] Ond cf. ll. 31n d.g. *llatai*.

1 **madyn** Sef 'llwynog' neu 'gadno'. Petrusir yn GPC 2303 ynghylch
cenedl yr e.; ond ceir awgrym cryf o'r enghreifftiau a roddir yno fod
rhai o'r beirdd yn ei gyfrif yn eb. fel y gwneir yma, a cf. ll. 19 *Degle,
fadyn dynn din-noeth.*

cynffon-gagl 'Â baw ar ei gynffon'. Fel mewn cerddi eraill o'i bath,
gwelir yn y cywydd hwn gyfuniad o sylwadau parchus ac anweddus ar
yn ail wrth i'r bardd esgus-gyfarch y llwynog. Dyfais oedd hon, y
mae'n debyg, a fwriedid i greu hwyl wrth ddatgan cerdd ar goedd.
Cyfeiriodd yr Athro Gwyn Thomas, *Y Traddodiad Barddol* (Caerdydd,
1976), 153–4, at yr islais direidus a geir yng nghywydd Dafydd ap
Gwilym i'r bioden, ac at y 'sangiad ar led-ochr' a oedd i'w ynganu
rhwng y bardd neu'r datgeiniad is ei wynt a'r gynulleidfa.

ffagldin Dyfelir cynffon y llwynog drwy ei gyffelybu i dors neu
bentewyn.

2 **egwydlwyd** Nid yw'n gwbl eglur o dystiolaeth y copïau ai *y gwydlwyd
fab* ynteu *egwydlwyd fab* a fwriedir yma (gw. yr amrywiadau). O blaid y
dewis cyntaf, gellid dadlau dros ei ddeall yn gyfuniad o'r e. *gwŷd* (a all
hefyd fod yn a., gw. GPC 1749) yn yr ystyr 'pechadurus', 'drwg' neu
'yn barod i beri anaf neu niwed', a'r a. *llwyd*, sef y lliw 'brown' neu
'lwyd'; dros yr ail bosibilrwydd, y mae'r eg. *egwyd* (S. *'fetlock, pastern'*)
yntau'n air hysbys—er mai at ran o gorff ceffyl y cyfeiria'r gair gan
amlaf, gw. *ib.* d.g. Ar sail ansawdd y copïau, a chan fod yr adran hon
o'r gerdd yn llawn dyfaliadau, dewiswyd yn betrus y darlleniad
egwydlwyd yma.

4 **crynfain a gro** Ceir yr un ymadrodd yng nghywydd Dafydd ap
Gwilym i'r rhugl groen, gw. GDG³ 332 (125.30).

5 **rhydaer dâl** Cyfuniad o *rhy-* a'r a. *taer* yw *rhydaer*, gw. GPC 3126; ond
anodd yw penderfynu ar ystyr y ffurf *dal* yn y llsgrau. Gellid i. ffurf
dreigledig *tal* fel a. gyda grym e. yn yr ystyr 'glew, hy, hyderus' (gw. *ib.*
3424); ii. ffurf dreigledig *tâl* yn yr ystyr 'dial' neu 'gosb'; neu iii. ffurf
dreigledig *tâl* yn golygu 'talcen' neu 'ben' (efallai gydag ystyr ffigurol),
gw. *l.c.* d.g. *tâl*¹ a *tâl*²⁽ᵇ⁾. Gan mai esgus-rybuddio'r llwynog y mae'r
bardd o'r peryglon a'i hwyneba o 'rodio'r dydd', credir mai'r ystyron
'dial' neu 'gosb' sy'n gweddu orau yma.

9 **sythgern** Y mae'n anodd gwybod pa ystyr sy'n gweddu i'r a. cyfans-
awdd hwn; efallai mai *cern*, sef 'asgwrn y foch' neu 'ochr y pen', a *syth*
yn yr ystyr 'unionsyth' neu 'falch' sy'n cyfleu'r ystyr orau.

10 **cylla gwern** Dichon mai 'ystumog' neu 'grombil' a olygir gan *cylla*
yma, gw. GPC 751. Os felly, diau yr anogir y llwynog i guddio, neu i
wneud ei ffau, ym mherfeddion y wern er mwyn osgoi cael ei ddal.

12 **llytynna** 2 un.grch. y f. *llytynnu*, sef ffurf gywasgedig ar *llygad-dynnu*, gw. GPC 2283. Yn y 15g., tybed a gyfrifid y gallu i hypnoteiddio ysglyfaeth yn rhan o gynhysgaeth y llwynog?

15 **chweinïwr** Er na chofnodir y gair hwn yn GPC 848, cymerir mai cyfuniad ydyw o *chwaen* a *gŵr*, a'i ynganu'n deirsill, o bosibl, er mwyn hyd y ll., ond gthg. y cyfuniadau deusill *chweinial*, *chweiniog* yn golygu 'gŵr chweinllyd', gw. GPC 849 a noder hefyd fod enghreifftiau eraill o lau. afreolaidd i'w cael yng nghanu Lewys Aled. Gan y ceir *chweinial* mewn cywydd o waith Dafydd ap Gwilym, cf. GDG³ 219 (80.17) *Unawr, mewn gwâl chweinial chwyrn*, nid annichon mai'r ddelwedd honno a roes fod i *chweinïwr*, os oedd Lewys Aled yn tynnu ar themâu a cherddi penodol Dafydd ap Gwilym am ysbrydoliaeth (ond gw. hefyd l. 7n). Posibilrwydd arall fyddai diwygio *chwynna* yn *echwynna* ('benthyg'): *Chweiniwr wyd, echwynna rai*.

16 **pan y** Gw. yr amrywiadau ar gyfer darlleniadau'r llsgrau.: gall mai *pan eu* a olygir. Ar ffurf lafarog y rh.m. yn dilyn y cysylltair *pan*, gw. GMW 56. Nid yw'r ystyr yn eglur, ond o dderbyn mai *pan y* yw'r darlleniad, gall fod y bardd yn annog y llwynog i chwynnu'r hwyaid pan fyddai'r tywydd yn oer a'r llwynog ar ei gythlwng; neu, os *pan eu* ydyw, yna'r adeg pan fo'r hwyaid yn rhewi gan oerfel sydd ym meddwl y bardd.

19 **degle** 2 un.grch. y f. *dod*, yn yr ystyr 'tyrd / dere (a gwrando)', gw. GPC 916. Cyfetyb hyn i'r defnydd o'r un f. gan Ddafydd ap Gwilym, cf. GDG³ 156 (58.46) *Degle, ferch, dy gelu fyth* ac *ib.* 396 (148.31) *Degle'n nes:—dwyglun esyth*. Cf. hefyd GHD 27.60.

21 **Eiddig** Noda Dr Helen Fulton, '... the jealous husband is a stock character whose boorishness serves to highlight the nobility of the courtly lover. The opposition of the two characters, lover and jealous husband, was used in medieval satire to polarise love and marriage as antithetical opposites', gw. DGA 163. Ond, fel yr awgrymwyd yn y nodiadau rhagarweiniol, byddai'r dychan yn fwy miniog fyth os anallu-edd rhywiol oedd achos cenfigen gŵr y ferch, ac mai peri loes iddo ef, yn gymaint ag unrhyw serch honedig at ei wraig, oedd sail y sen a fwrid arno, gw. hefyd l. 31.

Croes o gyswllt ewinog.

23 **gŵydd** Yn union fel y mae'r gŵydd yn brae i'r llwynog, felly'r ferch i'r bardd.

24 **henŵydd** Gw. yr amrywiadau. Y mae'n debygol nad *henwydd* (sef 'hen linach' neu 'fonedd', &c.), a olygir gan y copïau a ddiogelwyd o'r cywydd hwn, eithr a. cyfansawdd o *hen* a *gŵydd*, a'r ail elfen efallai yn golygu 'gwirionyn', gw. GPC 1854.

25 Yn ôl tystiolaeth y copïau hynaf a'r gorau, y mae'r ll. yn fyr o sillaf.
    Llsgrau. AC yn unig sy'n rhoi ll. seithsill, ond dichon fod y testun a geir
    ganddynt yn deillio yn y pen draw o'r un gynsail. Nid peth anghyff-
    redin oedd cael llau. afreolaidd eu hyd yng ngwaith y Cywyddwyr, er
    na wyddys a fu reswm am hynny onid gwall wrth drosglwyddo testun.
    Am enghreifftiau eraill o lau. afreolaidd, gw. ll. 35 a cf. 1.16, 3.11.

27 Cynghanedd sain deirodl, cf. llau. 38, 42.

28 **odd' dan** Yn llsgrau. ACF, ceir *o dan y llwyn*, ond cywasgiad o *oddi
    dan* yw'r darlleniad a geir yn y llsgrau. cynharaf a mwyaf dibynadwy,
    cf. ll. 30.

30 **Mair** Sef y Forwyn, mam Iesu. Cyfeirid at Fair yn aml yn y cerddi i
    Eiddig, a diau mai yn goeglyd y gwneid hynny: yn nefosiwn yr oes fe'i
    hystyrid yn safon purdeb a morwyndod.

31 **llatai** Y mae mwy nag un ffordd o ddeall *llatai*, ac er y tueddir i
    bwysleisio delwedd ramantus y negesydd serch mewn rhai deongliadau
    o'r canu serch, ni ddylid anwybyddu'r ffaith fod ystyron llai dymunol
    i'w cael i *llatai* hefyd. Rhydd William Salesbury, er enghraifft, yr ystyr
    'carnbutain' iddo, gw. WS d.g. *llattai*, 'a baude', cf. GPC 2099. Y mae'n
    amlwg y gallai *llatai* a *llateiaeth* gyfeirio at un sy'n hel puteiniaid neu
    hudo i anlladrwydd, a hyd yn oed at rywun sy'n cyflenwi merched ar
    gyfer hynny (S. *'pimp'*), gw. ymhellach GPC *l.c.* a GPhE At.i.57n. Ai'r
    ystyr ddigyfaddawd rywiol honno yw sail yr hyn y cyfeiriodd Llywelyn
    Goch ap Meurig Hen ato pan gyffesai *Gwneuthum lateiaeth, barn
    feddwgaeth fydd* (GLlG 40 (7.19))? Cyferbynnir *llateiaeth* yn awdl
    Llywelyn Goch â glendid a phurdeb gweithredoedd Duw; tybed a
    wnaethai'r bardd felly pe cyfeirid at ddefod lenyddol ddiniwed gyd-
    nabyddedig yn unig? Fodd bynnag, gthg. sylwadau'r Athro Dafydd
    Johnston, GLlG 6n20, 'Cf. marwnad Iolo Goch i Lywelyn, GIG 93–7
    (cerdd XXII), sy'n cyfleu pryder ynglŷn â'r canu serch.'

    arabus Rhoddir y flwyddyn 1885 ar gyfer yr unig enghraifft y cyfeirir
    ati yn GPC 174 o'r a. hwn; ei ystyr yma yw 'ffraeth' neu 'gellweirus'.

33 Atebir -*yn* gan -*un* yma ar gyfer y gynghanedd sain, gw. D.J. Bowen,
    'Pynciau Cynghanedd: Odli *I, U* ac *Y*', LlCy xx (1997), 142.

34 **ceri** Y mae'r llwynog yn amlwg yn cael ei anfon i 'garu' (yn yr ystyr
    'mynegi serch', 'canlyn', cf. S. *'woo'*, *'court'*) ar ran y bardd. Yn llsgrau.
    ACF, ceir yr amrywiad *dros bwy cerddi*, ac efallai fod y darlleniad
    hwnnw'n bosibl hefyd, o ddeall *cerdded* yn ffigurol yn golygu 'mynd ar
    daith serch [dros rywun arall]'.

35 O dderbyn tystiolaeth y llsgrau., y mae'r ll. hon yn hir o sillaf. Gellid
    goresgyn hyn drwy gymryd naill ai fod y bardd yn arfer *dywaid* neu (yn

llai tebygol, efallai) *wedy* yn eiriau unsill. Am l. afreolaidd arall, gw. ll. 25n.

37 Ar yr odl lusg rhwng *fadyn* a *hunfyr*, gw. J. Morris-Jones: CD 179, §320; D.J. Bowen, *art.cit.* 138–143.

38 Cynghanedd sain deirodl, cf. llau. 27, 42.

40 **haf** Fel y nodir yn GGLl 214n8 d.g. *haf*, 'Tymor yr haf oedd tymor traddodiadol serch anghyfreithlon y beirdd tuag at wragedd priod; yn nhymor y gaeaf yr oedd amgylchiadau o blaid Eiddig'; gw. hefyd R. Bromwich, *Aspects of the Poetry of Dafydd ap Gwilym* (Cardiff, 1986), 33.

41 **llwm** Ymhlith ystyron *llwm*, ceir 'diffrwyth' (gw. GPC 2236), gw. ll. 42n.

42 **afiach** Sylwyd yn y nodiadau rhagarweiniol fod analluogrwydd rhyw-iol yn sail dros ystyried priodas yn ddi-rym. Ai at hynny y cyfeiria *llwm* ac *afiach* yma? Awgrymir yn y cwpled hwn fod gŵr y ferch yn hen ddyn sâl, tew, undanheddog; er y gall mai ategu'r dychan aflednais a wneir yma.

Cynghanedd sain deirodl, cf. llau. 27, 38.

18

Y mae'r ail gywydd serch gan Lewys Aled yn gyfuniad o ddau fotîff: yr aderyn fel cynghorydd neu rybuddiwr, a'r ci ymosodol sy'n amddiffyn tŷ 'Eiddig', sef gŵr y ferch y mae'r bardd yn ei cheisio. Egyr y cywydd â golygfa sy'n nodweddiadol o nifer o gerddi serch: y bardd yn sefyll yn y glaw y tu allan i dŷ Eiddig, yn llawn hiraeth a phoen oherwydd ei gariad, ac yn aros amdani cyn toriad y wawr. Wrth i'r bardd ddisgwyl yno, deffry'r ci gwarchod ac ymosod arno, gan neidio o'r tywyllwch am ei wddf. Wedyn daw llais y bioden o rywle yn holi'r bardd ynghylch ei fwriadau ac yn cyffelybu ei 'frad'—sef, y mae'n debyg, yr amcanion godinebus a oedd ganddo—yn erbyn priodas i frad Jwdas. Amddiffyn y bardd ei hun yn llew, gan honni'n fêl i gyd mai *diwair doeth* (ll. 28) fyddai ei ymgom â'r ferch. Nid yw'n eglur yn llinellau 29–30 ai salmau llythrennol fydd y geiriau 'diwair' y mae'r bardd yn ei addo eu hadrodd i'r ferch,[1] ynteu cerddi serch o'r iawn ryw, cerddi a gyffelybir i salmau weithiau. Cymer y bardd arno fynd yn llidiog wrth y ci a'r aderyn sy'n ei rwystro ([*g*]*weision Eiddig*, ll. 42), gan fygwth dial arnynt mewn modd diflewyn-ar-dafod.

Y mae topos y 'rhwystrau serch' yn sicr yn un cyffredin yn y canu serch Cymraeg. Er hynny, y mae cyfuno'r bioden a'r ci mewn un gerdd yn

---

[1] Sef, o bosibl, adnodau serchog o'r Beibl ei hun (megis Caniad Solomon).

anghyffredin, onid yn unigryw mewn cerdd o'i bath,[2] er nad yw'n annichon fod canu ar y testun hwn, yn ogystal â'r dewis o'r delweddau a'r eirfa, yn efelychiad bwriadol o'r un motiffau ag a geir yn rhai o gerddi Dafydd ap Gwilym. Unwaith eto, fel yng ngherdd 17, nid enwir gŵr y ferch y mae'r bardd yn honni ei charu: 'Eiddig' ydyw.[3] Yn nodiadau y gerdd honno, sylwyd ar y delweddau sy'n awgrymu bod y bardd yn hela neu'n ymlid y ferch. Mewn cywair tebyg, cyhuddir y bardd yn y cywydd hwn hefyd o *dilid gwen*, sef ei hymlid neu ei herlid.[4]

Am drafodaeth ar nodweddion crefft cerddi Lewys Aled, gw. y Rhagymadrodd, tt. 176–7.

1   Rhestrir yr ymadrodd agoriadol *Fal yr oeddwn* yn MCF (2002) mewn 32 o gerddi; ar hwn, a thagiau cyffelyb iddo, gw. T. H. Parry-Williams, *Canu Rhydd Cynnar* (Caerdydd, 1932), lxxxiii–lxxxiv; Brinley Rees, *Dulliau'r Canu Rhydd 1500–1650* (Caerdydd, 1952), 40–54. Y mae'n debygol mai addasiad ydoedd o ddull y *chansons d'aventure* a ddaeth yn boblogaidd yn Lloegr ac y gwelir eu harfer yn ngwaith Dafydd ap Gwilym yntau, gw. GDG[3] 608 (cf. yr agoriad arferol arall a geir gan y beirdd serch, sef *Doe ...*). Y mae'r poenau serch (*cur*) a brofai'r bardd oherwydd ei gariad at y ferch hefyd yn dopos sy'n digwydd yn aml yng nghanu serch Dafydd, a chofir am ddychan croyw Gruffudd Gryg i Ddafydd ar y pwynt hwn, gw. GDG[3] 388 (147).

Er y gellid atalnodi'r cwpledi agoriadol (llau. 1–18) mewn sawl ffordd, ymddengys mai un datganiad ydynt, ac fe'u trinnir yma yn un frawddeg amlgymalog.

4   **llen**   Cymerir mai 'mantell, siôl' yw'r ystyr yma, er y gall hefyd olygu 'gorchudd' neu 'ganopi' yn gyffredinol, gw. GPC 2151–2.

5   **Eiddig**   Ar y cymeriad stoc hwn, gw. 17.21n.

dig ddygyn   Ffurf lafar ddeusill *dygn* yw *dygyn* yma, cf. ll. 13. Dehonglir *dig* yn a. yn goleddfu *dygyn*, y gellir ei ddeall yn a. neu'n e.: 'yn ofidus o galed' neu 'caledi gofidus [yr wyf yn ei brofi!]', gw. hefyd l. 7.

6   **diweddnos**   'Diwedd y nos, ... plygain, toriad gwawr', GPC 1058 (ond daw'r enghraifft gynharaf a roddir yno o'r 16–17g.). Yr awgrym yma yw fod yr oed rhwng y bardd a'r ferch wedi ei drefnu cyn cefn dydd golau, ond yn ddigon buan yn y bore i ganiatáu presenoldeb y bioden. Y mae'r enghraifft hon yn gynharach na'r un y cyfeirir ati yn GPC 1058.

---

[2]   Ni ddaethpwyd o hyd i'r un enghraifft arall yn MCF (2002) o'r cyfuniad hwn.
[3]   Am drafodaeth ar Eiddig, ac am wahanol ddehongliadau posibl arno, gw. sylwadau rhagarweiniol cerdd 17 uchod a'r cyfeiriadau yno.
[4]   Gw. hefyd l. 23n.

7 **caeth gyni** Ceir i'r e. *cyni* ystyron megis 'cyfyngder, ing, gofid' &c., hefyd 'ymdrech' neu 'frwydr', gw. GPC 790. O ddeall *caeth* yn a. gellid aralleirio 'gofid blin', gw. *ib.* 384–5. Efallai ddarfod ysbrydoli *gaeth gyni* gan GDG³ 168 (63.33) *cyni cwyn.*

7–14 Cymerir mai *Dyfod a wnaeth* ... [*c*]*i* / *Yn llew* ... ; / *Yn somgar* ... / *Yn ymladdgar* ... / *O'i gyntun* yw'r frawddeg, er y gall hefyd mai *litgar lais* yw diwedd y frawddeg, a bod llau. 13–14 yn ffurfio gosodiad ar wahân: *O'i gyntun* ... / *Rhuthrodd fi.*

11 **blingais** Fe'i deellir yn gyfuniad o a. (*blin*) ac e. (*cais*), 'blaengar / haerllug ei gais trallodus'. Dichon mai at y ci y cyfeirir.

12 **llitgar** Cofnodwyd yr enghraifft gynharaf y cyfeiria GPC 2188 ati o'r a. clwm hwn yn 1773.

22 **Suddas** Sef Jwdas Iscariot, a fradychodd Iesu.

Twyll gynghanedd *d.*

23 **dilid gwen** Ceir *dilid* yn yr ystyr 'ymlid' neu 'erlid' yn ogystal â 'chanlyn', gw. GPC 1015, cf. sylwadau rhagarweiniol cerdd 17 am fotiffau cyffelyb.

dylud gas Derbynnir darlleniad y llsgrau. (*dylud*) a'i ddeall yn ffurf 2 un.amhff.myn./dib. y f. *dyl(y)u*, yn gywasgiad o'r ffurf deirsill *dylyud*: gw. GPC 1135 d.g. *dylaf²*, lle y dangosir bod *dylÿu* yn air teirsill fel arfer, ond gthg. GDG³ 99 (35.34) *Ddeuliw tes, ni ddylyud di* ac *ib.* 140 (52.28) *Ddeuliw ton, na ddylyud di*, lle y dengys hyd y ll. mai deusill ydyw yn yr achosion hyn. 'Yr wyt yn haeddu casineb' yw'r ystyr fwyaf tebygol, er efallai mai ffordd o ddweud "Melltith arnat!" ydyw.

28 **cyfran gair** Y mae'n debygol mai e. yn hytrach nag amrywiad ar y be. *cyfrannu* yw *cyfran* yma, yn golygu 'cyfranogiad' neu 'siâr' (gw. GPC 711), cf. GDG³ 201 (74.13–14) *Bellach modd caethach y cair* / *Cyfran, drwy ogan, drigair.*

29 **gwnfyd** Fe'i deellir yn amrywiad ar *gwynfyd*, cf. GPC 1774 d.g. *gwynfyd*. Ystyr y sangiad yw 'llawenydd / dedwyddwch [yw'r] ferch hardd.'

30 **salmau** Cyfeiria Dafydd ap Gwilym yntau at ganu'r eos fel *salm*, GDG³ 74 (25.31–2) *Serchog y cân dan y dail* / *Salm wiw is helm o wiail.*

35–46 Am enghraifft debyg o orffen cerdd gan fygwth y creaduriaid a fu'n wrthwynebus i'r bardd, gw. GDG³ 169 (63.71–4). Ymddengys fod yr adran hon o gywydd Dafydd ap Gwilym yn hysbys i Lewys Aled, cf. 11.35n.

35 **llyma 'nghred** Ebd. 'ar fy llw!'; cf. GDG³ 169 (63.71) *Llyma 'nghred, gwylied Geli.*

42 **san** Ymddengys mai amrywiad ar yr a. (sydd hefyd yn e.) *syn* a geir yma, gw. GPC 3175 d.g. *san*[1]. Y mae hon yn enghraifft gynharach na'r dyfyniad cynharaf a roddir yno o waith Siôn Brwynog.

Geirfa

addwyndeg teg ac addfwyn 18.25

afiach 17.42n

afrywiog gwael, gwrthnysig, sarrug 18.15

anfwyn angharedig, brwnt 18.40

arabus 17.31n

aros *2 un.grch.* **aro** 17.18

athrist prudd, gofidus 18.14

blaengar 18.11n

blingais 18.11n

briwiaith atal dweud, lleferydd myngus 18.20

bun merch 17.33

cael *2 un.pres./dyf.myn.* **cai** 17.6, 18.37

caeth 18.7n

caru *2 un.pres.myn.* **ceri** 17.34n

cas 18.23n

cawdd llid, trallod, tristwch 18.8

cêl diogelwch, lle i ymguddio, lloches 18.37

coegfin a chanddo fin ofer neu dwyllodrus, balch, dirmygus 18.36

collwyn llwyn o gyll 17.28

crach cramennog 18.40

creithdrwyn trwyn creithiog 18.40

crogwr un sy'n haeddu ei grogi, troseddwr 18.15

crynfaen carreg bach, clogfaen *ll.* **crynfain** 17.4n

cyfran 18.28n

cylla gwern 17.10n

cymhennair call neu fedrus, coeth ei gair 17.29

cymhenddoeth call (neu fedrus) a doeth 18.27

cynffonfawr mawr ei gynffon 17.20

cynffon-gagl 17.1n

cyni 18.7n

cyntun byrgwsg 18.13

chweiniog â chwain arno, chweinllyd, S. *'flea-bitten'* 17.3

chweinïwr 17.15n

degle gw. **dod**

dichellfawr mawr ei ddichell 17.20

difiog ffyrnig, gwyllt, diysgog 17.38

dig 18.5n

dilid 18.23n

diweddnos 18.6n

dod *2 un.grch.* **degle** 17.19n

doedud dweud 18.29

dygyn 18.5n, 13

dylyu *2 un.amhff.myn./dib.* **dylud** 18.23n

dyn gŵr, merch 17.41, 18.6

dyddio cymodi, ?gwneud oed *1 un.pres.myn.* **dyddiaf** 18.46

dyrnflaidd a'i bawen yn debyg i eiddo blaidd 18.8

dyrngrach â llaw gramennog 17.42

dweud *2 un.grch.* **dywaid** 17.29, 35, 39

egwydwlyd 17.2n

esgud cyflym, parod, rhwydd 18.20

eurwallt a chanddi wallt o liw yr aur 17.26

fal 18.1, 16

ffagldin 17.1n

ffrost ymffrost, brol, rhodres 18.35

gerwin garw, creulon, ofnadwy 18.10

gorwyn cannaid, gwynnaidd, disglair 18.10

gro 17.4n

gwaedu (ar) tynnu gwaed o rywun neu o rywbeth *2 un.grch.* **gwaeda** 17.14

gwagfost ymffrost ofer 18.36

gwâl lloches, ffau, gwely 17.8

gwedy wedi, ar ôl, wedyn 17.14, 35

gwen merch, cariad 17.22, 25, 29, 18.4, 23, 27

gwenferch merch hardd 18.29

gwnfyd 18.29n

gwneud *2 un.pres.myn.* **gwnai** 18.21

gŵydd 17.23n

gylfin pig aderyn 18.36

henŵydd 17.24n

hoywddail dail (?nyth) gwych neu hardd 18.32

hunfyr byr ei gwsg 17.37

hyddgi ci carw, milgi 17.34

llam ymosodiad, damwain, anffawd 17.17

llatai 17.31n

llei lle y 18.37

llen 18.4n

llitgar 18.12n

llyma 'nghred 18.35n

llytynnu *2 un.grch.* **llytynna** 17.12n

madyn 17.1n, 19

maenfur mur o gerrig 18.2

main craff, astud, gofalus, gochelgar, llechwraidd 17.4

mantach un a'i ddannedd yn eisiau 17.42

meinael tenau neu hardd ei hael 17.33

meingi ci tenau 17.27

meingul main a thenau neu fychan 17.26

o os 17.5, 27, 33, 18.43

odd' dan 17.28n, 30

pan y 17.16n

pi pioden 18.19, 25, 31, 39

rhuthro ymosod ar *3 un.grff.myn.* **rhuthrodd** 18.14

rhydaer 17.5n

saethgi ci cyflym ei rediad, gwibiog 17.9

salm *ll.* **salmau** 18.30n

san 18.42n

somgar twyllodrus, ystrywgar, sarrug, gwrthnysig 18.11

sonio sôn, dweud, datgan 18.19

sythgern 17.9n

tâl 17.5n

taranlaw glaw mawr mewn storm 18.3

tewberth perth drwchus neu doreithiog 18.26

tin-noeth â phen-ôl noeth neu foel 17.19

tramawr mawr iawn 17.41

tramgwydd cwymp, damwain, anffawd 17.17

treisiwr gormeswr, dinistriwr 17.36

tro gweithred sy'n peri niwed, tric, cast 18.22

tros trwy, yn ystod, er mwyn, ar ran, o blaid 17.8; *1 un* **troso'** 17.36

truanfloedd bloedd truan, bloedd sy'n peri tristwch 18.8

truangri truenus neu ofidus ei gri 18.39

truanlew un dewr ond truan neu ofidus 18.9

trwsio cyweirio *2 un.grch.* **trwsia**
17.8
trwyngrach â thrwyn cramennog
18.39
trwynlwyd llwyd ei drwyn 18.9
trwynwlyb a'i drwyn yn wlyb

18.3
tyn cadarn, sarrug, dygn, taer,
trachwantus, cyflym 17.19
tywyllwg tywyllwch 18.18
yderyn aderyn 18.34
yna felly 18.33

Enwau personau

Eiddig 17.21n, 18.5n, 22, 42
Mair 17.30n

Suddas Jwdas Iscariot 18.22n

Llawysgrifau

Cynnwys nifer o'r llawysgrifau a restrir waith sawl copïwr. Ceisir dyddio'r rhannau hynny y mae gwaith Ieuan ap Llywelyn Fychan, Ieuan Llwyd Brydydd a Lewys Aled yn digwydd ynddynt yn unig. Diolchir i Mr Daniel Huws am unrhyw ddyddiadau neu wybodaeth na chrybwyllir yn y ffynonellau printiedig a nodir.

Llawysgrifau yng nghasgliad Prifysgol Cymru, Bangor

Bangor 5945: William Evans, Llanwnda 1772–4, gw. 'Catalogue of Bangor MSS. General Collection' (cyfrol anghyhoeddedig, Bangor), dan rif y llawysgrif.

Bangor 5946: Edward Lloyd yr ail o Faes-y-porth, *c*. 1799, gw. *ib.*

Bangor 7288: Iaco ap Dewi, 1707, gw. *ib.*

Bangor 13512: llaw anh., hanner cyntaf y 18g., gw. 'Catalogue of Bangor MSS. General Collection X' 13473–16978 (cyfrol anghyhoeddedig, Prifysgol Cymru, Bangor), dan rif y llawysgrif.

Llawysgrifau Ychwanegol yn y Llyfrgell Brydeinig, Llundain

BL Add 14866 [= RWM 29]: David Johns, 1587, gw. RWM ii, 1022–38.

BL Add 14882 [= RWM 31]: Wiliam ap Wiliam ap Robert o Dregarweth, 1591, gw. *ib.* 1048–53.

BL Add 14887 [= RWM 35]: llaw anh., *c*. 1600, gw. *ib.* 1071–3.

BL Add 14892: Wiliam Bodwrda a'i gynorthwywyr, *c*. 1647, gw. CAMBM 1844, 25–6; R. Geraint Gruffydd, 'Llawysgrifau Wiliam Bodwrda o Aberdaron (a briodolwyd i John Price o Fellteyrn)', Cylchg LlGC viii (1953–4), 349–50; Dafydd Ifans, 'Wiliam Bodwrda (1593–1660)', *ib.* xix (1975–6), 300–10.

BL Add 14901: llaw anh., dechrau'r 18g., gw. CAMBM 1844, 28–9.

BL Add 14965: llaw anh., dechrau'r 17g., gw. *ib.* 45–6.

BL Add 14966: Wiliam Bodwrda a'i gynorthwywyr, canol yr 17g., gw. *ib.* 46–7; R. Geraint Gruffydd, *op.cit.* 349–50; Dafydd Ifans, 'Bywyd a Gwaith Wiliam Bodwrda (1593–1660)' (M.A. Cymru [Aberystwyth], 1974), 266–340.

BL Add 14969: Tomas Prys, Huw Machno ac eraill, dechrau'r 17g., gw. CAMBM 1844, 48.

BL Add 14971 [= RWM 21]: John Davies, Mallwyd, *c.* 1617, gw. RWM ii, 977–86; Rh.F. Roberts, 'Bywyd a gwaith Dr John Davies, Mallwyd' (M.A. Cymru [Bangor], 1950), 342.

BL Add 14977: llaw anh., 16g./17g., gw. CAMBM 1844, 52–3.

BL Add 14978: llaw anh., *c.* 1600, gw. *ib.* 53.

BL Add 14979: John Fowk, *c.* 1579, gw. *ib.* 53–4.

BL Add 14984: llaw anh., yn gynnar yn yr 17g., gw. *ib.* 55–6.

BL Add 14998 [= RWM 33]: llaw anh., *c.* 1589, gw. *ib.* 60; RWM ii, 1066–8.

BL Add 14997 [= RWM 24]: llaw anh., *c.* 1500, gw. CAMBM 1844, 60; RWM ii, 1014–1018.

BL Add 24980 [= RWM 39]: llaw anh., 1600–25, gw. *ib.* 1082–7.

BL Add 31090: Owen Jones 'Owain Myfyr', 19g., gw. CAMBM 1876–81, 154.

BL Add 31102: Huw Morrice, 1805, gw. *ib.* 155.

Llawysgrifau yn Llyfrgell Bodley, Rhydychen
Bodley Welsh e 1: Ifan Siôn, *c.* 1612–23, gw. SCWMBLO vi, 53; Garfield H. Hughes, *Iaco ab Dewi 1648–1722* (Caerdydd, 1953), 46–7.

Bodley Welsh e 3: llaw anh., 16g./17g., gw. SCWMBLO vi, 53; Garfield H. Hughes, *op.cit.* 47–8.

Bodley Welsh e 6: John Jones, Gellilyfdy, 1604, gw. SCWMBLO vi, 216.

Llawysgrifau yng nghasgliad Brogyntyn yn Llyfrgell Genedlaethol Cymru, Aberystwyth
Brog (y gyfres gyntaf) 2: Wmffre Dafis, 1599, gw. 'Catalogue of Brogyntyn Manuscripts and Documents', i (cyfrol anghyhoeddedig, Llyfrgell Genedlaethol Cymru, Aberystwyth, 1937), 3–5; E.D. Jones, 'The Brogyntyn Welsh Manuscripts', Cylchg LlGC v (1947–8), 234–6.

Llawysgrifau yn Llyfrgell Ganolog Caerdydd
Card 1.2 [= RWM 12]: Thomas Evans, Hendreforfudd, 1600–4, gw. RWM ii, 145–58.

Card 2.40 [= RWM 26]: John Morgan, Matchin, *c.* 1714, gw. *ib.* 214–24.

Card 2.68 [= RWM 19]: llaw anh., *c.* 1624, gw. *ib.* 178–93.

Card 2.114 [= RWM 7] Llyfr Ficar Wocing: llaw anh., 1564–5, gw. *ib.* 110–28.

Card 2.1069: Hugh Evans, heb fod yn ddiweddarach na 1775, gw. Graham C.G. Thomas & Daniel Huws, *Summary Catalogue of the Manuscripts ... commonly referred to as the 'Cardiff MSS'* (Aberystwyth, 1994), 191.

Card 3.4 [= RWM 5]: Elis Gruffydd, 1527, gw. RWM ii, 96–103.

Card 3.37 [= RWM 20]: llaw anh., *c.* 1636, gw. *ib.* 193–202.

Card 4.9: William Jones, Llangadfan, 1794, gw. Graham C.G. Thomas & D. Huws, *op.cit.* 314–15.

Card 4.10 [= RWM 84]: Dafydd Jones, Trefriw, canol y 18g., gw. RWM ii, 790–3.

Card 4.101 [= RWM 83]: Huw Machno, *c.* 1600–36, gw. *ib.* 783–9.

Card 5.44: Llywelyn Siôn, cwblhawyd 1613, gw. Graham C.G. Thomas & Daniel Huws, *op.cit.* 440; Llywelyn Siôn, &c.: Gw 157–60, 212–36.

Llawysgrif yng nghasgliad Cwrtmawr yn Llyfrgell Genedlaethol Cymru, Aberystwyth

CM 5: llaw anh., tua 1600, gw. RWM ii, 878–86; B.G. Owens ac R.W. McDonald, 'A Catalogue of the Cwrtmawr Manuscripts', i (cyfrol anghyhoeddedig, Llyfrgell Genedlaethol Cymru, Aberystwyth, 1980), 5–6.

CM 10: David Ellis, Cricieth, 1766, gw. RWM ii, 890–5; B.G. Owens & R.W. McDonald, *op.cit.* 11.

CM 23: llaw anh., *c.* 1600, gw. RWM ii, 921–3; B.G. Owens ac R.W. McDonald, *op.cit.* 26.

CM 129: Margaret Davies, Coetgae-du, Trawsfynydd, 1760–2, gw. B.G. Owens & R.W. McDonald, *op.cit.* 165–6.

Llawysgrifau yng nghasgliad J. Gwyneddon Davies yn Llyfrgell Prifysgol Cymru, Bangor.

Gwyn 4: William Middleton, o bosibl, diwedd y 16g., gw. GSCMB 30; I. Williams, 'Protestaniaeth Wiliam Midleton', B viii, 245–7.

Llawysgrifau yng nghasgliad Coleg Iesu, Rhydychen

J 101 [= RWM 17]: llaw anh., canol y 17g., gw. RWM ii, 68–86.

J 139 [= RWM 14]: llaw anh., dechrau'r 17g., gw. *ib.* 56–7.

J 140 [= RWM 15]: llaw anh., dechrau'r 17g., gw. *ib.* 57–64 ac E.D. Jones, 'The Brogyntyn Welsh Manuscripts', Cylchg LlGC vi (1949–50), 223.

Llawysgrifau yng nghasgliad Llyfrgell Genedlaethol Cymru, Aberystwyth

LlGC 552B: llaw anh., hanner cyntaf yr 17g., gw. HMNLW i, 33.

LlGC 644B: llaw anh., canol yr 17g., gw. *ib.* 44.

LlGC 834B: un o gopïwyr Dr John Davies, Mallwyd, *c.* 1610–20, gw. *ib.* 64.

LlGC 970E [= Merthyr Tudful]: Llywelyn Siôn, *c.* 1613, gw. RWM ii, 372–94; HMNLW i, 77; D.H. Evans, 'Ieuan Du'r Bilwg (*fl. c.* 1471)', B xxxiii (1986), 106.

LlGC 1578B: llaw anh., dechrau'r 17g., gw. HMNLW i, 133–4.

LlGC 3048D [= Mos 145]: Wiliam Bodwrda, canol yr 17g., gw. RWM i, 151–68.

LlGC 3049D [= Mos 146]: Ifan Siôn, dechrau'r 17g., gw. *ib.* 168–79.

LlGC 3050D [= Mos 147]: Edward Kyffin, *c.* 1577, gw. *ib.* 180–96.

LlGC 3051D [= Mos 148]: llaw anh., ail hanner yr 16g., gw. *ib.* 196–212.

LlGC 3057D [= Mos 161]: llaw anh., *c.* 1558–63, gw. *ib.* 242–55.

LlGC 5269B: un o gopïwyr Dr John Davies, Mallwyd, *c.* 1630, gw. HMNLW ii, 82.

LlGC 6471B: llaw anh., hanner cyntaf yr 17g., gw. *ib.* 183; ymhellach ar y llaw, gw. E.D. Jones, 'The Brogyntyn Welsh Manuscripts', Cylchg LlGC vi (1949–50), 223.

LlGC 6495C [= copi ffotostat o Christ Church MS. 184]: Wiliam Cynwal, ar ôl 1570, gw. HMNLW ii, 185.

LlGC 6681B: 'Llyfr Kywydde Johannes Jones', Gellilyfdy, hanner cyntaf yr 17g., gw. *ib.* 204–5; N. Lloyd, 'A History of Welsh Scholarship in the First Half of the Seventeenth Century, with Special Reference to the Writings of John Jones, Gellilyfdy' (D.Phil. Oxford, 1970), 27–8.

LlGC 9166B: llaw anh., canol yr 17g., gw. HMNLW iii, 121.

LlGC 13062B: Thomas ab Ieuan, Tre'r Bryn, 1675–1700, gw. *ib.* iv, 353–4.

LlGC 16129D [= copi ffotostat o Harvard MS. Welsh 8]: llaw anh., canol yr 17g., gw. 'NLW Accessions 16049–18942' (cyfrol anghyhoeddedig, Llyfrgell Genedlaethol Cymru, Aberystwyth), dan rif y llawysgrif.

LlGC 17114B [= Gwysanau 25]: llaw anh., *c.* 1560, gw. H.D. Emanuel, 'Catalogue of the Gwysaney MSS' (cyfrol anghyhoeddedig, Llyfrgell Genedlaethol Cymru, Aberystwyth, 1953), 31–45; *id.*, 'The Gwysaney Manuscripts', Cylchg LlGC vii (1951–2), 339; BaTh 306.

LlGC 21290E [= Iolo Aneurin Williams 4]: Llywelyn Siôn, 16g./17g., gw. Rh.F. Roberts, 'A List of Manuscripts from the Collection of Iolo Morganwg among the Family Papers Presented by Mr Iolo Aneurin Williams and Miss H. Ursula Williams, 1953–4' (cyfrol anghyhoedd-edig, Llyfrgell Genedlaethol Cymru, Aberystwyth, 1978), 3–4.

Llawysgrifau yng nghasgliad Llanstephan yn Llyfrgell Genedlaethol Cymru, Aberystwyth

Llst 35: Wmffre Dafis, *c.* 1620, gw. RWM ii, 478–82; ByCy 117; E.D. Jones, 'The Brogyntyn Welsh Manuscripts', Cylchg LlGC v (1947–8), 234n3.

Llst 47: Llywelyn Siôn, 16g./17g., gw. RWM ii, 516–23.

Llst 48: Llywelyn Siôn, 16g./17g., gw. *ib.* 523–5, Llywelyn Siôn, &c.: Gw 157–60; D.H. Evans, 'Ieuan Du'r Bilwg (*fl. c.* 1471)', B xxxiii (1986), 106.

Llst 53: Siâms Dwnn, *c.* 1647, gw. RWM ii, 534–45.

Llst 54: cynorthwyydd Moses Williams, hanner cyntaf y 18g., gw. *ib.* 545–9.

Llst 118: Wmffre Dafis, *c.* 1600–20, gw. *ib.* 579–92; E.D. Jones, 'The Brogyntyn Welsh Manuscripts', Cylchg LlGC v (1947–8), 234.

Llst 120: Jasper Gryffyth, *c.* 1607, gw. RWM ii, 603–9.

Llst 122: Wiliam Bodwrda, *c.* 1648, gw. *ib.* 609–20; R. Geraint Gruffydd, 'Llawysgrifau Wiliam Bodwrda o Aberdaron (a briodolwyd i John Price o Fellteyrn)', Cylchg LlGC viii (1953–4), 349–50; Dafydd Ifans, 'Wiliam Bodwrda (1593–1660)', *ib.* xix (1975–6), 300–10.

Llst 124: Wiliam Bodwrda, *c.* 1648, gw. RWM ii, 634–49.

Llst 125: Wiliam Bodwrda a chynorthwyydd, ar ôl 1638, gw. *ib.* 649–62; Dafydd Ifans, 'Bywyd a Gwaith Wiliam Bodwrda (1593–1660) o Aberdaron' (M.A. Cymru [Aberystwyth], 1974), 375–83.

Llst 133: Iaco ap Dewi a Samuel Williams, *c.* 1700, gw. RWM ii, 664–94; Garfield H. Hughes, *Iaco ab Dewi 1648–1722* (Caerdydd, 1953), 37–40.

Llst 134 'Llyfr Hir Amwythig': Llywelyn Siôn, 16–17g., gw. RWM ii, 695–712.

Llst 138: David Parry (cynorthwyydd i Edward Lhuyd), *c.* 1700, gw. *ib.* 719–20.

Llst 155: llaw anh., chwarter olaf yr 16g., gw. *ib.* 728–32.

Llst 156: llaw anh., canol yr 17g., gw. *ib.* 732–8.

Llawysgrifau yng nghasgliad Peniarth yn Llyfrgell Genedlaethol Cymru, Aberystwyth

Pen 57: llaw anh., ail hanner y 15g., gw. RWM i, 428–32; Peniarth 57.

Pen 64: Simwnt Fychan, ar ôl 1577, gw. RWM i, 448–54.

Pen 77: llaw gynnar Thomas Wiliems, *c.* 1570–90, gw. RWM i, 509–18; GP liii.

Pen 84: llaw anh., ail hanner yr 16g., gw. *ib.* 543–8.

Pen 93: llaw anh., diwedd yr 16g., gw. *ib.* 572–8.

Pen 97: llaw anh., *c.* 1605, gw. *ib.* 603–9.

Pen 100: Dr John Davies, Mallwyd, a chynorthwyydd, *c.* 1610–20, gw. *ib.* 624–34; Rh.F. Roberts, 'Bywyd a gwaith Dr. John Davies, Mallwyd' (M.A. Cymru [Bangor], 1950), 342.

Pen 104: llaw anh., 1624–51, gw. RWM i, 644–54.

Pen 112: John Jones, Gellilyfdy, cyn 1610, gw. RWM i, 671–86; Nesta Lloyd, 'A History of Welsh Scholarship in the First Half of the Seventeenth Century with Special Reference to the Writings of John Jones, Gellilyfdy' (D.Phil. Oxford, 1970)', 28–33.

Pen 221: John Jones, Gellilyfdy, ar ôl 1620, gw. RWM i, 1045; N. Lloyd, *op.cit.* 26–7; M.T. Burdett-Jones, 'Trydydd Llyfr Cywyddau John Jones Gellilyfdy', YB xvi (1990), 127–40.

Pen 225: Thomas Wiliems, 1594–1610, *ib.* 1049–53.

Pen 244: llaw anh., *c.* 1735, gw. RWM i, 1068.

Llawysgrif yng nghasgliad Stowe yn y Llyfrgell Brydeinig, Llundain
Stowe 959 [= RWM 48]: llaw anh., chwarter olaf yr 16g., gw. RWM ii, 1110–26; GLGC xxxii.

Llawysgrifau yng nghasgliad Wynnstay yn Llyfrgell Genedlaethol Cymru, Aberystwyth
Wy 1: Thomas Wiliems, *c.* 1570–90, gw. 'Schedule of the Wynnstay Manuscripts and Documents' (cyfrol anghyhoeddedig, Llyfrgell Genedlaethol Cymru, Aberystwyth, 1934–40), 1–2.

Wy 2: llaw anh., canol yr 17g., gw. *ib.* 2; R. Geraint Gruffydd, 'Llawysgrifau Wiliam Bodwrda o Aberdaron (a briodolwyd i John Price o Fellteyrn)', Cylchg LlGC viii (1953–4), 349–50; Dafydd Ifans, 'Bywyd a Gwaith Wiliam Bodwrda (1593–1660) o Aberdaron' (M.A. Cymru [Aberystwyth], 1974), 624–47.

Wy 7: William Elias, *c.* 1726–43, gw. 'Schedule of the Wynnstay Manuscripts and Documents' (cyfrol anghyhoeddedig, Llyfrgell Genedlaethol Cymru, Aberystwyth, 1934–40), 5.

Mynegai i'r llinellau cyntaf

td.

A fynno g'weirio gwared—yn ddidranc 107

Am ŵr â grym y mae'r gred.. 90

Astudio yn wastadawl.. 25

Cerais dan hug o urael 16

Cerais ferch, curio sy' fau 20

Dwy ddraig ydoedd ddarogan..102

Fal yr oeddwn, gwyddwn gur 181

Gwae anwr gwyw o'i eni 111

Hywel ewybr, hil Ieuan 98

Hywel, wyd fyw, hael hyd fedd.. 81

Llenwi rhidyll yn rhydyn 105

Madyn gynffon-gagl ffagldin 179

Mai a ddaeth yma i ddyn... 27

O chawn sôn a'i chusanu 29

O Dduw draw, fo'n gwanhawyd... 95

P'redur wedd, priod ar ŵr.. 13

Y carw bonheddig gwrol... 93

Y fun glaer fwnwgl iraidd 23

Y glanaf o Gelynnin 87

Mynegai i'r noddwyr a'r gwrthrychau

cerdd

Dafydd ab Owain 8

Dafydd ap Hywel.. 12

Doged Sant 15

Elsbeth ferch Huw Conwy Hen.................................... 10

Hywel ab Einion ap Hywel Coetmor 7

Hywel ab Ieuan ap Rhys Gethin 12

Ieuan ap Tudur ap Gruffudd Llwyd............................... 9

Madog ap Deio 1

Morgan ap Siôn ap Hywel Holand 10

Rhys ap Gwilym 11

Y saint... 6